Elogios para Sheryl Sandberg y Adam Grant y

Opción B

"Recomiendo este libro inspirador a todo el mundo. Nadie puede evitar la tristeza, la pérdida o los reveses de la vida, así que la mejor opción es encontrar nuestra opción B".

—Malala Yousafzai, premio Nobel de la Paz

"Sheryl escribe sobre su propia experiencia desgarradora con una sinceridad poco habitual. Después, junto con Adam, convierte esta historia personal en una guía práctica y alentadora para cualquiera que intente desarrollar la resiliencia en su vida, comunidad o empresa. Llegar a los lectores es muy difícil. Pero lo es todavía más ayudarlos a dar pasos concretos hacia un futuro mejor. *Opción B* consigue ambas cosas". —Bill y Melinda Gates, copresidentes de la Fundación Bill & Melinda Gates

"*Opción B* es un libro tan esperanzador como desgarrador. Nos presenta historias de dolor y pérdida inimaginables, pero también de cómo los humanos, a pesar de todo, tenemos la capacidad de soportar la adversidad e incluso de mejorar como personas. No es solo una lectura apasionante, también nos da lecciones que todos necesitamos aprender". —Atul Gawande, autor de *Ser mortal*

"Iluminador, original y profundamente inspirador, *Opción B* son unas memorias cautivadoras, en parte una guía funcional para sanar nuestro corazón, en parte historias de otras personas que aprendieron a superar pérdidas profundas: una contribución vital y práctica a la literatura sobre la pérdida y la resiliencia".

—Cheryl Strayed, autora de *Salvaje*

Sheryl Sandberg y Adam Grant

Opción B

Sheryl Sandberg es una líder empresarial, filántropa y directora operativa de Facebook. Es autora del best seller *Vayamos adelante* y fundadora de LeanIn.org para ayudar a las mujeres a lograr sus objetivos. Anteriormente, fue vicepresidenta de ventas online de Google y directora de personal en el Departamento del Tesoro de Estados Unidos. Vive en el norte de California con sus dos hijos. Sheryl donará todos los beneficios de este libro a OptionB.org, una iniciativa sin ánimo de lucro para ayudar a desarrollar la resiliencia y encontrar sentido cuando nos enfrentamos a la adversidad.

Adam Grant es psicólogo, el profesor mejor valorado de Wharton y autor de los bestsellers *Originales* y *Dar y recibir*. Es uno de los mayores expertos en saber encontrar motivación y sentido y, de esta forma, disfrutar de una vida más generosa y creativa. Ha sido galardonado por la American Psychological Association y la National Science Foundation, y escribe en *The New York Times*. Vive en Filadelfia con su mujer y sus tres hijos.

optionb.org

TAMBIÉN DE SHERYL SANDBERG

Vayamos adelante

Opción B

Opción B

Afrontar la adversidad, desarrollar la resiliencia y alcanzar la felicidad

SHERYL SANDBERG
ADAM GRANT

Traducción de Alfonso Barguñó Viana
y María Serrano Giménez

VINTAGE ESPAÑOL
Una división de Penguin Random House LLC
Nueva York

En memoria de David Bruce Goldberg
(2 de octubre de 1967-1 de mayo de 2015)

Siempre te amaré, Dave

Índice

Introducción

Lo último que le dije fue: «Me estoy durmiendo».

Conocí a Dave Goldberg el verano de 1996, cuando me mudé a Los Ángeles y un amigo común nos invitó a cenar y a ver una película. Cuando la pusieron, me dormí casi de inmediato y recosté la cabeza sobre el hombro de Dave. Él solía contar que en aquel momento pensó que era una señal de que me gustaba, hasta que más tarde fue consciente, según el propio Dave decía, de que «Sheryl se podía quedar dormida en cualquier parte y sobre cualquier persona».

Dave se convirtió en mi mejor amigo y en Los Ángeles empecé a sentirme como en casa. Me presentó a gente divertida, me mostró atajos para saltarme los atascos y se preocupó de que siempre tuviera algo que hacer los fines de semana y las vacaciones. Me enseñó a utilizar internet y me hizo descubrir música que nunca había escuchado. Cuando lo dejé con mi novio, se ofreció a consolarme a pesar de que mi ex era un antiguo Navy SEAL que dormía con una pistola cargada bajo la cama.

Dave solía decir que se enamoró de mí a primera vista, pero que tuvo que esperar bastante tiempo hasta que yo «llegara a ser lo bastante lista, dejara en la cuneta a todos aquellos perdedores» y empezara a salir con él. Dave siempre iba varios pasos por delante de mí. Pero, al final, le alcancé. Seis años y medio después de aquella película, planificamos con ciertos nervios un viaje de fin de semana, sabiendo que aquello conduciría nuestra relación en una dirección nueva o arruinaría una gran amistad. Nos casamos un año después.

Dave era mi piedra angular. Si yo me enfadaba, él estaba calmado. Si algo me preocupaba, me decía que todo saldría bien. Si yo no sabía qué hacer, me ayudaba a averiguarlo. Como todos los matrimonios, teníamos altibajos. Pero, aun así, me hizo sentir del todo comprendida, me apoyó sin fisuras y me amó total y completamente. Yo estaba convencida de que iba a pasarme la vida entera con mi cabeza sobre su hombro.

Once años después de nuestra boda, fuimos a México para celebrar los cincuenta años de nuestro amigo Phil Deutch. Mis padres se quedaron en California cuidando de nuestros hijos. A Dave y a mí nos hacía mucha ilusión pasar un fin de semana sin niños. El viernes por la tarde nos pusimos a jugar al borde de la piscina a Los colonos de Catán con los iPads. La novedad era que yo estaba ganando, aunque se me estuvieran cerrando los ojos. Cuando me di cuenta de que el cansancio me iba a impedir lograr la victoria, reconocí: «Me estoy durmiendo». Abandoné la partida y me acurruqué para dormir. A las 15.41 alguien sacó una foto de Dave sosteniendo el iPad, sentado junto a su hermano Rob y Phil. Yo estaba dormida en un colchón delante de ellos. Dave sonreía.

Al despertar, más de una hora después, Dave ya no estaba sentado en aquella silla. Me bañé con nuestros amigos suponiendo que Dave estaría en el gimnasio, como me había dicho. Al volver a nuestra habitación para darme una ducha, no encontré a Dave, lo cual me sorprendió, pero no me preocupó. Me vestí para cenar, miré los correos y llamé a los niños. Mi hijo estaba triste porque se había saltado las normas del parque, había escalado una valla y se había roto las zapatillas. Se desahogó con el llanto. Le dije que valoraba su sinceridad y que papá y yo discutiríamos qué tendría que hacer para que le compráramos unas nuevas. Puesto que esta incertidumbre le inquietaba, me presionó para que le diera una respuesta. Le expliqué que era el tipo de decisión que papá y yo debíamos tomar juntos, así que la pospuse para el día siguiente.

Salí de la habitación y bajé a la planta principal. Ni rastro de Dave. Me fui a la playa para unirme al resto del grupo. Al ver que tampoco estaba allí, me inundó una ola de pánico. Estaba pasando algo. Con un grito, les dije a Rob y a su mujer Leslye: «¡Dave no está aquí!». Leslye se quedó un momento callada y luego respondió: «¿Dónde está el gimnasio?». Señalé unas escaleras que no se encontraban muy lejos y ambas empezamos a correr. Todavía siento la opresión de aquellas palabras en el pecho y en la respiración. Nunca nadie repetirá «¿Dónde está el gimnasio?» sin que se me acelere el corazón.

Encontramos a Dave en el suelo, al lado de la bicicleta elíptica, con el rostro ligeramente azulado y vuelto hacia la izquierda, y un pequeño charco de sangre bajo la cabeza. Todos gritamos. Comencé a aplicarle la reanimación cardiopulmonar. Rob me relevó. Y luego un médico relevó a Rob.

El trayecto en ambulancia duró los treinta minutos más largos de mi vida. Dave se hallaba en la parte de atrás, estirado sobre la camilla. El médico trataba de que volviera en sí. Yo estaba en el asiento delantero, donde me habían ordenado quedarme, llorando y rogándole al médico que me dijera que Dave seguía vivo. No me podía creer lo lejos que estaba el hospital y los pocos coches que se apartaban de nuestro camino. Por fin llegamos y se lo llevaron más allá de una gruesa puerta de madera que no me permitieron franquear. Me senté en el suelo con Marne Levine, la mujer de Phil y una de mis mejores amigas, que no dejaba de abrazarme.

Después de lo que me pareció un tiempo infinito, me llevaron a una sala pequeña. Entró el médico y se sentó frente al escritorio. Yo ya sabía lo que quería decir aquello. Cuando el médico se fue, un amigo de Phil se acercó a mí, me dio un beso en la mejilla y me dijo: «Lamento mucho tu pérdida». Estas palabras y el beso preceptivo me parecieron una premonición. Sabía que estaba viviendo algo que iba a repetirse muchas veces más en el futuro.

Alguien me preguntó si quería despedirme de Dave. Lo hice… y luego no quise irme. Pensé que, si me quedaba en aquella sala y lo abrazaba, si me negaba a dejarlo, me despertaría de aquella pesadilla. Cuando su hermano Rob, también en estado de shock, dijo que teníamos que marcharnos, apenas pude dar unos pasos fuera de la sala antes de volver corriendo y abrazar a Dave con todas mis fuerzas. Al final, Rob me arrancó cariñosamente del cuerpo de mi marido. Marne me ayudó a recorrer el largo pasillo blanco, rodeándome la cintura con los brazos para que no volviera a salir corriendo en busca de Dave.

Y así empezó el resto de mi vida. Era, y sigue siendo, una vida que nunca habría escogido, una vida para la que no estaba preparada. Lo inimaginable. Sentarme con mis hijos para decirles que su padre había muerto. Oír sus lamentos junto con los míos. El funeral. Discursos en los que se hablaba de Dave en pasado. La casa llena de rostros familiares que se acercaban a mí una y otra vez para darme un beso mecánico en la mejilla y repetir aquellas mismas palabras: «Lamento tu pérdida».

Cuando llegamos al cementerio, mis hijos salieron del coche y se derrumbaron, incapaces de dar otro paso. Me tumbé con ellos en la hierba, abrazándolos mientras lloraban. Acudieron sus primos y se estiraron con nosotros, un montículo sollozante de brazos adultos intentando en vano aliviar su tristeza.

La poesía, la filosofía y la física nos enseñan que las personas no experimentamos el paso del tiempo en la misma medida. Para mí, el tiempo se ralentizó extremadamente. Día tras día, el llanto y los sollozos de mis hijos llenaron el ambiente. Cuando no estaban llorando, los contemplaba con angustia, esperando el momento en que necesitaran mi consuelo. Mis propios llantos y sollozos, la mayoría en mi cabeza, pero también algunos a viva voz, ocuparon el resto de espacio disponible. Estaba en «la nada», en un vacío inabarcable que llena el corazón y los pulmones y que merma la capacidad para pensar e incluso para respirar.

La pena es un compañero exigente. En aquellos primeros días, semanas y meses, siempre estuvo allí, no solo bajo la superficie, sino en la superficie misma. Acechando, supurando, contaminándolo todo. Luego, como una ola, inundaba y recorría mi cuerpo como si fuera a desgarrarme el corazón. En aquellos momentos, sentía que no podría soportar el dolor ni un minuto más, y mucho menos una hora más.

Veía a Dave tirado en el suelo del gimnasio. Veía su rostro en el cielo. Por la noche, lo llamaba a voces, llorando al vacío: «¡Dave, te echo de menos! ¿Por qué has tenido que irte? Por favor, vuelve. Te amo...». Todas las noches me dormía llorando. Me levantaba cada mañana y hacía mecánica e indiferentemente todo lo que tenía que hacer, sin creerme que el mundo pudiera seguir girando sin él. ¿Cómo podían actuar los demás como si nada hubiera cambiado? ¿Acaso no lo sabían?

Acontecimientos ordinarios se convertían en minas terrestres. En la reunión de padres en el colegio, mi hija me enseñó lo que había escrito ocho meses antes, el primer día de clase: «Estoy en segundo de primaria. Me pregunto qué ocurrirá en el futuro». Me destrozó pensar que, cuando escribió esas líneas, ni ella ni yo habíamos imaginado nunca que perdería a su padre antes de acabar el curso. Segundo de primaria. Contemplé cómo su manita cogía la mía, dirigiéndome una dulce mirada para saber si me había gustado su caligrafía. Me tambaleé y casi me caí al suelo, pero le hice creer que me había tropezado. Al recorrer la sala juntas, fijé la vista en el suelo todo el rato para no encontrarme con la mirada de ningún otro padre, porque podría acabar de desmoronarme.

Las fechas señaladas me desgarraban aún más el corazón. Dave siempre le había dado mucha importancia al primer día de colegio, y les hacía a nuestros hijos un montón de fotos cuando salían de casa. Intenté mostrarme entusiasta al tomar esas mismas fotos. El día de la fiesta de cumpleaños de mi hija, me senté en el suelo del dormitorio con mi madre, mi hermana y Marne. Pensaba que no sería capaz de ir a la planta de abajo y sobrevivir a la fiesta, y mucho menos sonreír. Sabía que tenía que hacerlo por mi hija. También sabía que tenía que hacerlo por Dave. Pero lo que yo quería era hacerlo con Dave.

Hubo algunos momentos en los que incluso yo pude ver cierto humor. Mientras me cortaban el pelo, mencioné que tenía problemas para dormir. La peluquera dejó las tijeras, abrió el bolso y sacó, con un gesto triunfal, pastillas de Xanax de todos los tamaños y formas posibles. Las rechacé, pero aprecié mucho el gesto. Un día me encontré quejándome a mi padre por teléfono sobre los terribles títulos de los libros sobre el duelo: *Conferencias: Morir es de vital importancia* o *Say yes to it* («Dile sí», como si se pudiera decir que no).

Justo cuando hablábamos por teléfono, llegó otro libro: *Moving to the Center of the Bed* («Pasarse al centro de la cama»). Otro día, al volver a casa, encendí la radio para distraerme, pero cada canción era peor que la anterior. «Alguien a quien conocí»; espantosa. «No es el final»; lamento discrepar. «Joven para siempre»; no en este caso. «Adiós, muy buenas: el momento de tu vida»; no y no. Al final me quedé con «Los renos son mejores que las personas».

Mi amigo Davis Guggenheim me contó que, como director de documentales, ha aprendido que las historias deben revelarse por sí mismas. Nunca comienza un proyecto sabiendo dónde acabará, porque este tiene que seguir su propio curso y su propio ritmo. Preocupado por que yo tratara de controlar mi pena, me animó a escucharla, a tenerla cerca y a dejar que siguiera su camino. Me conoce bien. Busqué formas de acabar con la tristeza, de encerrarla en una caja y tirarla. Durante las primeras semanas y meses, fracasé. La angustia ganaba siempre. Incluso cuando parecía calmada y tranquila, el dolor no dejaba de estar presente. Físicamente, estaba en una reunión o leyendo algo a mis hijos, pero mi corazón estaba en el suelo del gimnasio.

«Nadie me había dicho —escribió C. S. Lewis— que la pena se pareciera tanto al miedo.»[1] El miedo era constante y parecía que la pena no se iba a ir nunca. Las olas seguían azotándome hasta que ya no podía mantenerme en pie, hasta que ya no era yo. En el peor momento de aquella nada, dos semanas después de que hubiera muerto Dave, recibí una carta de una conocida de unos sesenta años. Me contaba que, dado que me llevaba ventaja en el triste camino de la viudedad, deseaba poder tener un buen consejo que darme, pero no lo tenía. Había perdido a su marido unos años atrás, una buena amiga suya también se había quedado viuda hacía una década, y ninguna de ellas sentía que el dolor hubiera remitido. Escribió: «Por mucho que lo intente, no encuentro ni una sola cosa que sepa que pueda ayudarte». Esta carta, que sin duda me envió con la mejor de las intenciones, hizo trizas la esperanza de que, algún día, el dolor desapareciera. Sentí que el vacío invadía mi alrededor y que los años se desplegaban frente a mí huecos y sin fin.

Llamé a Adam Grant, psicólogo y profesor en Wharton, y le leí esta carta devastadora. Dos años antes, Dave había leído el libro *Dar y recibir*, de Adam, y le invitó a dar una conferencia en Survey-Monkey, empresa en la que era el CEO. Aquella noche vino a cenar a casa. Adam investigaba acerca de cómo encontramos motivación y sentido en nuestras vidas, y empezamos a charlar sobre los retos a los que se enfrenta la mujer y cómo los estudios de Adam podían ilustrar esta cuestión. Comenzamos a escribir juntos y nos hicimos amigos. Cuando Dave murió, Adam cruzó el país en avión para asistir al funeral. Le confesé que mi mayor miedo era que mis hijos no volvieran a ser felices. Otras personas habían intentado tranquilizarme con historias personales, pero Adam me mostró los datos: después de perder a un padre, muchos niños se vuelven sorprendentemente resilientes.[2] Tienen una infancia feliz y se convierten en adultos equilibrados.

Al percibir en mi voz el tono de desesperación que había provocado la carta, Adam cruzó de nuevo el país para convencerme de que existía un fondo en este vacío aparentemente infinito. Me quiso decir cara a cara que, a pesar de que la pena era inevitable, podía hacer algo para reducir la angustia que sentíamos mis hijos y yo. Me explicó que, al cabo de seis meses, más de la mitad de las personas que han perdido a un cónyuge superan lo que los psicólogos califican de «pena aguda».[3] Me convenció de que, pese a que el duelo debía seguir su curso, mis creencias y mis acciones podían determinar el tiempo que duraría el camino por este vacío, y dónde acabaría.

No conozco a nadie a quien solo le hayan pasado cosas buenas. Todos tenemos malos momentos. Algunos los vemos venir, otros nos cogen por sorpresa. Puede ser tan trágico como la muerte repentina de un hijo, tan desalentador como una relación que se va a pique, o tan decepcionante como un sueño que no se cumple. Cuando esto ocurre, la pregunta es: ¿cómo continuamos?

Yo creía que la resiliencia era la capacidad para resistir el dolor, así que le pregunté a Adam cómo podía saber cuánta tenía. Me explicó que nuestro grado de resiliencia no es fijo, de modo que lo que debía preguntar era cómo mejorar mi resiliencia. La resiliencia es la fuerza y la velocidad de nuestra reacción a la adversidad, y podemos desarrollarla. No consiste en tener una columna vertebral, sino en fortificar los músculos que la rodean.

Desde que murió Dave, mucha gente me ha dicho: «No me lo puedo imaginar». Quieren decir que no pueden imaginar que les pueda pasar a ellos, que no pueden imaginar cómo sigo allí, hablando, en lugar de estar apartada del mundo y dejarme morir en un rincón. Recuerdo haberme sentido igual cuando veía a un compañero en la oficina tras haber perdido a su hijo o a un amigo que se tomaba un café después de que le diagnosticaran cáncer. Cuando me vi en el otro lado, mi respuesta fue la siguiente: «Yo tampoco me lo puedo imaginar, pero no me queda otro remedio».

No me quedaba otro remedio que levantarme cada mañana. No me quedaba otro remedio que encajar el golpe, la pena, la culpa del superviviente. No me quedaba otro remedio que seguir adelante y ser una buena madre en casa. No me quedaba otro remedio que intentar concentrarme y trabajar bien en la oficina.

La pérdida, la pena y el desengaño son profundamente personales. Las circunstancias son únicas y nuestras reacciones también. Aun así, la amabilidad y la valentía de aquellos que compartieron conmigo sus experiencias me ayudaron a sobrellevar mejor la mía. Algunos de los que me abrieron sus corazones son mis amigos más íntimos. Otros fueron desconocidos que me ofrecieron su sabiduría y consejos públicamente, en ocasiones incluso con libros que tenían títulos horribles. Y Adam, que fue paciente, pero también insistió en que para salir del pozo yo debía poner de mi parte; que incluso frente a la peor tragedia de mi vida, podía ejercer algún control sobre su impacto.

Este libro es una forma de compartir lo que Adam y yo hemos aprendido sobre la resiliencia. Lo escribimos juntos, pero, para una mayor claridad y sencillez, la historia la explico yo (Sheryl) y a Adam me refiero en tercera persona. No pretendemos que la esperanza se sobreponga al dolor todos los días, ni tampoco haber experimentado cualquier tipo de pérdida o revés posible en nuestras propias vidas. No ha sido así. No hay una manera correcta o apropiada de enfrentarse a los desafíos o llorar las pérdidas, así que no tenemos respuestas perfectas. De hecho, no existen respuestas perfectas.

También sabemos que no todas las historias acaban bien. Por cada historia esperanzadora que contemos, hay otras muchas en las que las circunstancias fueron demasiado abrumadoras para que fuera posible superarlas. La recuperación no empieza para todos en el mismo lugar. Las guerras, la violencia, el sexismo y el racismo sistémico diezman las vidas y las comunidades. La triste verdad es que la adversidad no está distribuida equitativamente entre nosotros; los grupos marginados o privados de derechos tienen más cosas por las que luchar y lamentarse.

A pesar del trauma sufrido en mi familia, debo admitir lo afortunada que soy por tener un amplio sistema de apoyo que engloba mi familia lejana, mis amigos y mis compañeros de trabajo, además de tener unos recursos económicos al alcance de pocos. También sé que escribir acerca de cómo encontrar fuerzas para encarar los reveses no nos exonera de la responsabilidad de trabajar para que estos reveses no tengan lugar. Lo que hacemos en nuestras comunidades y empresas (las políticas públicas que emprendemos, la forma en que nos apoyamos unos a otros) puede ayudar a que sufran menos personas.

No obstante, por mucho que intentemos prevenir la adversidad, la desigualdad y los traumas, todo sigue existiendo y tenemos que enfrentarnos a ello. Para lograr el cambio mañana, debemos desarrollar la resiliencia hoy.[4] Los psicólogos han estudiado cómo recuperarse y reponerse de un amplio abanico de adversidades, desde la pérdida, el rechazo y el divorcio, hasta las lesiones y enfermedades, desde el fracaso profesional hasta la decepción personal. Además de las investigaciones, Adam y yo hemos entrevistado a individuos y grupos que han superado dificultades ordinarias y extraordinarias. Sus historias han cambiado nuestra perspectiva sobre la resiliencia.

Este libro trata sobre la capacidad del espíritu humano para perseverar. Analizamos los pasos que podemos dar, tanto para ayudarnos a nosotros mismos como para ayudar a los demás. Exploramos la psicología de la recuperación y el reto que supone ganar la confianza de nuevo y reencontrar la alegría. Exponemos formas de hablar sobre la tragedia y de consolar a amigos que están sufriendo. Y estudiamos qué se necesita para crear comunidades y empresas resilientes, criar a hijos fuertes y volver a amar.

Ahora sé que es posible experimentar un crecimiento postraumático. En la estela de los reveses más devastadores, podemos encontrar más fuerza y un sentido más profundo a nuestra vida. También creo que es posible experimentar crecimiento pretraumático, es decir, que no es necesario vivir una tragedia para desarrollar una resiliencia que nos ayude a superar cualquier cosa que nos espere en el futuro.

Solo estoy a medio camino de mi propio viaje. La bruma de la pena más aguda se ha dispersado, pero la tristeza y la añoranza persisten. Todavía estoy recorriendo mi camino y aprendiendo muchas de las lecciones que hemos incluido en este libro. Al igual que muchas otras personas que han vivido una tragedia, espero poder encontrar sentido a mi vida e incluso la felicidad, y ayudar a otros a hacer lo mismo.

Echando la vista atrás a los momentos más duros, ahora puedo ver que incluso entonces había signos de esperanza. Un amigo me recordó que cuando mis hijos se derrumbaron en el cementerio, les dije: «Este es el segundo peor momento de nuestras vidas. Superamos el primero y haremos lo mismo con este. A partir de ahora, las cosas solo pueden mejorar». Luego empecé a cantar una canción que sabía desde que era niña: «Oseh Shalom»; una plegaria para la paz. No recuerdo haber decidido cantarla ni por qué la escogí. Más tarde supe que es la última frase del Kaddish, la oración judía cuando se llora la muerte de alguien, lo cual explicaría por qué se me ocurrió. Enseguida todos los adultos se unieron a mí, y después los niños, y cesaron los lamentos. En el cumpleaños de mi hija logré salir del dormitorio y sonreír durante la fiesta, en la que, para mi total sorpresa, ella se lo pasó en grande.

Unas semanas después de la pérdida de Dave, Phil y yo hablamos sobre una actividad con padres e hijos. Pensamos en un plan para que alguien sustituyera a Dave. Le rogué a Phil: «Pero ¡yo quiero a Dave!». Me pasó el brazo por encima de los hombros y me dijo: «La Opción A no está disponible. Así que saquémosle el máximo partido a la Opción B».

La vida nunca es perfecta. A todos nos toca algún tipo de Opción B. Este libro es para ayudarnos a sacarle el máximo partido.

1

Respirar de nuevo

Debes continuar,
No puedo continuar,
Continuaré.[1]

SAMUEL BECKETT

Más o menos un año después de que muriera Dave, sonó mi móvil en la oficina: era una vieja amiga y, puesto que ya nadie llama a nadie, supuse que el motivo sería importante. Lo era. Le había ocurrido algo terrible a una mujer joven a la que asesoraba. Unos días antes, había asistido a una fiesta de cumpleaños y, cuando decidió irse, se dio cuenta de que un compañero de trabajo necesitaba que lo llevaran a casa. Ella vivía cerca, así que se ofreció para acercarlo en coche. Cuando llegaron, él sacó una pistola, la obligó a entrar en su casa y la violó.

La mujer fue al hospital para que realizaran un examen forense de la violación y luego denunció la agresión a la policía. Mi amiga estaba buscando maneras para que se sintiera mejor y sabía que yo podría ayudarla, así que me pidió que hablara con ella para confortarla. Al marcar su número, me entraron dudas de si sería capaz de ayudar a alguien a reponerse de algo tan violento. Pero, a medida que empecé a escucharla, me di cuenta de que lo que yo había aprendido podría servirle también a ella.

Plantamos las semillas de la resiliencia en función del modo en que procesamos acontecimientos negativos. Después de pasarse décadas estudiando cómo las personas asimilan los reveses, el psicó-

logo Martin Seligman descubrió tres factores que pueden obstaculizar la recuperación:[2] (1) la personalización: la creencia de que es
nuestra culpa; (2) la generalización: la creencia de que lo ocurrido
afectará a todas las áreas de nuestra vida; y (3) la permanencia:
la creencia de que las secuelas de lo ocurrido durarán siempre.
Estos tres efectos son la otra cara de la moneda de la canción pop
«Everything Is Awesome» [«Todo es maravilloso»]: «Todo es terrible». En nuestra cabeza se repite en bucle el mismo mantra: «Es
terrible, es culpa mía. Toda mi vida es terrible. Y siempre va a
ser terrible».

Cientos de estudios demuestran que los niños y los adultos se
recuperan más rápido cuando se dan cuenta de que no son completamente responsables de los reveses, que no afectan a todos los aspectos de su vida y que no los van a perseguir siempre. Reconocer
que los acontecimientos negativos no son personales, ni generales,
ni permanentes disminuye las posibilidades de caer en una depresión
y mejora la capacidad para superarlos.[3] No caer en la trampa de
estos tres factores ayudó a los profesores de escuelas urbanas y ru-
rales: fueron más efectivos en clase y sus estudiantes obtuvieron
mejores resultados académicos.[4] Ayudó a los nadadores universitarios que rendían menos en las carreras: su ritmo cardíaco fue más
constante y mejoraron sus tiempos.[5] Y también ayudó a los vende-
dores de seguros cuando pasaban una mala racha: al no tomarse el
rechazo de manera personal y recordar que al día siguiente tendrían
más oportunidades con otros clientes, vendían más del doble y du-
raban dos veces más en sus puestos de trabajo.[6]

Durante aquella llamada con la mujer joven, al principio me li-
mité a escuchar cómo se sentía violentada, traicionada, enfadada y
asustada. Luego, empezó a culparse a sí misma, diciendo que había
sido un error suyo por haber llevado a su compañero a casa. Le
aconsejé que dejara de personalizar la agresión. La violación nunca
es culpa de la víctima y ofrecerse para llevar a casa a un compañero
es algo totalmente razonable. Insistí en que no todo lo que nos pasa
se debe a nosotros. Después, saqué a colación los otros dos factores:
la generalización y la permanencia. Hablamos sobre todas las otras

cosas buenas que tenía en la vida y la animé a pensar en que la desesperación sería menos aguda con el tiempo.

Recuperarse de una violación es un proceso increíblemente difícil y complicado, y es diferente en cada persona. Las pruebas demuestran que es habitual que las víctimas se culpen a sí mismas y se sientan desesperanzadas respecto al futuro.[7] Aquellas que logran romper este patrón tienen menos riesgo de depresión y de estrés postraumático. Unas semanas después, la mujer me llamó para decirme que, con su cooperación, el estado iba a procesar al violador. Me dijo que pensaba en los tres factores cada día y que los consejos que le había dado le hacían sentirse mejor. A mí también me hizo sentir mejor.

Yo misma caí en estas tres trampas, empezando por la personalización. Después de la muerte de Dave, me culpé de inmediato. El primer informe médico afirmaba que Dave había muerto por el golpe que se dio en la cabeza al caerse de la bicicleta elíptica, así que no paré de decirme que lo podría haber salvado si lo hubiera encontrado antes. Mi hermano David, neurocirujano, insistió en que no era verdad: caerse desde aquella altura podía haber provocado que se rompiera el brazo, pero no podía matarlo. Algo tenía que haber ocurrido antes para que se cayera. La autopsia demostró que mi hermano tenía razón: Dave murió en cuestión de segundos por una arritmia cardíaca causada por una enfermedad de la arteria coronaria.

Pero incluso cuando supe que Dave no había muerto en el suelo del gimnasio por una negligencia, encontré otras razones para culparme. No se le había diagnosticado la enfermedad coronaria. Me pasé semanas con sus médicos y con los médicos de mi familia revisando la autopsia y los informes clínicos. Me preocupaba que se hubiera quejado de dolores en el pecho pero que no le hubiéramos hecho caso. Pensé incansablemente en su dieta, en que debería haberle presionado para que la mejorara. Sus médicos me dijeron que ningún cambio específico en su modo de vida habría logrado salvarle con toda seguridad. Y me ayudó el hecho de que la familia de Dave me recordara que sus hábitos alimenticios eran mucho más sanos siempre que estaba conmigo.

También me culpé por el trastorno que su muerte causó a todos los que me rodeaban. Antes de la tragedia, yo era la hermana mayor, la que hacía y planificaba todo, la que siempre tiraba del carro. Pero, al morir Dave, fui incapaz prácticamente de hacer nada. Otros se ofrecieron a prestarme ayuda. Mi jefe, Mark Zuckerberg, mi cuñado Marc y Marne organizaron el funeral. Mi suegro y mi cuñada Amy se ocuparon de todos los preparativos del entierro. Cuando venía gente a mostrar sus respetos a casa, Amy me forzaba a levantarme y agradecerles que hubieran ido. Mi padre me recordaba que debía comer y se sentaba a mi lado para asegurarse de que lo hacía.

Durante los siguientes meses, me di cuenta de que la frase que más repetía era: «Lo siento».[8] Pedía perdón constantemente, a todo el mundo. A mi madre, que había dejado su vida de lado durante todo el primer mes para estar conmigo. A mis amigos, que tomaron aviones para asistir al funeral sin importar lo que estuvieran haciendo. A los clientes, por todas las reuniones a las que había faltado. A mis compañeros de trabajo, por no estar lo bastante concentrada cuando las emociones me abrumaban. Empecé una reunión diciéndome «Puedo hacerlo», pero enseguida me brotaron las lágrimas y tuve que irme esgrimiendo un apresurado «Lo siento». No es exactamente la actitud que se espera en Silicon Valley.

Adam finalmente me convenció de que debía prohibirme las palabras «lo siento». También vetó «perdón», «me arrepiento de que» o cualquier intento de saltarme la prohibición. Me explicó que al culparme a mí misma, solo estaba retrasando mi recuperación, lo cual también significaba que estaba retrasando la recuperación de mis hijos. Esto me ayudó a quitarme ese vicio de encima. Me di cuenta de que, si los médicos no habían podido evitar su muerte, era irracional creer que yo podría haberlo hecho. Yo no había trastornado la vida de los demás: había sido la tragedia. Nadie pensaba que debiera disculparme por llorar. Cuando intenté dejar de decir «lo siento», me vi mordiéndome la lengua una y otra vez, y empecé a liberarme de la personalización.

A medida que me culpaba menos, comencé a ver que no todo era terrible. Mi hijo y mi hija dormían toda la noche de un tirón, lloraban menos y jugaban más. Teníamos a nuestra disposición terapeutas que nos ayudaban a superar el duelo. Me pude permitir contratar a personas que me ayudaron con los niños y las tareas del hogar. Tenía familia, amigos y compañeros que me querían; me maravilló cómo nos sostuvieron, a veces incluso literalmente. Me sentí más cerca de ellos de lo que nunca hubiera imaginado.

Volver al trabajo también me ayudó a superar la generalización. En la tradición judía, hay un período de duelo intenso durante siete días que se llama Shiva, después del cual se supone que deben retomarse casi todas las actividades regulares. Los psicólogos infantiles y los expertos en el duelo me aconsejaron que los niños volvieran a la rutina habitual lo antes posible. Así que, diez días después de la muerte de Dave, regresaron al colegio y yo empecé a trabajar durante el horario escolar.

Los primeros días en la oficina estuvieron cubiertos de bruma. Llevaba trabajando en Facebook como directora operativa desde hacía más de siete años, pero durante aquellos días todo me pareció extraño. En la primera reunión, no pude dejar de pensar: «¿De qué están hablando todas estas personas y por qué demonios le importa a alguien?». Después, en un momento dado, me vi inmersa en una discusión y, por un segundo (quizá medio segundo), me olvidé de Dave. Me olvidé de su muerte, de su imagen en el suelo del gimnasio. Olvidé la imagen del ataúd desapareciendo bajo tierra. En la tercera reunión del día, de hecho, me quedé dormida durante unos minutos. Me avergonzó sentir que la cabeza se me caía, pero también me sentí agradecida (y no solo porque no hubiera roncado). Por primera vez, me había relajado. A medida que los días se convirtieron en semanas y luego en meses, pude concentrarme durante más tiempo. El trabajo se convirtió en un lugar en el que podía sentirme yo misma, y la amabilidad de mis compañeros me demostró que no todos los aspectos de mi vida eran terribles.

Desde hace mucho tiempo creo que necesitamos sentirnos apoyados y comprendidos en el trabajo. Ahora sé que es todavía más importante después de una tragedia. Y, por desgracia, es mucho menos común de lo que debería ser. Después de la muerte de un ser querido, solo el 60 por ciento de los trabajadores en el sector privado disfrutan de días de baja pagados, y habitualmente se trata de solo unos cuantos.[9] Cuando vuelven a la oficina, la pena puede alterar su rendimiento.[10] La inseguridad económica que con frecuencia sucede a la pérdida es como un segundo golpe. Solo en Estados Unidos, las pérdidas en productividad relacionadas con la pena pueden suponer hasta 75.000 millones anuales.[11] Estas pérdidas, junto con la carga que sufren quienes están de duelo, se podrían reducir si los empleadores les ofrecieran días libres, un horario reducido y flexible y ayudas económicas. Las empresas que ofrecen una asistencia sanitaria completa, jubilación y permisos familiares o médicos ven cómo las inversiones a largo plazo en los empleados generan una fuerza de trabajo más leal y productiva.[12] Dar apoyo es, a la vez, compasivo e inteligente. Agradecí mucho que Facebook pusiera a mi disposición una baja generosa por la pérdida de mi marido y, después de la muerte de David, trabajé con nuestro equipo para ampliar aún más estas políticas.

De los tres factores, el que más me costó procesar fue la permanencia. Durante meses, sin importar lo que hiciera, sentía que una especie de angustia debilitante estaría siempre presente. La mayoría de las personas que conozco que habían padecido una tragedia me dijeron que, con el paso del tiempo, la tristeza disminuye. Me aseguraron que llegaría un día en que pensaría en Dave y sonreiría. No les creí. Cuando mis hijos lloraban, veía pasar ante mis ojos toda su vida sin un padre. Dave no se iba a perder únicamente un partido de fútbol… sino todos los partidos de fútbol. Todos los concursos de retórica. Todas las vacaciones. Todas las graduaciones. No acompañaría a nuestra hija hasta el altar el día de su boda. El miedo a estar sin Dave para siempre me paralizaba.

Mis peores proyecciones no me ayudaron. Cuando sufrimos, solemos proyectar este sufrimiento indefinidamente. Los estudios sobre la «predicción afectiva», la previsión sobre cómo nos sentiremos en el futuro, demuestran que tendemos a sobreestimar durante cuánto tiempo nos afectarán los sucesos negativos.[13] Se pidió a algunos estudiantes que se imaginasen que su relación sentimental se acababa y que predijeran cuán infelices se sentirían dos meses después. A otros estudiantes se les pidió que dieran cuenta de su felicidad dos meses después de una ruptura real. Aquellos que habían vivido una verdadera ruptura eran mucho más felices de lo que esperaban. También solemos sobreestimar el impacto negativo de otros sucesos estresantes.[14] Los profesores interinos pensaban que si la universidad les denegaba un puesto de trabajo fijo estarían abatidos durante los siguientes cinco años.[15] No fue así. Los estudiantes universitarios creían que se sentirían fatal si les asignaban un colegio mayor que no deseaban.[16] No se sintieron tan mal. Si esto le sucedió a alguien al que le asignaron el colegio mayor menos deseado en mi universidad (lo hicieron dos veces), este estudio demuestra ser especialmente certero.

De la misma forma que el cuerpo tiene un sistema inmune psicológico, el cerebro también lo tiene. Cuando algo va mal, instintivamente ponemos en marcha una serie de mecanismos de defensa. Pensamos que no hay mal que por bien no venga. Añadimos azúcar y agua al limón. Nos aferramos a clichés. Pero, después de perder a Dave, yo no podía hacer nada de todo esto. Cada vez que intentaba autoconvencerme de que las cosas irían a mejor, una voz más profunda en mi interior insistía en que eso no sucedería. Parecía claro que mis hijos y yo nunca volveríamos a sentir un momento de alegría pura. Nunca más.

Seligman descubrió que palabras como «nunca» y «siempre» eran signos de permanencia. De la misma forma que tuve que prohibirme decir «lo siento», intenté eliminar las palabras «nunca» y «siempre» y reemplazarlas por «a veces» y «últimamente». «Siempre me sentiré fatal» se convirtió en «A veces me sentiré fatal». No es el pensamiento más alegre, pero no dejaba de ser una mejora. Me di cuenta de que en algunos momentos el dolor remitía temporalmente, como un terrible dolor de cabeza que se atenúa por un rato. A medida que tuve más alivios temporales, pude recordarlos cuando volvía a caer en la pena profunda. Comencé a aprender que por muy triste que me sintiera, llegaría otro descanso del dolor. Me ayudó a retomar una sensación de control.

También probé una terapia cognitiva conductual en la que debía escribir una creencia que causara ansiedad y luego señalar las pruebas que demostraban que era falsa.[17] Comencé con mi mayor miedo: «Mis hijos nunca tendrán una infancia feliz». Solo con ver esta frase escrita se me revolvió el estómago, pero también me di cuenta de que había hablado con muchas personas que habían perdido a sus padres cuando eran niños y que demostraban que esta predicción era errónea. En otra ocasión, escribí: «Nunca me volveré a sentir bien». Al ver estas palabras escritas no pude evitar pensar que precisamente aquella mañana alguien había hecho una broma y yo me había reído. Aunque solo fuera por un instante, ya había demostrado que esta frase no era cierta.

Un amigo psiquiatra me explicó que los humanos estamos diseñados evolutivamente tanto para conectar con los demás como para sobrellevar la pena: de forma natural, tenemos herramientas para recuperarnos de las pérdidas y los traumas. Esto me ayudó a creer que podría superarlo. Si había evolucionado para gestionar el sufrimiento, la pena profunda no iba a matarme. Pensé que los humanos se habían enfrentado al amor y la pérdida durante siglos, y me sentí conectada con algo mucho más grande que yo: me sentí conectada con la experiencia humana universal. Contacté con uno de mis profesores favoritos, el reverendo Scotty McLennan, quien amablemente me había dado consejos cuando con veintitantos años me separé de mi primer marido. Scotty me contó que, durante los cuarenta años en los que había ayudado a los demás a superar la pérdida, había observado que «dirigirse a Dios da a las personas una sensación de estar protegidas por unos brazos amorosos que son eternos y profundamente fuertes. Necesitamos saber que no estamos solos».

Pensar en estas conexiones me ayudó, aunque no podía desembarazarme de una sofocante sensación de terror. Los recuerdos y las imágenes de Dave estaban por todas partes. Durante aquellos primeros meses, me despertaba cada mañana y me sentía fatal porque él seguía sin estar a mi lado. Por la noche iba a la cocina esperando encontrármelo y, al no estar allí, sentía una profunda punzada de dolor. Mark Zuckerberg y su mujer, Priscilla Chan, pensaron que sería bueno para mí y para mis hijos ir a algún lugar donde no tuviéramos recuerdos de Dave, así que nos invitaron a una playa en la que no habíamos estado nunca. Pero, cuando me senté en un banco con vistas al océano, miré el gran cielo que se abría ante mí... y vi el rostro de David mirándonos desde las nubes. Estaba sentada entre Mark y Priscilla y podía sentir cómo me abrazaban con sus brazos, pero, de alguna manera, Dave se las arreglaba para estar ahí también.

No había escapatoria. Mi pena era como una niebla densa y profunda que me rodeaba en todo momento. Mi amigo Kim Jabal, cuyo hermano había muerto, lo describió como una manta de plomo que le cubría la cara y el cuerpo. Rob, el hermano de Dave, dijo que sentía que una bota le presionaba fuertemente el pecho y casi le impedía que el aire llegara a sus pulmones, una sensación mucho más dura que cuando su padre murió dieciséis años atrás. A mí también me costaba respirar. Mi madre me enseñó cómo hacerlo para superar las crisis de ansiedad: inhalar hasta contar seis, mantener el aire en los pulmones durante seis segundos más, y luego exhalar también contando hasta seis. Mi ahijada, Elise, en un emotivo cambio de papeles, me cogió de la mano y contó hasta seis conmigo hasta que desapareció el pánico.

El rabino Nat Ezray, que se hizo cargo del funeral de Dave, me aconsejó que «lo aceptara» y que tuviera claro que iba a ser terrible. Años atrás me di cuenta de que cuando me ponía triste y sentía ansiedad, a consecuencia de estos sentimientos solía hundirme el doble. Es decir, cuando estaba deprimida, me deprimía el hecho de estar deprimida. Cuando sentía angustia, me angustiaba estar angustiada. «Parte de toda miseria —escribió C. S. Lewis— es la sombra de la miseria... el hecho de que no solo sufrimos, sino que no dejamos de pensar en que estamos sufriendo.»[18]

Después de la muerte de Dave, los efectos de estos sentimientos derivados fueron más profundos que nunca. No solo estaba afligida; me afligía el hecho de estar afligida. No estaba angustiada; estaba metaangustiada. Pequeñas cosas que nunca me habían preocupado de verdad, como la posibilidad de que mis hijos tuvieran un accidente en bici de camino al colegio, me obsesionaban. Luego empezó a preocuparme el hecho de que me preocupara tanto. El consejo de mi rabino de que debía aceptar que todo esto era fatal me ayudó mucho. En lugar de sorprenderme por tener sentimientos negativos, los esperaba.

Un amigo señaló que había aprendido algo que los budistas saben desde el siglo v a.C. La primera noble verdad del budismo es que toda vida conlleva sufrimiento. El envejecimiento, la enfermedad y la pérdida son inevitables. Y, aunque en la vida tenemos algunos momentos felices, a pesar de que intentemos que perduren, acabarán desapareciendo. La maestra budista Pema Chödrön, que llegó a las altas instancias del Zen al convertirse en la primera mujer estadounidense que fue ordenada por la tradición tibetana, escribe que, cuando aceptamos esta noble verdad, disminuye nuestro dolor porque acabamos «estrechando lazos con nuestros propios demonios».[19] No me iba a ir de copas con mis demonios, pero, al aceptarlos, me atormentaron menos.

Unos días después del funeral de Dave, mi hijo, mi hija y yo hicimos una lista de las nuevas «reglas familiares» y la colgamos sobre el armario donde guardan las mochilas para que la vieran cada día. La primera regla era «Respeta nuestros sentimientos». Hablamos de cómo les invadiría la tristeza en momentos incómodos, como cuando estuvieran en el colegio, y que, cuando ocurriera, podían darse un descanso de cualquier cosa que estuvieran haciendo. Con frecuencia necesitaban un momento aparte para ponerse a llorar y los profesores amablemente les permitían salir de clase con un amigo o un consejero para que pudieran dar rienda suelta a sus sentimientos.

Les di este consejo a mis hijos, pero también debía seguirlo yo misma. Aceptar significaba admitir que no podía controlar cuándo me pondría triste. Yo también necesité momentos aparte para llorar. Los necesité conduciendo y aparqué el coche en la cuneta, los necesité en la oficina, en las reuniones de directivos… A veces me encerraba en el baño para sollozar o sencillamente lloraba sobre mi escritorio. Cuando dejé de luchar contra estos momentos, empezaron a pasar más rápido.

Después de unos meses, comencé a darme cuenta de que la bruma de dolor intenso se aclaraba en algunos momentos y que, cuando volvía, me recuperaba de un modo más rápido. Observé que gestionar el dolor es como desarrollar la resistencia física: cuanto más nos ejercitamos, más rápido se recupera el corazón después de acelerar el ritmo. Y, a veces, en momentos de actividad física especialmente intensa, descubrimos una fuerza que no sabíamos que teníamos.

Sorprendentemente, una de las cosas que más me ayudó fue centrarme en lo peor que podía ocurrir. Predecir una mala situación solía ser algo fácil para mí: es una vieja tradición judía, como rechazar la primera mesa que nos ofrecen en un restaurante. Pero, durante los primeros días de dolor, por instinto, intentaba buscar pensamientos positivos. Adam me aconsejó hacer lo contrario: era una buena idea pensar que podía ser mucho peor.[20] «¿Peor? —le pregunté—. ¿Estás de broma? ¿Cómo podría ser peor?» Su respuesta me dejó de piedra: «Dave podría haber tenido esa misma arritmia cardíaca conduciendo el coche con vuestros hijos». Boom. Nunca se me había ocurrido que podía haber perdido a los tres. De inmediato, me sentí profundamente agradecida por que mis hijos estuvieran vivos y sanos, y esta gratitud apaciguó parte de la pena.

Dave y yo teníamos un ritual familiar en la cena en el que nos turnábamos con nuestros hijos para decir cuáles habían sido los mejores y los peores momentos del día. Cuando ya solo fuimos tres, añadí una tercera categoría: también deberíamos decir algo por lo que nos sentíamos agradecidos. Además decidimos rezar una oración antes de cenar. Cogernos las manos y dar las gracias a Dios por los alimentos que íbamos a comer nos ayudó a recordar las cosas buenas que tenemos cada día.

Reconocer lo bueno que nos ocurre es algo positivo por sí mismo. Unos psicólogos le pidieron a un grupo de personas que hicieran una lista semanal de las cinco cosas por las que estaban agradecidos.[21] A otro grupo le pidieron que hiciera una lista de problemas y a un tercero, una lista de cosas rutinarias. Nueve semanas después, el primer grupo se sentía significativamente más feliz y tenía menos problemas de salud. Quienes entran en el mercado laboral durante una recesión económica acaban estando más satisfechos con sus puestos de trabajo décadas después porque son profundamente conscientes de lo difícil que puede ser encontrar trabajo.[22] Dar cuenta de las cosas buenas, de hecho, puede mejorar la felicidad y la salud porque nos recuerda los privilegios de nuestra vida. Cada noche, sin importar lo triste que me sintiera, encontraba algo o alguien por lo que estaba agradecida.

También valoré profundamente la seguridad económica que teníamos. Tanto mi hija como mi hijo me preguntaron si tendríamos que mudarnos de casa. Supe lo afortunados que éramos por que la respuesta fuera no. Para muchos, un acontecimiento inesperado como una visita al hospital o la reparación del coche puede desestabilizarlos económicamente de la noche a la mañana. El índice de pobreza en México es una de cada dos personas, dos de cada tres en Argentina y una de cada cinco en España, un índice que aumenta considerablemente en mujeres y familias monoparentales.[23] Un 60 por ciento de los estadounidenses ha sufrido un revés que ha amenazado su capacidad para llegar a fin de mes y un tercio no tienen ahorros, lo cual les hace estar en una situación de vulnerabilidad constante.[24] La muerte de un cónyuge comporta a menudo serias consecuencias económicas, sobre todo para las mujeres, que suelen cobrar menos que los hombres y no tienen acceso a una buena jubilación.[25] Además de la devastadora pérdida de un ser querido, las viudas se quedan con menos dinero para afrontar sus necesidades básicas y pierden la casa.[26] De los 258 millones de viudas que hay en el mundo, más de 115 millones viven en la pobreza. Esta es una de las muchas razones por las que se debe igualar el sueldo entre hombres y mujeres.

Tenemos que proteger a todas las familias sin que importe la forma que tengan y proporcionarles la ayuda que necesitan para superar las adversidades. Las parejas de hecho y las del mismo sexo, habitualmente, no tienen las mismas protecciones legales y los beneficios laborales que los matrimonios. Necesitamos una política de seguridad social más fuerte y más prácticas que concilien la vida familiar con el trabajo para evitar que una tragedia conlleve más problemas de los estrictamente necesarios. Los padres solteros y las viudas merecen más apoyo, y los líderes, los compañeros de trabajo, las familias y los vecinos pueden proporcionárselo.

Pero, a pesar de ser consciente de todas las cosas buenas que tenía, el dolor me seguía consumiendo. Cuatro meses y dos días después de encontrar a Dave desplomado en el suelo, asistí a la fiesta de vuelta al cole de mis hijos. Por primera vez, fui en coche sola. Los padres se congregaban en el gimnasio y luego iban a las aulas específicas de sus hijos. Dave y yo siempre nos habíamos separado para estar tanto en la clase de nuestro hijo como en la de nuestra hija, y luego cotejábamos nuestras notas. Defensa individual. Pero ahora ya no lo podíamos hacer.

Por miedo, había estado evitando durante toda la semana escoger una de las aulas y, cuando al fin llegó el momento, me inundó una ola de tristeza. Caminaba hacia las aulas, cogiendo la mano de mi amiga Kim e intentando decidirme, cuando sonó el móvil. Era mi médico. Me dijo que quería contactar conmigo de inmediato porque en una mamografía rutinaria había aparecido una mancha sospechosa. Se me aceleró el corazón. Me dijo que no había de qué preocuparse todavía (fue de gran ayuda), pero que debería volver al día siguiente para hacer una ecografía.

De la tristeza pasé al pánico. En lugar de ir a cualquiera de las dos aulas, me metí en el coche y me fui directa a casa. Desde que habían perdido a su padre, mis hijos estaban comprensiblemente obsesionados con la muerte. Pocas semanas antes, mientras cenábamos, mi hija necesitó un momento para llorar y la acompañé a su habitación. Nos acurrucamos en la cama y se fijó en mi collar que tenía dijes colgantes con las iniciales de nuestros nombres. Dijo con determinación: «Voy a coger una». Le pregunté por qué. Contestó que no me lo diría porque me enfadaría. Insistí en que podía decirme lo que quisiera. Con un susurro, añadió: «A quien escoja, será el próximo en morir». Me quedé sin aire. De alguna forma, pude recomponerme y dije: «Entonces déjame escoger a mí». Elegí la «S» y susurré: «Yo seré la siguiente en morir, y me parece que será dentro de cuarenta años, cuando tenga noventa». No sabía si era bueno decirle esto (y me equivoqué con el cálculo), pero quería consolarla.

Cuando conducía de vuelta a casa después de aquella fiesta en el colegio, me pareció sentir su mano jugando con mi collar. ¿Cómo iba a decirle a ella y a mi hijo que tenía cáncer? ¿Y qué ocurriría en el caso (en el caso) de que también me perdieran? ¿Y cómo era posible que solo unos minutos antes estuviera tan estresada por el hecho de elegir a qué aula ir?

Aquella noche estaba muy turbada y sollozaba demasiado para meter a mis hijos en la cama. No quería que se pusieran tristes, así que lo hizo mi madre. Vino mi hermana a casa y las tres nos cogimos de la mano y rezamos. No se me ocurría otra cosa que hacer. Mi madre articuló algunas palabras, en forma de plegaria, y le pedí que las repitiera una y otra vez.

Las siguientes diecisiete horas pasaron a duras penas. No pude dormir, ni comer, ni tener una sola conversación coherente. Me limitaba a mirar el reloj, esperando la cita de la una de la tarde.

La ecografía confirmó que el resultado de la mamografía había sido un falso positivo. La gratitud que sentí en todo el cuerpo fue tan completa como la pena que me había asolado durante los últimos e interminables cuatro meses. De golpe, valoré más que nunca mi salud y lo bueno que tenía en la vida.

En retrospectiva, ojalá hubiera conocido estos tres factores antes. Me habrían ayudado en muchas ocasiones, incluso en mi vida diaria. Después de salir de la universidad, el primer día que trabajé, mi jefe me pidió que introdujera datos en el Lotus 1-2-3 (una hoja de cálculo habitual de los años noventa). Tuve que reconocer que no sabía cómo hacerlo. Se quedó boquiabierto y dijo: «No me puedo creer que te hayan dado este trabajo sin saberlo». Luego, salió del despacho. Me fui a casa convencida de que iban a despedirme. Pensaba que no tenía talento para nada, pero resultó que para lo único que no tenía talento era para las hojas de cálculo. Comprender la generalización me habría ahorrado un montón de ansiedad aquella semana. Y ojalá que alguien me hubiera explicado algo de ella cuando corté con mis novios. Me habría evitado mucha angustia el hecho de saber que la pena amorosa no iba a durar siempre y, si tenía que ser sincera conmigo misma, tampoco iban a durar siempre ninguna de aquellas relaciones. Ojalá también hubiera sabido algo de la personalización cuando rompían conmigo. (A veces, no se trata de nosotras, sino que se trata realmente de ellos.)

A los veinte años, estos tres factores se aliaron contra mí cuando mi primer matrimonio acabó en divorcio. En aquel momento pensé que no importaba lo que hiciera, siempre sería un fracaso total. Mirando atrás, fue precisamente aquel matrimonio frustrado el que me sacó de Washington D. C. y me llevó a cruzar el país hasta Los Ángeles, donde apenas conocía a nadie. Por suerte, uno de mis amigos me invitó a cenar y mirar una película con otro amigo suyo. Aquella noche, compramos buena comida para llevar y luego vimos *En honor a la verdad*, y me quedé dormida sobre el hombro de Dave por primera vez.

Todos debemos enfrentarnos a la pérdida: la pérdida del trabajo, del amor, de la vida. La cuestión no es si nos llegará a pasar a nosotros: nos pasará, y tendremos que enfrentarnos a ello.

La resiliencia proviene de nuestro interior y del apoyo que recibimos del exterior. Proviene de la gratitud que sentimos por las cosas buenas de la vida y de cómo aceptamos las cosas malas. Proviene de analizar cómo procesamos la pena y de, simplemente, aceptarla. A veces, tenemos menos control del que creemos. Otras, tenemos más.

He aprendido que, cuando la vida se nos hunde, podemos rebotar en el fondo, llegar a la superficie y respirar de nuevo.

2

Echar al elefante de la habitación*

«No, soy el elefante.»

En la universidad, la mayoría de los estudiantes tienen uno o dos compañeros de habitación. Algunos tienen tres o cuatro. Dave tenía diez. Después de licenciarse, sus compañeros se mudaron a diferentes lugares del país y solo se veían en ocasiones especiales. En la

---

* En inglés, la expresión «*elephant in the room*» («el elefante en la habitación») alude metafóricamente a una verdad evidente que es ignorada. La autora utiliza esta expresión durante todo este capítulo y hemos conservado la traducción literal para una mayor claridad expositiva. *(N. de la T.)*

primavera de 2014, nos reunimos todos para celebrar la vigésimo quinta reunión universitaria. Nos lo pasamos tan bien que decidimos pasar el siguiente 4 de julio juntos, con nuestras respectivas familias.

Dave murió dos meses antes de aquel viaje.

Pensé en no acudir a la reunión. La perspectiva de un fin de semana con los compañeros de piso de Dave, pero sin Dave, me parecía abrumadoramente dura. Pero todavía estaba intentando aferrarme a la vida que habíamos tenido juntos, y cancelar nuestra asistencia era como dejar ir otra parte de él. Así que fui, esperando que me consolara estar con sus amigos íntimos, que también lo estaban pasando mal.

Gran parte de la estancia estuvo cubierta de niebla, pero el último día me senté a desayunar con varios compañeros de Dave, entre ellos Jeff King, a quien le habían diagnosticado años atrás una esclerosis múltiple. Dave y yo habíamos hablado varias veces de su enfermedad, pero aquella mañana me di cuenta de que nunca había hablado realmente de ella con Jeff.

«Hola, elefante.»

—Jeff —comencé—, ¿cómo estás? Quiero decir, de verdad, ¿cómo estás? ¿Cómo te sientes? ¿Tienes miedo?

Jeff alzó la mirada sorprendido y se quedó callado unos instantes. Con lágrimas en los ojos, respondió:

—Gracias. Gracias por preguntar.

Y luego se puso a hablar. Habló del diagnóstico y de cómo le perturbaba no poder ejercer la medicina, de cómo el constante deterioro estaba afectando a sus hijos, de cómo le preocupaba el futuro, de cómo le aliviaba poder hablar de ello conmigo y con los demás aquella mañana. Cuando acabamos de desayunar, me abrazó con fuerza.

Las semanas posteriores a la muerte de Dave, me chocaba que algunos amigos no me preguntaran cómo estaba. La primera vez que ocurrió, pensé que estaba hablando con un amigo que no hacía preguntas, sin más. Todos tenemos uno de ellos, y así los describe el bloguero Tim Urban: «Dejas tu trabajo. Te enamoras. Pillas a tu pareja en la cama con otro y los asesinas llevado por una pasión irrefrenable. Pero no importa, porque no hablarás de nada de todo esto con el Amigo-que-no-hace-preguntas, quien nunca, jamás, te pregunta nada sobre tu vida».[1] A veces se debe a que son egocéntricos. Otras, sencillamente, les incomoda tener conversaciones íntimas.

Yo no podía comprender por qué mis amigos y amigas no me preguntaban cómo estaba. Me sentía invisible, como si estuviera delante de ellos, pero no pudieran verme. Cuando vemos a alguien con una escayola, enseguida preguntamos: «¿Qué te ha pasado?». Si nos rompemos el tobillo, los demás quieren escuchar lo que ha ocurrido. Pero si tu vida se ha hecho trizas, nadie pregunta nada.

Todos evitaban, continuamente, la cuestión. Fui a cenar a casa de una amiga íntima, y tanto ella como su marido hablaron de cosas sin importancia durante todo el rato. Yo les escuchaba perpleja, sin compartir mis pensamientos. «Sí, sin duda, ¡los Warriors están que se salen! Y ¿sabéis a quién le encantaba este equipo? A Dave.» Recibí correos electrónicos de amigos que me pedían que volara a sus ciudades para dar una conferencia sin que parecieran darse cuenta de que viajar era mucho más complicado para mí en la situación en la que me encontraba. «Oh, ¿es solo una noche? Pues claro, miraré a ver si puedo resucitar a Dave para que meta a los niños en la cama.» Me encontraba con amigos en el parque del barrio que me hablaban del tiempo. «¡Sí! Hace un tiempo raro, con esta lluvia y muerte por todas partes.»

Hasta que desayuné con Jeff no me di cuenta de que, a veces, era yo la amiga que evitaba conversaciones incómodas. No le había preguntado directamente sobre su salud, no porque no me importara, sino porque tenía miedo de entristecerlo. Perder a Dave me enseñó lo ridícula que era esta suposición. Era imposible que le recordara a Jeff que tenía esclerosis múltiple. Él era consciente de ello durante cada uno de los minutos del día.

Incluso las personas que han padecido la peor tragedia suelen querer hablar de ello. Merle Saferstein es una de las amigas más íntimas de mi madre y la exdirectora educativa del Centro para la Documentación y Educación del Holocausto en Florida del Sur. Ha trabajado con más de quinientos supervivientes y solo recuerda a uno que no quisiera hablar de ello. «Según mi experiencia, los supervivientes quieren tener la oportunidad de enseñar algo y no que los eviten como la peste porque han tenido que sufrir algo inefable», me dijo Merle. Aun así, vacilamos a la hora de preguntar porque nos preocupa exhumar viejos traumas. Para alentar el diálogo, Merle dirigió varios programas que ponían en contacto a los supervivientes con estudiantes de secundaria y universitarios. Así comprobó que cuando los estudiantes tienen la oportunidad, no dejan de plantear dudas. «Les he oído preguntar: "¿Qué comíais en el campo de concentración?"; o "¿Creíais en Dios?". Las chicas jóvenes a menudo preguntan: "¿Teníais la regla? ¿Qué hacíais entonces?". No son preguntas personales, sino preguntas humanas», me contó Merle.

Evitar los sentimientos no es lo mismo que protegerlos. Merle recordaba haber ido con una joven prima suya a visitar a una pareja mayor que tenía grabadas, en el muro exterior de arcilla de su casa, las huellas de cuatro manos. La pareja solo hablaba de una hija. A la prima de Merle le habían advertido de que no mencionara a la otra hija, porque había muerto y les entristecería. Pero Merle no había oído esta advertencia, así que preguntó de quién eran las otras huellas. A pesar de que la prima de Merle estaba horrorizada, la pareja habló con calidez y durante un buen rato de su hija. «Querían que fuera recordada», dijo Merle.

Los padres que han sufrido la peor pérdida imaginable comparten a menudo estos sentimientos. El autor Mitch Carmody dijo después de que su hijo Kelly, de nueve años, muriera de un cáncer cerebral: «Nuestro hijo muere por segunda vez cuando nadie menciona su nombre».[2] Esta es la razón por la que Compassionate Friends («Amigos Compasivos»), una de las organizaciones que se ocupan del duelo más importantes de Estados Unidos, anima a las familias a hablar abierta y frecuentemente de los hijos que han perdido.

Evitar temas molestos es tan habitual que incluso tiene nombre. Hace unas décadas, los psicólogos acuñaron el concepto «efecto *mum*» (en inglés, *mum* significa «silencio») para describir la situación en la que evitamos hablar de las malas noticias.[3] Los médicos tardan en decir a los pacientes que su pronóstico no es bueno.[4] Los directores esperan demasiado para comunicar a sus empleados que los van a despedir. Mi colega Maxine Williams, directora de diversidad en Facebook, me dijo que está segura de que muchas personas caen en el «efecto *mum*» cuando tratan cuestiones de raza. «Incluso después de que un hombre negro desarmado sea tiroteado cuando va a sacar el carnet de conducir para enseñárselo al policía, los blancos que han visto las noticias, que viven en estas comunidades y que se sientan al lado de nosotros en la oficina, no suelen decir nada —me explicó Maxine—. Para la víctima de racismo, como para la víctima de una pérdida, este silencio es muy grave. Las dos cosas que queremos saber cuando nos abruma el dolor es que no estamos locos por sentir lo que sentimos y que alguien nos apoya. Actuar como si no les hubiera ocurrido nada a personas que son como nosotros es negarles todo esto.»

Al permanecer en silencio, a menudo aislamos a la familia, a los amigos y a nuestros compañeros. Incluso en circunstancias normales, quedarnos a solas con nuestros pensamientos puede resultar incómodo. En un experimento, una cuarta parte de las mujeres y dos tercios de los hombres prefirieron recibir dolorosos electroshocks antes que quedarse sentados solos durante quince minutos.[5] El silencio acentúa el sufrimiento. Yo solo podía hablar a gusto de Dave con un número reducido de familiares y amigos, pero con otros amigos y compañeros de trabajo también me era más fácil abrirme; los psicólogos llaman a estas personas, literalmente, «abridores».[6] Al contrario que los amigos que no hacen preguntas, los abridores hacen muchas preguntas y escuchan las respuestas sin juzgarnos. Disfrutan aprendiendo y sintiéndose conectados a otros. Los abridores pueden marcar la diferencia en una época de crisis, y se beneficiarán de su presencia sobre todo quienes normalmente son reticentes a compartir sus sentimientos.

Nunca hubiera esperado que pudiera tener problemas compartiendo. Con mis amigas más íntimas, siempre soy la que quiere hablar de todo. «¿Te gusta? ¿Besa bien?» (No siempre hago estas preguntas en el mismo orden.) En el trabajo, pido constantemente la opinión de los demás, hasta el punto de que algunos llegan a opinar que pido demasiadas opiniones. Pero, en aquel estado de tristeza, no quería descargar mis problemas en los otros y era incapaz de mencionar a Dave, excepto si me ponían entre la espada y la pared.

Los abridores no son siempre nuestros amigos más íntimos. Quienes han tenido que enfrentarse a la adversidad suelen expresar más compasión por quienes están sufriendo.[7] La escritora Anna Quindlen observa que «aquellos que reconocen un abismo parecido al suyo en el centro de nuestro ser» suelen hablar de la pena.[8] Los veteranos de guerra, las víctimas de violación y los padres que han perdido a sus hijos afirman que el apoyo más útil que recibieron provino de otros que habían sufrido tragedias parecidas.[9] Cuando los supervivientes del Holocausto llegaron a Estados Unidos, según me contó Merle, «se sintieron muy aislados, así que empezaron a forjar vínculos entre ellos. Por esta razón se formaron los clubes de supervivientes. Los únicos que podían comprenderlos eran aquellos que habían vivido las mismas experiencias».

En mi opinión, creo que esto es verdad. Colin Summers, una amiga de Los Ángeles, se acercó a mí en el funeral de Dave, y en lugar de decir «Lamento tu pérdida», me dijo: «Mi padre murió cuando yo tenía cuatro años». «Oh, qué alivio», musité como respuesta. Luego añadí enseguida: «Quiero decir, nada de alivio. Es únicamente que has llegado a ser una persona magnífica y esto me da esperanza para mis hijos». Yo estaba avergonzada, pero ella me dio un abrazo y agregó: «Sé lo que quieres decir, y te aseguro que tus hijos son más fuertes de lo que crees». No fue la interacción social más fluida que he tenido, pero sí uno de los escasos momentos de aquel día terrible en que me sentí un poquito mejor.

Me hice socia de un club al que nadie quiere pertenecer, un club del que desconocía su existencia antes de unirme a él de forma involuntaria. Nueve días después de que Dave muriera, asistí a un partido de fútbol de mi hija y me fijé en la abuela de setenta años de una amiga suya, Jo Shepherd, que estaba sentada al lado de una silla vacía. Décadas atrás, Jo también se había quedado sola con dos hijos cuando su marido murió, e instintivamente supe que aquel asiento era para mí. Me senté a su lado y no intercambiamos ni diez palabras, pero me sentí absolutamente comprendida. En un desayuno con socios de Facebook, un cliente al que veía por primera vez me dijo que su hermano acababa de morir. Nos abrazamos en un rincón y lloramos juntos.

Muchas personas que no han experimentado ninguna pérdida, incluso algunos de mis mejores amigos, no sabían qué decirme ni a mí ni a mis hijos. Su incomodidad a nuestro alrededor era palpable, sobre todo en contraste con lo bien que estábamos antes juntos. Este elefante al que fingían ignorar empezó a entrometerse y a deteriorar mis relaciones. Si no me preguntaban cómo estaba, ¿significaba que no les importaba? ¿No veían las enormes huellas de sus patas y los montones de estiércol?

A Adam no le cabía ninguna duda de que querían hablar de ello, pero no sabían cómo hacerlo. Yo no estaba tan segura. Me preguntaban: «¿Cómo estás?», pero yo lo interpretaba más como un saludo convencional que como una pregunta de verdad. Quería gritarles: «¡Mi marido acaba de morir!, ¿cómo crees que me siento?». No sabía qué responder a los comentarios amables. «Aparte de eso, ¿qué tal la obra de teatro, señora Lincoln?».

En todo el mundo existe una presión cultural para ocultar las emociones negativas. En China y Japón el estado emocional ideal es permanecer calmado y sereno.[10] En Estados Unidos nos encanta la excitación («¡Oh, Dios mío!») y el entusiasmo («¡Me muero de la risa!»). Como observa el psicólogo David Caruso, «la cultura estadounidense exige que la respuesta a la pregunta "¿Cómo estás?" no sea simplemente: "Bien". […] Necesitamos estar "Formidablemente"». Caruso añade: «Sentimos este impulso implacable de enmascarar la expresión de nuestros verdaderos sentimientos».[11] Admitir que estamos pasándolo mal «es casi una impertinencia».

Anna Quindlen lo expresa de forma más poética. «La pena —escribe— es un susurro en el mundo y un clamor interior. Más que el sexo, más que la fe, más incluso que la muerte que la provoca, la pena es inefable y se ignora públicamente excepto en el momento del funeral, que acaba con demasiada rapidez.»[12]

En la oficina tampoco me podía desembarazar del elefante. Siempre he sido muy simpática con mis compañeros, sobre todo en Facebook, donde nuestra misión empresarial es que el mundo sea más abierto y esté más conectado. Nuestra cultura lo refleja: todos trabajamos en despachos abiertos en los que podemos hablar con cualquiera. Las conversaciones, incluso las personales, son frecuentes y públicas.

Al principio, ir a trabajar me aportaba una sensación de normalidad. Pero luego descubrí rápidamente que no era como antes. Siempre he animado a los trabajadores a que estuvieran del todo presentes en la oficina, pero en aquel momento mi «ser completo» era monstruosamente triste. Ya era difícil hablar de Dave con mis amigos, pero parecía todavía más inapropiado hacerlo en la oficina. Así que no lo hice. Y mis compañeros tampoco. La mayoría de mis interacciones eran frías, distantes, forzadas. Al caminar por el campus de Facebook empecé a sentirme como un fantasma, de una manera aterradora e invisible a la vez. Cuando no podía soportarlo más, me refugiaba con Mark en la sala de conferencias. Le dije que mis conexiones personales con los demás se estaban deshaciendo. Comprendió mis temores, pero insistió en que no estaba interpretando bien sus reacciones. Me aseguró que querían estar cerca de mí, pero que no sabían qué decir.

La profunda soledad que me provocó la pérdida se vio agravada por todas estas interacciones distantes y empecé a sentirme cada vez peor. Pensé en llevar conmigo un elefante de peluche, pero creí que nadie entendería la indirecta. Sabía que los demás lo estaban haciendo lo mejor que podían: los que no decían nada intentaban no provocar más dolor, y los que decían algo inapropiado trataban de consolarme. Me reconocí a mí misma en ellos: hacían exactamente lo que yo había hecho cuando me encontraba en su situación. Con la mejor intención, si algún amigo lo estaba pasando mal, intentaba transmitirle optimismo y confianza para atajar sus miedos. «Sí, hay una enorme bestia gris en la habitación, pero no es un elefante, sino un ratón.» Ahora sé que era una ilusión por mi parte, que hacía que los demás se sintieran incluso menos comprendidos.

El período de duelo tradicional judío para la muerte de un cónyuge son treinta días. Estaba llegando al final de ese mes cuando pensé en expresar cómo me sentía en Facebook. Versé mis emociones en un post, pero sin pensar en compartirlo porque era demasiado personal y crudo, me exponía demasiado.[13] Al final, creí que era poco probable que las cosas pudieran ir a peor y que quizá me ayudaría. A primera hora de la mañana siguiente, antes de que pudiera cambiar de opinión, lo colgué.

El mensaje empezaba describiendo el vacío y lo fácil que era verse atrapado por él. Escribí que, por primera vez en mi vida, había comprendido el poder de la oración «No me dejes morir mientras siga vivo». En busca de una frase que me aferrara a la vida, escribí que quería escoger el «sentido» por encima del «vacío». Agradecí a la familia y los amigos el haberme ayudado a superar aquellas primeras semanas incomprensibles. Luego hice lo que es tan difícil hacer cara a cara con amigos y compañeros de trabajo: describí que el saludo tan común «¿Cómo estás?» me dolía, porque no daba cuenta de que había ocurrido algo que no era normal. Propuse, en cambio, la pregunta «¿Cómo estás hoy?», porque demostraba que eran conscientes de lo mucho que me costaba vivir cada día.

El efecto del post fue inmediato. Amigos, vecinos y compañeros de trabajo empezaron a hablar del tema tabú. Me llegaron gran cantidad de mensajes diciendo cosas como esta: «Sé que tiene que ser terriblemente duro. Os tengo presentes a ti y a los niños».

Las respuestas de desconocidos de todo el mundo me hicieron sentir menos aislada. Una mujer que acababa de ser madre me escribió desde la unidad de cuidados intensivos de neonatos de un hospital contándome que había perdido a uno de sus gemelos recién nacido y que buscaba la fuerza para darle al hijo superviviente una vida maravillosa. Un joven compartió la foto de su boda el día antes de lo que tendría que haber sido su tercer aniversario. Su difunta mujer le había cambiado la vida, y prometió que en su recuerdo iba a ayudar a las mujeres a triunfar en el ámbito en el que él trabajaba, dominado por los hombres. Los desconocidos se consolaron unos a otros. A la mujer que acaba de perder a su gemelo recién nacido, le ofreció consuelo otra que había sufrido la misma experiencia. El joven viudo recibió docenas de mensajes de ánimo. Y, en muchos casos, los amigos se decían unos a otros que no sabían que estaban sufriendo tanto por sus pérdidas y que querían estar cerca para apoyarlos. Algunos ofrecían compasión, otros compartían historias personales, pero el mensaje estaba claro: como escribió un hombre, aunque la Opción A ya no era válida para muchos de nosotros, no estábamos solos.

No todos se sienten cómodos hablando abiertamente sobre una tragedia personal. Todos decidimos cuándo y dónde expresar nuestros sentimientos. Aun así, está demostrado que hablar de acontecimientos traumáticos mejora la salud física y mental.[14] Hablar con un amigo o un familiar nos ayuda a comprender nuestras propias emociones y sentirnos comprendidos.

Después de mi post, un cambio que agradecí fue que empezaron a preguntarme: «¿Cómo estás hoy?», y esto se convirtió en una manera sucinta de expresar empatía. Esta pregunta también me ayudó a ser consciente de que la pena omnipresente quizá no iba a ser permanente. Adam observó que a la pregunta «¿Cómo estás?», yo solía responder con un «Bien», lo cual no alentaba a los demás a seguir preguntándome nada. Me dijo que, si quería que los demás fueran más abiertos conmigo, tenía que abrirme más a ellos. Empecé a responder con mayor sinceridad: «No estoy bien, y me alegra poder ser sincera contigo». Me di cuenta de que incluso con pequeños gestos podía comunicar a los otros que necesitaba ayuda; cuando me abrazaban al decirme hola, si yo les correspondía con un abrazo un poco más fuerte, comprendían que no estaba bien.

Con algunos de mis amigos que-no-hacen-preguntas abordé la cuestión directamente. Me armé de coraje y les dije, a menudo con lágrimas, que cuando no preguntaban nada me parecía que no les importaba. Agradecí que todos reaccionaran con amabilidad, diciendo que apreciaban que les hablara abiertamente, y comenzaron a hacerme más preguntas. De la misma manera que me pasó con Jeff, el compañero de Dave, me habían estado preguntando «¿Cómo estás?» con un verdadero deseo de conectar, pero yo no les había dado una respuesta sincera y les incomodaba presionarme.

Al final, me convencí de que, puesto que el elefante me seguía a todas partes, podía dar el primer paso reconociendo su existencia. En la oficina, les dije a los compañeros con los que tenía más confianza que podían hacerme preguntas, cualquier pregunta, y que también podían contarme cómo se sentían. Uno me contó que se paralizaba cuando yo estaba cerca, porque le preocupaba decir algo inapropiado. Otra compañera admitió que había pasado varias veces por mi casa, pero sin decidirse a llamar a la puerta. Cuando le dije que quería hablar con ella, un día tocó el timbre y entró. Me alegró mucho verla… y no solo porque me trajera un café de Starbucks.

Había momentos en que quería evitar conversaciones auténticas: delante de mi hijo y de mi hija. Antes de una reunión. Lo que mejor me sentaba era cuando me decían: «Estoy aquí por si quieres hablar. Ahora. O después. O esta noche. Siempre que lo necesites». En lugar de suponer cuándo alguien quiere hablar o no, es mejor hacer el ofrecimiento y ver si lo aceptan.

La muerte no es el único elefante en la habitación. Cualquier cosa que nos recuerde la posibilidad de una pérdida nos puede dejar sin palabras: las dificultades económicas, un divorcio, el paro, una violación, una adicción, el encarcelamiento, la enfermedad. Adam me contó que, diez años atrás, el día antes de que él y su mujer Allison se mudaran a Inglaterra porque le habían dado una beca, ella sufrió un aborto. Pensaron en cambiar de planes, pero también que un cambio de escenario favorecería la recuperación. Debido a la distancia y al miedo de ser una carga para otros, no dijeron nada de este primer aborto (ni del segundo que le siguió) a la familia ni a los amigos. Fue entonces cuando Allison, que cursó estudios de psiquiatría, le enseñó a Adam que cuando ocurre algo terrible, es importante tener en cuenta que las cosas podrían ser peores. Recordaron que una amiga cercana había abortado siete veces antes de tener hijos sanos y felices. Pensaron que cuando la gestación está más avanzada es mucho más devastador. Cuando volvieron a casa, el dolor se había apaciguado y era más fácil hablar sobre ello. Allison empezó a compartir la experiencia con sus amigas y descubrió que muchas de ellas habían sufrido la misma pérdida pero que nunca habían hablado de ella.

Hablar abiertamente fortalece los vínculos sociales, pero a veces es arriesgado. Al ser uno de los pocos filipinos de su campus universitario, Anthony Ocampo nos explicó que sentía «la presión del sueño americano: el ser el representante de su pueblo en nuestra comunidad». También sobrellevaba una carga adicional que mantenía en secreto: «Para mis padres, inmigrantes filipinos de ferviente observancia católica, tener un hijo gay no entraba en sus planes». Anthony llegó a ser profesor de sociología y analizó los problemas de salir del armario en las familias inmigrantes.[15] Hizo entrevistas y conoció a un adolescente filipino y fue testigo de cómo, después de que el chico bebiera de una taza, su madre «la tiraba porque decía que estaba sucia». Cuando otro inmigrante le dijo a su familia que era homosexual, lo llevaron a México y «le quitaron el pasaporte para que aprendiera a ser un hombre».

Anthony analizó la paradoja de los padres inmigrantes que habían sufrido la exclusión pero que actuaban igual con sus hijos LGBT. Cuando finalmente les dijo a sus padres que era gay, también les enseñó la investigación que había hecho sobre el daño que causan las familias al aislar a uno de los suyos. «Los jóvenes buscan la aceptación con las drogas, el alcohol y el sexo de riesgo —les explicó—. Lo recuerdan durante años y afecta prácticamente a todos los aspectos de su vida.» Con la ayuda inteligente y paciente de Anthony, sus padres pudieron aceptarlo. Ahora invitan a su pareja cada vez que celebran algo. Romper el silencio estrechó sus lazos.

El cáncer es otra cuestión prohibida o de la que se habla en «susurros». Leí sobre una escritora llamada Emily McDowell que aseguraba que lo peor de que le diagnosticaran un linfoma no era lo mal que le sentaba la quimio o perder el cabello. «Era la soledad y el aislamiento que sentí —dijo— cuando muchos de mis mejores amigos y familiares desaparecieron porque no sabían qué decir, o metían la pata sin ni siquiera darse cuenta.»[16] La solución de Emily fueron las «tarjetas de empatía».[17] Me encantan todas, pero estas dos son mis favoritas porque me incitan a reír y llorar a la vez:

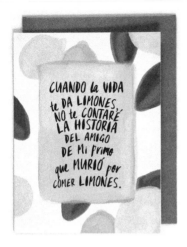

Cuando leí por primera vez las tarjetas de Emily, recordé a un amigo que tenía un cáncer en fase terminal y aseguraba que lo peor que le podían decir era: «Todo irá bien». Me contó que la voz aterrorizada que hablaba en su interior preguntaba: «¿Cómo sabes que todo irá bien? ¿No te das cuenta de que voy a morir?». También recuerdo que, un año antes de que muriera Dave, le diagnosticaron cáncer a una amiga. En aquel momento pensé que la mejor forma de tranquilizarla era dándole confianza: «Te pondrás bien. No me cabe ninguna duda». Después de esto, no volví a sacar el tema durante semanas, pensando que ella lo pondría sobre la mesa cuando quisiera.

Entonces mi intención era buena, pero ahora sé que se puede hacer mejor. Hace poco le diagnosticaron cáncer a una compañera de trabajo y lo encaré de forma diferente. Le dije: «Sé que aún no sabes qué va a ocurrir, y tampoco yo lo sé. Pero no estarás sola en esto. Estaré contigo en cada paso de este camino». Al decirle estas palabras, reconocía que ella se encontraba en una situación aterradora y estresante. Durante los siguientes meses, continué preocupándome regularmente por ella.

A veces, a pesar de nuestras buenas intenciones, no podemos evitar hacerlo mal. Diane Sawyer, la presentadora de ABC News, acababa de volver a trabajar después de que falleciera su marido,

Mike Nichols. Diane estaba subiendo por las escaleras mecánicas cuando un compañero que iba de bajada le gritó: «¡Lamento tu pérdida!». Si algo hubo de bueno, fue que al ir en direcciones opuestas no tuvo que responder.

«Cuando nos enfrentamos a la tragedia, solemos darnos cuenta de que ya no estamos rodeados de personas: estamos rodeados de tópicos. Por tanto, ¿qué se puede decir en lugar de "todo ocurre por una razón"?», se pregunta el escritor Tim Lawrence.[18] Este sugiere que lo mejor que podemos hacer es comunicarles que lo sabemos. Literalmente, pronunciar las siguientes palabras: «Me doy cuenta de que estás sufriendo. Estoy aquí contigo».

Hasta que no lo reconocemos, el elefante siempre está presente. Al ignorarlo, quienes están sufriendo se aíslan y quienes podrían consolarlos crean una distancia que los separa. Pero ambos necesitan acercarse. Hablar con empatía y sinceridad es una buena forma de empezar. No podemos desterrar al elefante, pero podemos decir: «Lo veo. Sé que estás sufriendo. Y me preocupo por ti». Y lo ideal es no tener que gritarlo mientras bajamos por unas escaleras mecánicas.

«Estoy en esta habitación y nadie se da cuenta de mi presencia.»

3

La regla de platino de la amistad

Una mañana de agosto, durante el primer semestre en que Adam enseñaba en Filadelfia, un estudiante entró dando tumbos en clase. Con metro noventa de altura y ciento diez kilos, Owen Thomas había sido fichado como defensa del equipo de fútbol americano de la Universidad de Pennsylvania. Pero su tamaño no era lo único que de inmediato llamaba la atención. Su cabello era tan pelirrojo que, desde lejos, parecía que tuviera la cabeza en llamas. Adam se habría percatado de su presencia aunque se hubiera sentado al fondo de la clase, pero se sentaba en primera fila, siempre llegaba pronto y hacía preguntas inteligentes.

Owen lograba que todos sus compañeros de clase se sintieran bienvenidos y se presentaba ofreciéndoles una sonrisa amistosa. Un día que estaban estudiando el tema de las negociaciones, los estudiantes se dividieron por parejas para comprar o vender empresas ficticias. Owen acabó con el peor resultado de la clase. No soportaba apropiarse ni de un céntimo de dinero hipotético que no necesitara, así que prácticamente regaló su empresa. En diciembre, cuando sus compañeros tuvieron que votar quién era el negociador más colaborador, Owen ganó de calle.

En abril se suicidó.

Dos meses antes, Owen había pasado por el despacho de Adam para pedir ayuda. Owen siempre desprendía optimismo, pero aquel día parecía angustiado. Le dijo que estaba buscando algún lugar donde hacer prácticas y Adam se ofreció para presentarle a algunas personas. Owen no volvió a mostrar interés y fue la última vez que hablaron. Recordando aquella reunión, Adam sentía que no había estado a la altura cuando era más necesario. Después del funeral, Adam volvió a casa y le preguntó a su mujer si debía plantearse dejar la enseñanza.

La autopsia reveló que el cerebro de Owen mostraba signos de una encefalopatía traumática crónica, una enfermedad que se cree que proviene, en parte, de los repetidos golpes que sufrió su cabeza jugando a fútbol americano. Estaba relacionada con la depresión severa y se creía que era la causa de los suicidios de varios jugadores. Cuando murió, Owen era el jugador más joven a quien le habían diagnosticado esa enfermedad y el primero sin un historial de conmociones cerebrales. Después de conocer el diagnóstico de la encefalopatía, Adam se sintió menos culpable por haber pasado por alto las señales de enfermedad mental y empezó a pensar en maneras de dar más apoyo a los estudiantes que lo estaban pasando mal. Pero, con cientos de nuevos estudiantes cada otoño, Adam necesitaba un modo de llegar a una conexión personal con muchos estudiantes a la vez. El ruido fue su fuente de inspiración.

En los experimentos clásicos sobre el estrés, se pedía a las personas que llevaran a cabo tareas que requerían concentración, como resolver acertijos, mientras emitían en intervalos aleatorios sonidos altos y estridentes.[1] Empezaron a sudar, se les aceleró el ritmo del corazón y les aumentó la presión sanguínea. Tenían que esforzarse para concentrarse y cometían errores. Muchos se frustraron tanto que tiraron la toalla. Para reducir la ansiedad, los investigadores ofrecieron a los participantes una vía de escape. Si el sonido se volvía demasiado insoportable, podían pulsar un botón para que parara. Sin duda, el botón les dio la opción de estar más tranquilos, cometer menos errores e irritarse menos. No era sorprendente. Pero he aquí lo que ocurrió: ningún participante pulsó el botón. Lo importante no era parar el ruido, sino saber que podían pararlo. El botón les daba una sensación de control y les permitió soportar el estrés.

Cuando sentimos dolor, necesitamos un botón.[2] Después del suicidio de Owen, Adam comenzó a escribir su número de teléfono en la pizarra el primer día de clase. Hizo saber a sus estudiantes que, si lo necesitaban, podían llamarle a cualquier hora. No lo utilizan frecuentemente, pero, junto con los recursos para la salud mental que ofrece el campus, supone un botón extra para ellos.

Cuando personas cercanas a nosotros se enfrentan a la adversidad, ¿cómo ponemos a su disposición un botón que puedan pulsar? Aunque es obvio que, como amigos, queremos apoyar a nuestros amigos, existen barreras que nos bloquean. Hay dos respuestas emocionales distintas al dolor de los demás: la empatía, que nos motiva para ayudar, y la angustia, que nos motiva para evitarlo.[3] El escritor Allen Rucker observó ambas reacciones después de quedarse paralizado repentinamente debido a un trastorno poco habitual. «Mientras que algunos amigos venían a verme cada día con algo de comer, con la filmografía completa de Alfred Hitchcock, o simplemente con su buen humor, otros estuvieron curiosamente ausentes —escribió—. Fue la primera señal de que el nuevo estado en el que me encontraba también podía suscitar miedo en otras personas, además de en mí.»[4] Para algunos, esta parálisis física desencadenó una parálisis emocional.

Al saber que alguien que queremos ha perdido el trabajo, o se está divorciando, normalmente nuestro primer impulso es «Debería hablar con él o ella». Pero, justo después de este impulso, nos inundan las dudas. «¿Y si digo algo equivocado? ¿Y si hablar de ello le cohíbe? ¿Y si me estoy extralimitando?» Una vez que aparecen estas dudas, las siguen excusas como «Tiene muchos amigos y nosotros no lo somos tanto»; o «Debe de estar muy ocupada. No quiero molestarla». Posponemos una llamada o el ofrecimiento de ayuda hasta que nos sentimos culpables por no haberlo hecho antes… Y entonces ya es demasiado tarde.

Conozco a una mujer cuyo marido murió de cáncer cuando tenía unos cincuenta años. Antes de esta tragedia, solía hablar con una amiga una vez por semana; luego, repentinamente, las llamadas cesaron. Casi un año después, la viuda la llamó. «¿Por qué no he sabido nada de ti?», preguntó. «Oh —respondió la amiga—, quería esperar hasta que te sintieras mejor.» Su amiga no comprendió que no darle consuelo, de hecho, contribuía a aumentar el dolor.

Alycia Bennett no recibió consuelo cuando más lo necesitaba. En el instituto, dirigió una sección local de una ONG para luchar contra la pobreza en África, y al llegar a la universidad quiso continuar con esta misión. Contactó con un administrador que gestionaba las ONG del campus y lo invitó a su habitación para hablar sobre el programa. Cuando el hombre vio que estaba sola, la violó.

Durante los dolorosos días que siguieron, Alycia luchó contra la depresión y pidió ayuda a su amiga más íntima. «Antes de esto, éramos inseparables —nos contó Alycia—. Pero cuando le dije lo de la violación, respondió: "No puedo hablar contigo".» Alycia buscó apoyo en otras amigas y obtuvo respuestas similares. Una de ellas admitió: «Sé que esto ha sido muy duro para ti, pero también ha sido muy duro para mí». Esta amiga se sentía culpable por no haber podido evitar la agresión y estaba personalizando la tragedia. Alycia le aseguró que no era su culpa, pero dejó de hablar con ella y escogió, por lo tanto, la huida por encima de la empatía.

«Sin duda la agresión me trastornó —nos explicó Alycia—. Cuando decidí informar sobre ella, hubo mucha tensión. Me encontraba en una comunidad bastante acaudalada, principalmente de gente rica y blanca. Al ser negra, me sentí intimidada. Pero la reacción de mis amigos me trastornó todavía más. Me sentí indefensa.» Por suerte, sus amigos del instituto le echaron una mano, logró que la cambiaran de universidad y se mudó a un apartamento con nuevos compañeros de piso que la ayudaron a recuperarse. Alycia compartió su historia en la web de la comunidad Lean In con la esperanza de animar a otras víctimas de violación a hacerlo público. Escribió que estaba decidida a lograr los objetivos que se había propuesto, y lo consiguió al licenciarse y ponerse a trabajar en lo que le gustaba: seguridad y asuntos relacionados con Oriente Próximo.

Para los amigos que se alejan en momentos difíciles, mantener la distancia entre ellos mismos y el dolor emocional es una cuestión de autoconservación. Son personas que, al ver que alguien se hunde en la tristeza, se preocupan, quizá inconscientemente, de que eso les arrastre. A otros les asalta una sensación de indefensión. Creen que no hay nada que puedan decir o hacer para mejorar las cosas, así que deciden no decir ni hacer nada. Pero lo que nos enseña el experimento del estrés es que el botón no tenía que parar el sonido para reducir la presión. Estar allí para un amigo, sencillamente, puede representar una gran diferencia.

Yo tuve la suerte de estar rodeada de seres queridos que no solo estaban allí, sino que a menudo sabían lo que necesitaba antes incluso de que lo supiera yo misma. Durante el primer mes, mi madre se quedó en casa para ayudarme a cuidar de mis hijos… y también para cuidar de mí. Al final de cada día interminable, mi madre se estiraba a mi lado y me abrazaba hasta que, después de llorar mucho, me quedaba dormida. Nunca se lo pedí, pero ella lo hizo. Cuando se marchó, la sustituyó mi hermana Michelle. Durante los siguientes cuatro meses, vino a dormir varias noches por semana y, cuando no podía, se aseguraba de que lo hiciera alguna otra amiga.

Necesitar tanta ayuda era una sensación terrible, pero al entrar en el dormitorio que había compartido con Dave sentía que se me cortaba la respiración. La hora de acostarse se convirtió en el símbolo de todo lo que había cambiado. La pena y la ansiedad se acumulaban hasta el momento en que sabía que tendría que arrastrarme, y lo digo literalmente, hasta la cama y dormir sola. Al estar allí noche tras noche, y al dejarme claro que siempre estarían si los necesitaba, mis amigos y mi familia fueron el botón que yo podía pulsar.

Mis mejores amigos y familiares me convencieron de que de verdad querían ayudarme, lo cual hizo que yo no tuviera tanto la sensación de ser una carga para ellos. Cada vez que le decía a Michelle que se fuera a su casa, me insistía en que no sería capaz de descansar a menos que supiera que yo estaba durmiendo. Mi hermano David me llamó desde Houston todos y cada uno de los días durante más de seis meses. Cuando se lo agradecía, me decía que lo hacía por él mismo porque el único momento en que se sentía bien era hablando conmigo. Aprendí que, a veces, preocuparse por alguien significa que, cuando lo está pasando mal, no puedes imaginarte estando en ningún otro lugar.

Este apoyo constante fue vital para mí, pero tal vez no sea así para todo el mundo. Una mujer que también había perdido a su marido me contó que al principio le aterrorizaba quedarse sola por la noche. Su madre estuvo con ella las primeras dos semanas, y las dos siguientes se fue a casa de su hermano. Agradeció toda esta ayuda profundamente, pero admitía: «Después de un mes, estaba de sobras preparada para estar sola».

Es difícil comprender o imaginar el dolor que sufre otra persona. Cuando no estamos en un estado de dolor físico o emocionalmente intenso, subestimamos su efecto. En un experimento, se pidió a varias personas que metieran la mano en un cubo lleno de agua e imaginaran lo doloroso que sería estar en una cámara frigorífica durante cinco horas.[5] Cuando el cubo estaba lleno de agua helada, predecían que estar en la cámara sería un 14 por ciento más doloroso que cuando el cubo estaba lleno de agua caliente. Pero, cuando hacían las predicciones diez minutos después de sacar la mano del agua, optaban por la misma estimación que las personas que habían metido la mano en agua caliente. Una vez que habían dejado atrás el agua helada, aunque solo fuera por diez minutos, les costaba mucho más figurarse lo que era tener frío. (Lo positivo es que hay pocas situaciones en la vida real en las que tengamos la mano metida en un cubo lleno de agua helada.)

No existe una sola forma de sufrir, ni una sola forma de consolar. Lo que le sirve a una persona tal vez no le sirva a otra; e incluso lo que nos sirve un día quizá es inútil al siguiente. De pequeña, me enseñaron la Regla de Oro: trata a los demás como te gustaría que te trataran. Pero cuando alguien está sufriendo, en lugar de seguir la Regla de Oro, debemos seguir la Regla de Platino: trata a los demás como quieren que les trates.[6] Fijémonos en las pistas que nos dan y reaccionemos con comprensión o, mejor aún, con acciones.

Mientras me esforzaba por volver a la vida normal en casa y en el trabajo, amigos y colegas me preguntaban amablemente: «¿Hay algo que pueda hacer por ti?». Lo hacían sinceramente, pero, a la mayoría, no sabía qué responderles. Había algunas cosas en las que me podían ayudar, pero me costaba pedirlas. Y muchas de las que se me ocurrían, me parecían más bien una imposición. «¿Puedes asegurarme que mis hijos y yo nunca estaremos solos en cualquier celebración?» O me parecían imposibles. «¿Puedes inventar una máquina del tiempo para volver atrás y despedirnos de Dave o, al menos, saltarnos el día del Padre?»

El autor Bruce Feiler cree que el problema reside en el ofrecimiento de «hacer cualquier cosa». Escribe que «aunque sea bienintencionado, este gesto atribuye involuntariamente la obligación al afligido. En lugar de ofrecer "cualquier cosa", es mejor hacer algo».[7] Bruce pone como ejemplo amigos que envían embalajes a alguien que se muda después de un divorcio y otros que organizan una «despedida de un incendio» (una variación de una despedida de soltera) para una amiga que había perdido su casa. Mi colega Dan Levy me contó que cuando su hijo se puso enfermo y estuvo con él en el hospital, un amigo le envió el siguiente mensaje de texto: «¿Qué es lo que NO quieres en la hamburguesa?». Dan valoró la intención. «En lugar de simplemente preguntarme si quería comida, decidió por mí, pero también me dio la dignidad de sentir que yo estaba al mando.» Otra amiga le envió un texto a Dan diciéndole que estaba disponible para darle un abrazo y que se quedaría en el vestíbulo del hospital durante la siguiente hora, tanto si bajaba como si no.

Los actos específicos ayudan porque, en lugar de intentar arreglar el problema, tratan de reducir el perjuicio que causa. «Hay cosas en la vida que no se pueden arreglar. Solo se pueden sobrellevar», observa la terapeuta Megan Devine.[8] Incluso el modesto acto de cogerle la mano a alguien puede ser útil. Un grupo de psicólogos puso a unas chicas adolescentes en una situación de estrés al hacerlas hablar en público.[9] Cuando las madres y las hijas que tenían buena relación se daban la mano, el contacto físico redujo la ansiedad de las hijas. Sudaban menos y el estrés psicológico se transfería a las madres.

También pude reconocer este efecto en mí. Cuatro días después de que encontrara a Dave en el suelo del gimnasio, pronuncié un discurso en el funeral. Al principio pensé que no sería capaz, pero mis hijos querían decir algo y sentí que, de alguna forma, debía demostrarles que yo también podía. Mi hermana Michelle estuvo a mi lado y me cogió con fuerza de la mano. En aquel momento no sabía nada de este estudio sobre las madres y las hijas, pero el hecho de sentir su mano en la mía me ayudó a ser valiente.

Dave era una fuente constante de fuerza, uno de esos botones que pulsar en caso de necesidad, no solo para mí, sino para muchos otros. ¿En quién buscarían apoyo sus amigos y familiares a partir de entonces? La psicóloga Susan Silk hace una propuesta reveladora a la que denomina «teoría del anillo».[10] Recomienda escribir los nombres de las personas que se encuentran en el centro de la tragedia y trazar un círculo a su alrededor. Después, debemos trazar un círculo más grande alrededor del primero y escribir los nombres del siguiente grupo de personas más afectadas por el suceso. A partir de aquí, tenemos que seguir dibujando círculos de personas basándonos en la proximidad a la crisis. Como afirma Silk, junto con el mediador Barry Goldman: «Cuando hemos acabado, tenemos un Orden Kvetching».

Adam dibujó los primeros cuatro círculos de mi anillo de la siguiente forma:

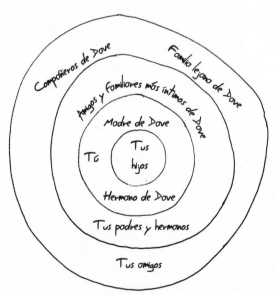

Estemos donde estemos en este círculo, buscaremos consuelo en el exterior y lo ofreceremos al interior. Significa consolar a las personas que están más cerca de la tragedia que nosotros y buscar apoyo en los que están más lejos.

A veces, he pedido apoyo a aquellos que están en los círculos exteriores, pero en otras ocasiones me ha dado miedo aceptarlo. Más o menos una semana después del funeral, asistí al partido de *flag football*, o fútbol bandera, de mi hijo cuando todavía me encontraba sumida en aquella bruma del principio en la que es difícil imaginarse que todavía existe algo así como un partido de fútbol. Mientras buscaba un lugar en el que sentarme, me fijé en que había un montón de padres viendo a sus hijos jugar. «Dave no volverá a estar en otro partido de fútbol.» Justo cuando estaba ajustándome la gorra de béisbol para que no se me vieran las lágrimas, advertí que mis amigos Katie y Scott Mitic me estaban haciendo señas para que fuera a sentarme en una manta que habían extendido sobre la hierba. Poco antes se habían ofrecido a ir al partido conmigo, pero, dado que tenían que cuidar de sus propios hijos, les había dicho que no vinieran. ¡Estaba tan agradecida por que no me hubieran hecho caso...! Me senté entre ellos y me cogieron de las manos. Yo estaba allí por mi hijo... y ellos estaban allí por mí.

Por descontado, hay personas que, después de una tragedia, solo quieren cerrarse y ocultarse en su propio anillo. Una amiga mía de Los Ángeles se sintió profundamente perdida después de que su hijo muriera en un accidente de coche. Cuando la invitaban a cenar a casa de amigos, su primer impulso siempre era decir que no, aunque en el pasado había sido muy sociable. Insistían y, al final, ella se forzaba a decir que sí. Entonces, el día antes, quería cancelar la cita, pero se recordaba a sí misma: «Es una forma de intentar huir. Tienes que ir».

A mí me desgarraban emociones contradictorias similares. Odiaba tener que pedir ayuda, odiaba necesitarla, me preocupaba sin cesar que fuera una carga para los demás, y, aun así, dependía constantemente de su apoyo. Me asolaban tantas inseguridades que casi fundé un grupo de apoyo para Personas Temerosas de Incomodar a los Demás, hasta que me di cuenta de que todos los miembros tendrían miedo de imponerse los unos a los otros y, al final, nadie se uniría al grupo.

Anteriormente, he definido la amistad a partir de lo que yo podía ofrecer: consejos profesionales, apoyo emocional, recomendaciones sobre viejos (y Dave habría añadido malos) programas de televisión. Pero todo esto había cambiado y yo necesitaba mucha ayuda. No solo me sentía una carga… era verdaderamente una carga. Aprendí que la amistad no solo consiste en lo que puedes dar, sino en lo que eres capaz de recibir.

Aun así, todas las personas que conozco que han sufrido una tragedia reconocen con tristeza que hay amigos que no nos ayudan como esperamos. Una experiencia habitual es tener amigos que deciden que su obligación es decirnos qué es lo que deberíamos hacer, o peor, qué es lo que deberíamos sentir. Conocí a una mujer que decidió ir a trabajar el día después de que su marido muriera, porque no podía soportar quedarse en casa. Hoy en día, aún siente la desaprobación de algunos compañeros de trabajo que le dijeron: «Pensaba que estarías demasiado triste para venir a trabajar hoy». «Tú pensabas, pero no sabes nada.»

La pena no tiene unos tiempos iguales para todos: sufrimos de manera diferente y a nuestro propio ritmo. «Ya han pasado tres meses. ¿Cuándo vas a superarlo?», le preguntó una mujer a una amiga suya que había tenido un aborto. Después de que pasara un año, una amiga me comentó: «Deberías haber pasado lo del duelo». ¿De verdad? «Perfecto, meteré esta incómoda "cosa del duelo" en un armario.» Probablemente, tampoco es lo más recomendable decirle a alguien que está afligido: «Estás tan deprimido e irritable… Es muy pesado estar contigo». Esta frase me la dijeron a la cara y apeló a uno de mis mayores miedos: que era verdad.

La ira es una de las cinco fases de la pena que ha hecho famosas la psiquiatra Elisabeth Kübler-Ross.[11] Cuando nos enfrentamos a la pérdida, se supone que comenzamos con la negación, luego pasamos a la ira, y después a la negociación y a la depresión. Solo una vez superadas estas cuatro fases podemos llegar a la aceptación. Pero ahora los expertos se han dado cuenta de que no son cinco fases, sino cinco estados que no progresan de forma lineal: crecen y decrecen.[12] La pena y la ira no se extinguen como llamas que apagamos con agua. En un momento dado pueden quedar rescoldos y, poco después, encenderse de nuevo.

A mí me costaba gestionar la ira. Quizá algún amigo decía una palabra equivocada y yo reaccionaba con demasiada vehemencia, a veces incluso arremetiendo contra él: «Esto no me ayuda en absoluto»; o rompía a llorar. A veces, me daba cuenta y me disculpaba de inmediato, pero otras no era consciente hasta más tarde, o quizá no era consciente en absoluto. Ser mi amigo no solo comportaba consolar mi pena, sino también soportar un nivel de ira que no había sentido nunca antes y que me costaba controlar. Esta ira me asustaba, y necesitaba, todavía más, el consuelo de mis amigos. Al igual que las personas del experimento de estrés que se consolaban con la sola presencia de un botón para emergencias, yo necesitaba amigos que me dijeran que, aunque resultaba difícil estar conmigo, no me iban a abandonar.

Muchas personas bienintencionadas me aseguraban: «Vas a superar esto»; pero me costaba creerlas. Lo que más me ayudaba era oírles decir que estaban allí conmigo. Phil Deucht me lo repitió una y otra vez: «Vamos a superar esto». Cuando estaba fuera, me enviaba correos electrónicos, a veces con una sola frase: «No estás sola». Una de mis amigas de infancia me envió una tarjeta que decía: «Un día se despertó y comprendió que todos estamos juntos en esta vida». Desde entonces, la tengo colgada sobre mi escritorio.

Empecé a pasar más tiempo con mis mejores amigos y con mi familia, que me enseñaron con ejemplos cómo vivir según la Regla de Platino. Al principio, se trataba de supervivencia; podía ser yo misma con ellos, y ellos podían ayudarme a disolver y sobrellevar la angustia y la ira. Después, fue una decisión que tomé conscientemente. En la mayoría de los casos, estos cambios en las relaciones tienen lugar, de forma natural, con el tiempo. A medida que maduramos, nos centramos en un conjunto más pequeño de relaciones significativas,[13] y la calidad de las amistades, más que la cantidad, se convierte en un factor de vital importancia para nuestra felicidad.[14]

Al dejar atrás la peor fase de la pena, tuve que reequilibrar mis amistades para que no dependieran solo de una parte. Un año después de la muerte de Dave, me di cuenta de que una amiga estaba inquieta y disgustada. Le pregunté qué ocurría, pero no se atrevió a decírmelo. La presioné y al final admitió que las cosas no iban bien con su marido, pero sabía que, si comparaba su situación con la mía, no tenía derecho a quejarse. Bromeé diciendo que, si mis amigas no pudieran quejarse de sus parejas, no tendría amigas. Quería estar cerca de ellas para que supieran que yo también podía ayudarlas a sobrellevar sus problemas.

Con el paso del tiempo me sentí especialmente agradecida a mi familia y a mis amigos porque siguieron preocupándose por mí y haciéndome compañía. Cuando se cumplieron seis meses de la muerte de Dave, les envié un poema, «Huellas en la arena».[15] En un principio, era una parábola religiosa, pero para mí también expresaba un aspecto profundo de la amistad. Relata el sueño de caminar por la playa con Dios. El narrador observa que en la arena hay dos hileras de huellas, excepto en aquellos períodos de «angustia, tristeza o derrota». Entonces solo hay una hilera de huellas. Sintiéndose abandonado, el narrador le recrimina a Dios: «¿Por qué, cuando más te he necesitado, has estado ausente?». El Señor responde: «Los años en los que solo ves una hilera de huellas, hijo mío, son los que te he llevado en mi seno».

Solía pensar que había una sola hilera de huellas porque mis amigos me llevaron durante los peores días de mi vida. Pero ahora significa otra cosa. Cuando veo una sola hilera de huellas, se debe a que daban mis mismos pasos, justo detrás de mí, preparados para sostenerme si me caía.

4

Autocompasión y confianza en uno mismo

Luchar a brazo partido con nosotros mismos

Cuando Catherine Hoke tenía veinticinco años, hizo con su marido un viaje a Rumanía para ayudar a los huérfanos que padecían VIH. Volvió a Nueva York, su hogar, decidida a hacer más por quienes lo necesitaban. Poco después, un amigo la invitó a participar en una visita de divulgación cristiana en una prisión de Texas. En aquel momento, Catherine trabajaba con capitales de riesgo y se dio cuenta de que muchos de los presos tenían las mismas habilidades e ímpetu que los grandes emprendedores. Comenzó a viajar a Texas los fines de semana para dar clases de empresariales en la prisión. Supo que casi uno de cada cuatro estadounidenses tiene un historial delictivo y que uno de cada veinte acabará encarcelado en algún momento.[1] A pesar de que la mayoría quiere trabajar al salir de prisión, los antecedentes penales se lo ponen difícil.[2] Catherine sentía en lo más profundo de su corazón que estos hombres necesitaban una segunda oportunidad.

Dejó su trabajo e invirtió todos sus ahorros para crear el programa no lucrativo de Iniciativa Empresarial en la Prisión, que prepara a exconvictos para que encuentren trabajo y creen sus empresas al salir de la cárcel. En cinco años, el programa creció hasta convertirse en una organización de alcance estatal que formó a seiscientos estudiantes y promocionó sesenta nuevas empresas. El gobernador de Texas reconoció la labor de Catherine con un galardón por prestar ese servicio público.[3]

Poco después, la vida personal de Catherine se fue a pique. Tras nueve años de matrimonio, su marido le pidió el divorcio repentinamente y se marchó sin decir adiós. «Fue el período más oscuro de mi vida —nos contó Catherine—. En mi comunidad, se consideraba que el divorcio era un pecado. La gente decía: "Dios odia el divorcio".» Le daba miedo hablar de su situación. Pero había un grupo de personas que sabía que no le iba a juzgar: los que se habían graduado en su programa. Dado que habían sufrido el afilado estigma del prejuicio, se dirigió a ellos en busca de apoyo. La ayudaron a mudarse de casa y se convirtieron en sus confidentes más íntimos. Durante este período emocional, perdió de vista los límites y acabó teniendo relaciones íntimas con varios de ellos. Aquellos hombres ya no estaban en prisión, así que Catherine no había infringido ley alguna, pero el Departamento de Justicia Criminal de Texas consideró que aquella conducta era inapropiada. Le prohibieron entrar en las prisiones de Texas y le informaron de que también prohibirían el programa si ella seguía involucrada en él. Dimitió y su salida generó titulares en diarios nacionales en los que hablaban de un «escándalo sexual en prisión».

Catherine se había pasado años incitando a los empleadores y a los donantes a tener la mente abierta, pidiéndoles que se imaginaran cómo se sentirían si los definieran por su mayor error. De repente, es lo que estaba ocurriendo en su propia vida. «Traicioné mis valores espirituales. Me sentí rodeada por un muro de vergüenza omnipresente —nos dijo—. Perdí mi identidad como líder. Económicamente, estaba en la ruina. No quería vivir más porque sentí que había echado por la borda la vocación que me había dado Dios.» Intentó suicidarse.

Catherine había dedicado su vida a que los demás pudieran tener una segunda oportunidad. Había desarrollado una compasión por los exdelincuentes. Ahora debía tener compasión por otra persona: ella misma.

No se habla de la autocompasión tanto como se debería, quizá porque a menudo se confunde con sus primos semánticos más problemáticos, como «sentir lástima de uno mismo» o «ser autoindulgente». La psicóloga Kristin Neff describe la autocompasión como el acto de ofrecernos el mismo cariño que daríamos a un amigo. Nos permite reaccionar a nuestros propios errores con atención y comprensión en lugar de con críticas y vergüenza.

Todos cometemos errores. Algunos son pequeños, pero pueden tener consecuencias serias. Dejamos de mirar a nuestro hijo en el parque un momento, y justo entonces se cae. Cambiamos de carril y chocamos con un coche debido al ángulo ciego. También cometemos grandes errores: errores de juicio, o no cumplimos con nuestros compromisos, o nos falta integridad en algún momento. Nadie puede cambiar lo que ya ha hecho.

La autocompasión proviene de reconocer que nuestras imperfecciones forman parte de nuestra forma de ser humanos.[4] Aquellos que pueden apelar a ella, se recuperan más rápidamente de las adversidades. En un estudio sobre personas cuyo matrimonio fracasó, la resiliencia no estaba relacionada con su autoestima, el optimismo o la depresión antes del divorcio, o con el tiempo que había durado su relación o separación. Lo que les ayudaba a sobreponerse al dolor y seguir adelante era la autocompasión.[5] Para los soldados que volvían de Afganistán e Irak, aquellos que se trataban bien a sí mismos mostraron una reducción significativa en los síntomas del trastorno por estrés postraumático.[6] La autocompasión está relacionada con una mayor felicidad y satisfacción, menos dificultades emocionales y menos ansiedad.[7] Tanto los hombres como las mujeres se pueden beneficiar de la autocompasión, pero dado que las mujeres suelen ser más duras consigo mismas, a menudo se benefician más.[8] Como señala el psicólogo Mark Leary, la autocompasión «puede ser un antídoto contra la crueldad que a veces nos infligimos a nosotros mismos».[9]

La autocompasión coexiste con el remordimiento. No significa desentendernos de la responsabilidad de nuestro pasado, sino asegurarnos de que no nos flagelamos hasta el punto de poner en peligro nuestro futuro. Nos ayuda a darnos cuenta de que hacer algunas cosas mal no nos convierte necesariamente en malas personas. En lugar de pensar «si no hubiera sido», podemos pensar «si no hubiera hecho».[10] Por esta razón, la confesión católica comienza con «Perdóname, Señor, porque he pecado» y no con «Perdóname, Señor, porque soy un pecador».

Echar la culpa a las acciones en lugar de al carácter, nos permite sentir culpa en lugar de vergüenza.[11] La humorista Erma Bombeck bromeaba con que la culpa era «el don que se sigue dando».[12] Aunque puede ser difícil desprenderse de ella, la culpa nos impulsa a mejorar.[13] Nos motiva para reparar los errores del pasado y tomar mejores decisiones en el futuro.

La vergüenza tiene el efecto contrario: nos hace sentir pequeños e insignificantes, reaccionar con ira o encerrarnos y sentir lástima por nosotros mismos. Entre los estudiantes universitarios, los más propensos a sentir vergüenza tenían más posibilidades de tener problemas con el alcohol y drogadicción que los que eran propensos a sentir culpa.[14] Los prisioneros que se sentían avergonzados tenían un 30 por ciento más de probabilidades de reincidir que los que se sentían culpables.[15] Los niños de la escuela elemental y primaria que sentían vergüenza eran más hostiles y agresivos, mientras que los que se sentían culpables tenían más tendencia a rehuir los conflictos.[16]

Bryan Stevenson, un activista legal que lidera la Iniciativa de Justicia Equitativa, señala que «a todos nos ha desgarrado algo. Todos hemos herido a alguien». Cree firmemente que «cada uno de nosotros somos más que lo peor que hemos hecho».[17] Esto es lo que llegó a comprender Catherine Hoke. La primera persona a la que acudió fue su pastor, que la animó a perdonarse y enmendar sus errores. «Mi manera de tener compasión de mí misma fue apropiarme de mis errores», nos dijo. Escribió una carta sincera y llena de arrepentimiento a los 7.500 voluntarios y partidarios de su programa admitiendo lo que había hecho. Recibió más de un millar de respuestas de personas que se lo agradecían y le aseguraban que la creían. Muchas le preguntaban qué iba a hacer. Aunque ella no podía pensar en su futuro, los demás sí que se lo imaginaban. «Fue gracias al amor de estas personas que volví a vivir», recuerda. Empezó a sentir autocompasión.

Escribir a los demás y a sí misma fue la clave para que Catherine fuera capaz de sobreponerse. Desde que tiene memoria, Catherine escribe un diario. «Escribir un diario no es exactamente como meditar —nos dijo—. Pero me ayudó a calmarme y reflexionar. Pude poner palabras a mis sentimientos y así desentrañarlos.»

Escribir es un instrumento eficaz para aprender a tener compasión de uno mismo.[18] En un experimento, pidieron a varias personas que recordaran un fracaso o humillación que les hubiera hecho sentir mal, ya fuera suspender un examen importante, no dar la talla en una competición atlética u olvidarse del papel en una obra de teatro. Redactaron una carta en la que mostraron la comprensión que tendrían por un amigo en la misma situación. Comparado con el grupo de control, al que se le pidió que escribiera una carta sobre sus atributos positivos, aquellos que fueron comprensivos consigo mismos fueron un 40 por ciento más felices y estuvieron un 24 por ciento menos decepcionados.

Transcribir nuestros sentimientos en palabras nos ayuda a procesar y superar la adversidad.[19] Hace unas décadas, el psicólogo de la salud Jamie Pennebaker pidió a dos grupos de estudiantes universitarios que escribieran un diario durante cuatro días, dedicándole quince minutos por día: algunos de ellos debían escribir sobre temas no emocionales y los otros, sobre las experiencias más traumáticas que habían tenido en su vida, entre ellas, violaciones, intentos de suicidio y abuso de menores. Después del primer día, el segundo grupo era menos feliz y tenía una presión sanguínea más alta. Tenía sentido, pues enfrentarse a los traumas es doloroso. Pero cuando Pennebaker volvió a contactar con ellos seis meses después, los efectos se habían invertido y aquellos que escribieron sobre sus traumas se sentían bastante mejor emocional y físicamente.

Desde entonces, más de un centenar de experimentos han documentado el efecto terapéutico de escribir un diario. Ha ayudado a estudiantes de medicina, a pacientes con dolor crónico, a víctimas de crímenes, a presos en cárceles de máxima seguridad y a mujeres después del parto. Ha sido eficaz en diferentes culturas y países, como Bélgica, México y Nueva Zelanda. Escribir sobre hechos traumáticos reduce la ansiedad y la ira, mejora las notas, disminuye el absentismo laboral y amortigua el impacto emocional de la pérdida de trabajo. Entre los beneficios que aporta a la salud se incluyen un mayor conteo de linfocitos T, un mejor funcionamiento del hígado y una mejor respuesta de los anticuerpos. Incluso escribir durante unos minutos suele tener efectos beneficiosos. «No hay que seguir escribiendo toda la vida —nos explicó Pennebaker—. Podemos empezar y dejar de hacerlo según nuestras necesidades.»

Calificar emociones negativas hace que sea más fácil lidiar con ellas.[20] Cuanto más específica sea la calificación, mejor. «Me siento solo» es más comprensible que «Me siento fatal». Al dar palabras a nuestros sentimientos, nos otorgamos mayor poder sobre ellos. En un estudio, a un grupo de personas con aracnofobia les comunicaron que iban a interactuar con una araña. Pero primero les pidieron que se distrajeran un poco, que pensaran en las arañas como algo inofensivo, que no hicieran nada o que calificaran sus sentimientos sobre las arañas. Cuando les enseñaron la araña, aquellos que habían calificado sus miedos padecieron menos inquietud psicológica y estaban más dispuestos a acercarse a ella.[21]

Pero se deben hacer algunas advertencias. Justo después de una tragedia o crisis, escribir un diario puede ser contraproducente: es un acontecimiento demasiado reciente para procesarlo.[22] Después de una pérdida, parece que escribir puede disminuir la soledad y mejorar nuestro humor, pero no necesariamente nos ayuda con la pena o los síntomas de depresión.[23] Aun así, para muchos, relatar una historia puede ser revelador. Aquellos a los que no se les da bien escribir pueden utilizar una grabadora de voz con efectos muy similares.[24] Al parecer, expresar el trauma sin utilizar el lenguaje, es decir, a través de arte, música o danza, aporta menos beneficios (pero al menos no herimos los sentimientos de nadie si nuestros cuadros abstractos, llenos de ira, acaban en las manos equivocadas).

Escribir un diario ayudó a Catherine a identificar pensamientos que le estaban poniendo palos en las ruedas, como «Los demás solo me querrán si tengo algo que ofrecerles» o «Depender de otros me convierte en alguien débil y necesitado». Los psicólogos las llaman «creencias limitadoras», y Catherine decidió sustituirlas por lo que ella denominó «creencias liberadoras». Escribió: «Lo que yo valgo no depende de mis acciones» y «Puedo permitir que otras personas me cuiden, y yo también debo cuidar de mí misma».

Después de un año de terapia, Catherine fue capaz de renovar su compromiso para ayudar a otros a superar las circunstancias y el pasado. Empezó de cero en Nueva York y creó Defy Ventures, un programa que asesora y forma a exconvictos para que creen una empresa. En uno de los cursos que organizó, los estudiantes aprenden a identificar sus creencias limitadoras y a redefinirlas como creencias liberadoras. Este año he tenido la oportunidad de visitar una cárcel con Catherine. He observado cómo ayuda a los convictos (o Emprendedores en Formación, como ella los llama) a definirse a sí mismos por sus objetivos futuros, en lugar de por sus traumas y errores del pasado. Después de seis años, Catherine asegura que Defy Ventures ha ayudado a más de 1.700 graduados y ha fomentado y fundado 160 nuevas empresas, con una tasa de empleo del 95 por ciento y solo un 3 por ciento de reincidencia.

Catherine recuperó la confianza en sí misma, no solo en su vida profesional, sino también en su vida personal. En 2013 se casó con Charles Hoke, que creía tan firmemente en la misión de Defy que un año después de la boda dejó su trabajo en el sector financiero para colaborar con ella. «Es mi segunda oportunidad como esposa. Es mi segunda oportunidad en la vida —nos dijo Catherine—. Es mi segunda oportunidad para dar una segunda oportunidad a los demás.»

La confianza en uno mismo es crucial para ser feliz y tener éxito.[25] Cuando carecemos de ella, nos paralizan nuestros defectos. No logramos emprender nuevos retos ni aprender nuevas habilidades. Incluso dudamos de si deberíamos asumir un riesgo menor a pesar de que podría suponer una gran oportunidad. Decidimos no solicitar un puesto nuevo, y este ascenso que hemos dejado pasar se convierte, precisamente, en el momento en que nuestra carrera se ha estancado. No logramos armarnos de valor para quedar con alguien, y dejamos pasar la oportunidad de encontrar el amor de nuestra vida.

Como a muchas otras personas, durante toda la vida me han asaltado las dudas. En la universidad, cada vez que tenía un examen, temía suspender. Y cada vez que lograba no avergonzarme o que, de hecho, sacaba buenas notas, pensaba que había engañado a mis profesores. Más tarde supe que este fenómeno se llama «síndrome del impostor»[26] y, aunque lo sienten tanto hombres como mujeres, a las mujeres les suele afectar más. Casi dos décadas después, al ver que estas mismas dudas paralizaban a tantas mujeres en sus trabajos, di una conferencia en TED que animaba a las mujeres a «sentarse a la mesa».[27] Esta charla se convirtió en la base de mi libro *Vayamos adelante*. Investigar y ser sincera con los problemas que tuve con la inseguridad me ayudó a comprender formas de mejorar la confianza en uno mismo. A medida que alentaba a otras mujeres a que creyeran en sí mismas y llevaran a cabo lo que harían si no tuvieran miedo, yo misma aprendí estas lecciones.

Después perdí a Dave. Cuando muere un ser querido, esperamos estar tristes. Esperamos estar enfadados. Lo que no vemos venir (o, al menos, yo no lo vi) es que estos traumas pueden hacernos dudar de nosotros mismos en todos los aspectos de nuestra vida.[28] Esta pérdida de confianza es otro síntoma de la generalización: tenemos problemas en un ámbito y, de repente, dejamos de creer en nuestras capacidades en otros diferentes. Una primera pérdida desencadena segundas pérdidas. En mi caso, mi confianza se desmoronó de un día para otro. Fue como si una casa de mi barrio que había tardado años en construirse se cayera en pedazos en cuestión de minutos. Boom. Arrasada.

El primer día de trabajo después de la muerte de Dave, Mark y yo nos reunimos con el equipo de publicidad de Facebook. Para ejemplificar una cuestión, me dirigí a Boz, nuestro jefe de producto e ingeniería, y le dije: «Lo debes de recordar de cuando trabajamos juntos en Google». No había ningún problema en decir esto... excepto que Boz nunca había trabajado conmigo en Google. Comenzó su carrera en la competencia de Google por entonces, Microsoft.

En la siguiente reunión, quise asegurarme de que iba a contribuir con algo. Cualquier cosa. Alguien le hizo una pregunta a un colega, pero yo me adelanté para responderla… y seguí hablando sin freno. En algún punto, me di cuenta de que había perdido el hilo, pero seguí hablando, incapaz de parar. Aquella noche, llamé a Mark para decirle que sabía que había metido la pata. Dos veces. Eso sí que lo recordaba. «No te preocupes —respondió Mark—. Pensar que Boz había trabajado para Google es un tipo de error que habrías cometido antes.» Muy reconfortante.

De hecho, sí que fue reconfortante. Pero, aunque en el pasado pudiera haber cometido errores similares, en aquel momento no podía pensar en nada más. Luego, Mark señaló algunas cosas que había dicho en las reuniones y que habían dado en la diana, ninguna de las cuales yo recordaba. Continuó diciendo que nadie esperaba que yo pudiera estar al cien por cien todo el tiempo. Este comentario me ayudó a tener unas expectativas más razonables y a dejar de juzgarme con tanta severidad. La compasión de Mark me marcó el camino para empezar a tener compasión hacia mí misma. Me sentí profundamente agradecida por tener un jefe que me apoyara tanto, y sé que no todos lo hacen. Muchas empresas ni siquiera permiten que sus empleados tengan unos días libres para pasar el duelo y cuidar de sus familias. En el trabajo, la compasión no debería ser un lujo; es importante desarrollar políticas que den a los empleados días libres y les apoyen en lo que necesiten para que no tengamos que depender de la amabilidad de los jefes.

Estimulada por Mark y por una conversación con mi padre que me levantó la moral aquella noche, volví al trabajo al día siguiente. Y al siguiente. Y en días sucesivos. Pero en muchos de aquellos días, la pena me impidió pensar con claridad. En medio de una reunión, la imagen del cuerpo de Dave en el suelo del gimnasio me cruzaba la mente. Era como realidad aumentada: sabía que estaba en la sala de reuniones de Facebook, pero me parecía que su cuerpo también estaba allí. Incluso cuando no veía esta imagen, lloraba sin cesar. ¿Ir adelante? Apenas me podía sostener en pie.

Escribir un diario se convirtió en una parte crucial de mi recuperación. Comencé la mañana del funeral de Dave, cuatro días después de que muriera. «Hoy enterraré a mi marido. —Fue la primera frase que escribí—. Es inimaginable. No tengo ni idea de por qué quiero escribir todo esto, como si pudiera olvidar cualquier detalle.»

Había intentado escribir un diario desde que era niña. Cada dos años, más o menos, empezaba uno nuevo, pero lo volvía a dejar apenas unos días después. Sin embargo, durante los cinco meses que siguieron al funeral de Dave, me brotaron 106.338 palabras. Sentía que no podía respirar si no lo escribía todo: desde el detalle más insignificante de la mañana hasta las preguntas sin respuesta de la existencia. Si pasaba unos días sin escribir, las emociones se me acumulaban hasta que me sentía como una presa a punto de reventar. En aquel momento, no comprendía por qué escribir en un ordenador inerte era tan importante. ¿No debería estar hablando con mi familia o mis amigos, que tenían la capacidad de responderme? ¿No sería mejor intentar distanciarme de la ira y la pena en lugar de dedicar el poco tiempo que tenía cada día a sacarlo a la luz?

Ahora veo con claridad que este impulso de escribir me estaba guiando en la dirección correcta. Escribir un diario me ayudó a procesar los sentimientos abrumadores y todos los reproches que sentía. Pensaba constantemente en que, si hubiera sabido que Dave y yo íbamos a estar juntos tan solo once años, habría pasado más tiempo con él. Deseaba que, en los momentos más duros de nuestro matrimonio, hubiéramos discutido menos y nos hubiéramos comprendido más. Deseaba que, en el que resultó ser nuestro último aniversario, me hubiera quedado en casa en lugar de tomar un vuelo con los niños para asistir a un Bar Mitzvah. Y deseaba que, cuando fuimos a pasear aquella última mañana en México, hubiese caminado con Dave, dándole la mano, en lugar de caminar con Marne mientras él hablaba con Phil. A medida que escribía todo esto, mi ira y mi arrepentimiento disminuyeron.

El filósofo Søren Kierkegaard afirma que la vida solo se puede entender retrospectivamente pero que debe vivirse prospectivamente.[29] Escribir en un diario me ayudó a comprender el pasado y recuperar la confianza en mí misma para enfrentarme al presente y al futuro. Adam me sugirió que escribiera tres cosas que hubiera hecho bien cada día. Al principio, era escéptica. Apenas controlaba nada…

¿qué podía hacer bien? «Hoy me he vestido. ¡Un trofeo, por favor!» Pero está demostrado que estas listas nos ayudan a centrarnos en lo que los psicólogos llaman «pequeñas victorias».[30] En un experimento, un grupo de personas escribieron tres cosas que les habían ido bien, y por qué motivo, durante todos los días de una semana.[31] En los siguientes seis meses, fueron más felices que otro grupo que había escrito recuerdos de infancia. En un estudio más reciente, un grupo de personas dedicó de cinco a diez minutos a escribir cosas que habían ido «muy bien» y cuáles habían sido las razones; tres semanas después, los niveles de estrés habían disminuido, así como sus quejas sobre la salud física y mental.[32]

Durante seis meses, casi todas las noches antes de meterme en la cama, escribí mi lista. Dado que hasta las tareas más simples me resultaban difíciles, comencé con las siguientes: «He preparado té. He revisado los correos electrónicos. He ido a trabajar y he estado concentrada durante casi toda la reunión». No eran logros heroicos, pero la libreta que tenía en la mesita de noche tenía un propósito importante. Me di cuenta de que durante toda la vida me había ido a dormir pensando en lo que había hecho mal, cómo había metido la pata, en qué no daba la talla. El simple hecho de recordar algo que había hecho bien fue un cambio muy positivo.

Confeccionar listas de agradecimiento me había ayudado en el pasado, pero esta lista tenía un objetivo diferente. Adam y su colega Jane Dutton descubrieron que considerar las cosas buenas que tenemos en la vida no mejora nuestra confianza ni nuestra capacidad para esforzarnos, pero ser conscientes de nuestras contribuciones sí que ayuda.[33] Adam y Jane creían que esto se debía a que la gratitud es pasiva: nos sentimos agradecidos por lo que recibimos. Las contribuciones son activas: mejoran nuestra confianza porque nos recuerdan que podemos cambiar las cosas. Ahora animo a mis amigos y colegas a que escriban sobre lo que hacen bien. Quienes lo prueban, siempre dicen lo mismo: ojalá lo hubiera empezado a hacer antes.

Poco a poco, comencé a recuperar la confianza en el trabajo. Me decía a mí misma lo que decía a quienes dudaban de sí mismos: no tenía que ser perfecta; no tenía que creer en mí todo el tiempo. Solo tenía que creer que podía contribuir en alguna medida y luego contribuir un poco más. Experimenté este fenómeno de los progresos graduales cuando fui a esquiar por primera vez con dieciséis años. Decir que no soy una atleta natural es quedarse realmente corta. El cuarto día con esquís, mi madre y yo nos equivocamos de camino y acabamos en una pista difícil. Cuando me asomé a la pendiente de la montaña, aterrada, me dejé caer en la nieve, porque sabía que iba a ser imposible llegar abajo viva. Mi madre me aconsejó que no mirara la pendiente, sino que me limitara a hacer diez giros. Me engatusó para que me levantara y me ayudó a contar diez giros en voz alta. Después de estos primeros diez, hice diez más. Luego, otros diez. Al final, logré llegar abajo sana y salva. Con el paso de los años, he recordado esta lección siempre que me he quedado estancada. «¿Qué harías si no tuvieras miedo?» Hacer un giro. Y luego otro.

Si los demás me veían agobiada en el trabajo, intentaban ayudarme para reducir la presión. Cuando metía la pata o era incapaz de contribuir con nada, le restaban importancia y decían: «¿Cómo puedes hacer algo bien con todo por lo que estás pasando?». Anteriormente, yo había dicho frases similares a colegas que vivían una mala racha, pero, cuando me lo dijeron a mí, descubrí que esta expresión compasiva, de hecho, mermaba todavía más mi confianza. Lo que me ayudaba era oír: «¿En serio? Creo que tenías razón con lo que has dicho en la reunión y nos ha ayudado a tomar una mejor decisión». «Que Dios te bendiga.» La empatía es buena, pero dar ánimos es mejor.

Las dudas sobre nosotros mismos nos pueden desequilibrar, aunque las veamos venir. A Jenessa Shapiro, amiga de Adam y colega psicóloga, le diagnosticaron un cáncer de mama metastásico a los treinta años. Su mayor miedo era morir, pero el segundo en la cola era perder el trabajo. Mientras escribía un ensayo, se dio cuenta de que le costaba escribir e inmediatamente se preguntó: «¿Estarán la quimio y el cáncer destruyendo mi capacidad de pensar?». Su productividad cayó, y empezó a preocuparse por que no le mantuvieran el puesto y acabara sin empleo. También le quitaba el sueño cómo la veían los demás. Como experta en estigmas que era, sospechaba que el cáncer provocaría que los demás dudaran de sus capacidades. Jenessa consultó a varios colegas para probar esta hipótesis y, en efecto, los supervivientes de cáncer tenían menos posibilidades de que les llamaran para hacer entrevistas de trabajo.[34] Cuando no la invitaban para hacer una presentación, se preguntaba: «¿Saben que estoy enferma o no quieren molestarme? ¿O piensan que no estoy a la altura?».

Su marido la ayudó a abordar la situación teniendo más compasión por ella misma, y le recordó: «Cuando no tenías cáncer, no podías escribir un ensayo en un día». Sus compañeros de trabajo también la animaron. «En general, me tratan como a alguien capaz, alguien que todavía puede hacer contribuciones valiosas. Por descontado, me estresa que esperen que haga todo lo que hacía antes, así que imagino que es difícil para mis colegas encontrar el equilibrio entre esperar muy poco de mí o esperar demasiado.» La historia de Jenessa y mi experiencia han cambiado mi forma de interactuar con los compañeros de trabajo que pasan una mala racha personal. Como primer paso, sigo ofreciéndoles unos días libres. Pero ahora comprendo lo importante que es tratarlos como miembros normales del equipo y valorar su labor.

Jenessa agradeció mucho que le dieran un puesto permanente, pero el miedo a perder el trabajo es muy común. En 2016, la tasa de desempleo era del 3,7 por ciento en México, del 7,6 en Argentina y del 18,7 en España.[35] Cualquiera que haya sido despedido, haya sufrido un recorte de plantilla o haya sido obligado a dejar su trabajo conoce los efectos devastadores. No se trata únicamente de que la falta de ingresos nos deje en una situación económica delicada, sino que también puede desencadenar otros problemas de salud, entre ellos la depresión y la ansiedad.[36] Perder el trabajo es un golpe a nuestra autoestima, a nuestra dignidad, y puede llegar a hacer que se tambalee nuestra identidad. Al desposeernos de una sensación de control, la pérdida de ingresos puede mermar nuestra capacidad para tolerar el dolor físico.[37] Y el estrés puede llegar a contaminar las relaciones personales, lo cual puede aumentar los conflictos y tensiones en el hogar.[38]

Para ayudar a aquellos que sufrían depresión por culpa de la pérdida del trabajo, un grupo de psicólogos de la Universidad de Michigan organizó unos talleres de una semana en iglesias, escuelas, bibliotecas y ayuntamientos.[39] Durante cuatro horas cada mañana, cientos de desempleados asistieron a un programa diseñado para fomentar su confianza en la búsqueda de trabajo. Identificaron habilidades con salidas profesionales y recursos para obtener ventajas laborales. Ensayaron las entrevistas. Confeccionaron una lista de obstáculos que se podían encontrar y estrategias para mantener la motivación. Encontraron pequeñas ventajas. En los siguientes dos meses, aquellos que habían participado en el programa tuvieron un 20 por ciento más de posibilidades de encontrar trabajo. Y, durante los siguientes dos años, tuvieron más confianza en sí mismos y más probabilidades de seguir empleados. Quiero aclarar que no estoy sugiriendo que la confianza en uno mismo sea un remedio para el desempleo; debemos proporcionar educación y apoyo para que la gente pueda tener trabajo y que disfrute de los beneficios de la Seguridad Social cuando no tenga acceso a ella. Pero programas de este tipo pueden ayudar a cambiar las cosas.[40]

La confianza en uno mismo es importante en el trabajo y se habla de ella a menudo, pero en el hogar es igual de importante y no se le suele dar tanta importancia. Ser madre soltera era un territorio desconocido para mí. Dave y yo siempre habíamos discutido hasta los más mínimos pormenores que afectaban a nuestros hijos. Volví a recordar muchas veces que la noche en que murió Dave no quise tomar una decisión yo sola sobre las zapatillas rotas de mi hijo. De repente, nuestra conversación acerca de ser padres, que había durado una década, llegó a un abrupto final.

Cuando escribí *Vayamos adelante*, algunas personas me comentaron que no había dedicado suficiente espacio a las dificultades que deben superar las mujeres que no tienen pareja. Tenían razón. Por entonces, no lo entendía. No entendía lo difícil que es tener éxito en el trabajo cuando no das abasto en casa. Escribí un capítulo titulado «Haz de tu pareja un auténtico compañero» sobre la importancia de que las parejas se repartan las labores de casa y el cuidado de los hijos. Ahora comprendo lo poco acertado y decepcionante que pudo ser para muchas madres solteras que deben ocuparse de todo. Mi comprensión y expectativas sobre lo que debe ser una familia se acerca más a la realidad ahora. Desde principios de los años setenta, el número de madres solteras en Estados Unidos casi se ha doblado.[41] En todo el mundo, el 15 por ciento de los niños viven en una familia monoparental y las mujeres representan casi el 85 por ciento de estas familias.

Nunca experimentaré ni entenderé completamente los retos a los que se enfrentan estas mujeres. Aunque lo tienen todo en contra, dedican todas sus fuerzas a criar hijos increíbles. Para poder llegar a fin de mes, muchas tienen más de un empleo, sin contar con el trabajo que representa ser madre. Y las guarderías de alta calidad tienen un precio prohibitivo. El coste de tener a un hijo de cuatro años y un bebé en la guardería supera la renta media anual en todos los estados de Estados Unidos.[42]

Las madres solteras, a pesar de que trabajan mucho, tienen una tasa de pobreza más alta que los padres solteros en la mayoría de países, entre ellos Argentina, España, México y Estados Unidos, donde casi un tercio de las madres solteras y sus hijos tienen inseguridad alimentaria,[43] y las familias con madres solteras negras o latinas aún tienen más problemas, con una tasa de pobreza que se acerca al 40 por ciento.[44] Además de solicitar nuevas políticas para apoyar a estas familias, debemos hacer todo lo que podamos para ofrecerles ayuda inmediata. Es sorprendente que una de cada tres familias en el Área de la Bahía de San Francisco necesite ayuda alimentaria. Hace unos años me ofrecí como voluntaria en el banco de alimentos de mi barrio, Second Harvest, y luego participé para lanzar la campaña StandUp for Kids, que ahora proporciona comida a casi 90.000 niños cada mes.[45] Después de que la campaña distribuyera comida en las escuelas subvencionadas del barrio, disminuyeron los problemas disciplinarios. «Algunos pensaban que teníamos niños problemáticos —nos dijo el director—. Pero lo que teníamos era niños hambrientos.» Otra escuela informó de que el programa había reducido el absentismo escolar y los problemas relacionados con la salud, además de mejorar el rendimiento académico.

Las madres que trabajan, sobre todo aquellas que además son solteras, tienen una desventaja desde el principio. En México, las madres tienen un permiso de 12 semanas, en Argentina, de 13 semanas y en España, de 16 semanas.[46] Estados Unidos es el único país desarrollado del mundo que no paga la baja maternal. Y muchos hombres y mujeres no tienen acceso a la baja por enfermedad, o por muerte de un allegado, que necesitan para superar los momentos difíciles, lo cual hace más probable que sus problemas personales se conviertan en problemas laborales. La investigación de Adam ha demostrado que se trata de estrechez de miras: dar apoyo en los malos momentos personales favorece que los empleados se comprometan más con sus empresas.[47] Debemos repensar las políticas públicas y corporativas para garantizar que tanto hombres como mujeres tengan los días libres que necesiten para cuidar de sí mismos y de sus familias.

También tenemos que desterrar los prejuicios caducos acerca de los niños que viven con dos padres casados y heterosexuales. Cuando murió Dave, el mundo parecía recordarnos continuamente a mí y a mis hijos lo que ya no teníamos: desde los bailes de padres e hijas hasta las noches informativas, los eventos de padres e hijos estaban por todas partes. Mi hermano David me dijo que también se había dado cuenta, por primera vez, de la gran cantidad de eventos con padres que había en su escuela pública en Houston y lo duro que tenía que ser para los niños que no tuvieran padre.

Las dudas se cernían sobre mí, de manera que cada vez me sentía más incapaz. «¿Qué habría hecho Dave?» Deseaba saberlo todos los días, y deseaba todavía más que él estuviera a mi lado para responderme. Pero, al igual que sucedía en el trabajo, si me fijaba en pequeños pasos, era más fácil. Me di cuenta de que no tenía por qué saber cómo ayudar a mis hijos en todas las situaciones en que podían encontrarse. No tenía que ayudarles a gestionar una tristeza vitalicia cada vez que lloraban. Solo tenía que ayudarles con lo que se estaban enfrentando en ese momento. Ni siquiera tuve que dar diez giros. Solo tuve que ayudarles a dar un giro cada vez.

Comencé por tomar algunas decisiones… y luego al instante las ponía en duda. Cualquier cosa que pareciera ir en contra de las preferencias de Dave, aunque fuera en lo más mínimo, me desconcertaba. Dave creía que dormir era crucialmente importante para nuestros hijos y se oponía de manera tajante a que pasaran la noche fuera de casa. Pero, después de que falleciera, me di cuenta de que a mis hijos les consolaba y les distraía dormir en casa de algún amigo. Sabía que este cambio era intranscendente, pero para mí fue un símbolo de lo difícil que era vivir sin Dave y de cómo tenía en cuenta sus deseos. Amy, mi cuñada, señaló que Dave nunca pudo decirme cómo habrían evolucionado sus opiniones después de una pérdida devastadora. Me lo podía imaginar diciendo: «Sí, por supuesto, si les hace felices, pueden dormir fuera». Y, aunque nunca sabré lo que habría pensado Dave a la hora de tomar algunas decisiones sobre asuntos de escasa importancia, como si los preadolescentes pueden ver *Pequeñas mentirosas* o si pueden jugar al Pokémon GO, sí que sé lo que quería para sus hijos, además de que durmieran bien: integridad, curiosidad, amabilidad, amor.

Sin Dave para orientarme, empecé a confiar en gran medida en mis amigos y familiares. Igual que cuando un colega resaltaba algo positivo en el trabajo, me ayudaba mucho que los amigos me hicieran saber que había hecho algo bien en casa. También me ayudaba cuando eran sinceros sobre qué cosas podía mejorar, como sugerirme que fuera más flexible con las normas establecidas y más paciente tanto con mis hijos como conmigo misma.

A medida que me alejaba del trauma y de la novedad de una vida sin Dave, cada vez escribía menos en mi diario. Ya no sentía que fuera a estallar sin esta vía de escape. El día después del que habría sido el cuadragésimo octavo aniversario de Dave, decidí pasar la página de esta fase de mi duelo. Me senté y escribí lo siguiente:

3 de octubre de 2015

Esta es la última entrada de este diario. Las 22 semanas y media (156 días) más largas que he vivido. Me estoy forzando a seguir hacia delante y hacia arriba, y dejar de escribir este diario forma parte del proceso. Creo que estoy preparada.

Temía el día de ayer desde que Dave murió. Sabía que iba a ser un punto de inflexión: el aniversario que no tendrá lugar. Cada vez que alguien decía que iba a ser su cumpleaños, los corregía en silencio y a veces en voz alta. No, no será su cumpleaños. Tienes que estar vivo para tener un cumpleaños. Él no está vivo. El 2 de octubre de 2015 era el día en que habría cumplido cuarenta y ocho. Cuarenta y ocho años. Media vida.

Fuimos a su tumba con Paula, Rob, mamá, papá, David y Michelle. Era mucho más pequeña de como la recordaba del día que lo enterramos.

Poco antes de irnos de allí, me senté al lado de la tumba. Le hablé en voz alta. Le dije que le quería y que le echaba de menos cada instante de cada día. Le dije lo vacío que parecía el mundo sin él. Y luego me puse a llorar, porque era dolorosamente evidente que no podía escucharme.

David y Michelle me dejaron unos minutos sola y luego vinieron a sentarse conmigo, uno a cada lado. Había algo reconfortante en ello: me di cuenta de que mis hermanos habían estado en mi vida mucho antes que Dave. Hablamos de lo afortunados que seríamos si viviéramos lo bastante para enterrar a nuestros padres, y de que lo haríamos allí, juntos. La vida continúa con ellos. No con Dave, sino con ellos. Puedo envejecer con David y Michelle a mi lado, como siempre han estado junto a mí.

Al contemplar la tumba de Dave, me di cuenta de que ya no quedaba nada por hacer ni por decir. Nunca más le podré decir lo mucho que lo quiero. Nunca más podré abrazarlo ni besarlo. Sé que debo hablar de él constantemente con mis hijos, para que lo recuerden, pero nunca más tendré otra conversación con él sobre ellos. Puedo llorar todo el día, todos los días… pero nada hará que vuelva. Nada.

Todos nos dirigimos hacia donde está Dave. Sin excepción. Al mirar las hileras de lápidas, no cabe duda de que todos acabaremos bajo tierra. Así que cada día es importante. No sé cuántos me quedan y quiero empezar a vivir de nuevo.

Todavía no soy feliz. Pero sé cuánto he avanzado estos últimos cinco meses. Sé que puedo sobrevivir. Sé que puedo criar a mis hijos. Sé que necesito un montón de ayuda (y he aprendido a pedirla) y cada vez estoy más segura de que los que están conmigo lo estarán a largo plazo. Todavía me da miedo, pero menos. Como me dicen una y otra vez, no estoy sola. Todos necesitamos a los demás, y yo los necesito más que nunca. Pero, al acabar el día, la única persona que puede tirar mi vida para delante, hacerme feliz y dar una nueva vida a mis hijos soy yo.

Ya son 156 días. Con suerte, serán muchos más. Así que hoy acabo este diario. Y voy a tratar de comenzar el resto de mi vida…

5

Un salto hacia delante

La persona en la que me convierta me sostendrá

> En lo más profundo del invierno, aprendí al fin que en mí vive un verano invencible.
>
> ALBERT CAMUS[1]

Joe Kasper, como médico, dedicó la mayor parte de su carrera a tratar a pacientes con enfermedades potencialmente mortales. Aun así, cuando a su hijo le diagnosticaron una variante rara y fatal de la epilepsia, se sintió desolado por completo. «En un solo instante, supe cuál era el destino de mi hijo y que no podía hacer nada al respecto, que no podía esperar una cura —escribió Joe—. Era como si estuviera atado a los raíles de una vía y apareciera el tren a lo lejos, y a mí no me quedara más remedio que mirar todo aquello con una frustración y desesperación inevitables.»[2]

Una experiencia traumática es un seísmo que trastorna nuestra creencia en un mundo justo, que nos arrebata la convicción de que podemos controlar, predecir y dar sentido a la vida. Sin embargo, Joe estaba decidido a no dejarse arrollar por el vacío. «Cuando ya no somos capaces de cambiar una situación —escribió Viktor Frankl, el psiquiatra y superviviente del Holocausto—, el reto consiste en cambiarse a uno mismo.»[3]

Después del diagnóstico de su hijo, Joe se propuso aprender todo lo que pudo sobre la recuperación después de un trauma. Su investigación le llevó a conocer la obra de los profesores Charlotte Richard Tedeschi y Lawrence Calhoun, de la Universidad de Carolina del Norte. Los dos psicólogos trataban a padres en proceso de duelo y esperaban ver signos de devastación y estrés postraumático, lo cual confirmaron. También descubrieron algo sorprendente. Todos los padres sufrían y habrían dado cualquier cosa para tener de vuelta a sus hijos. Pero, al mismo tiempo, muchos aseguraron haber obtenido resultados positivos en su vida a causa de la pérdida. Parece difícil de creer, pero, a medida que pasaba el tiempo, en lugar de estrés postraumático, algunos padres experimentaron un «crecimiento» postraumático.[4]

Los psicólogos siguieron estudiando a cientos de personas que habían padecido todo tipo de traumas:[5] víctimas de agresiones y abusos sexuales,[6] refugiados y prisioneros de guerra[7] y supervivientes de accidentes, desastres naturales,[8] lesiones graves y enfermedades.[9] Muchos sufrían ansiedad y depresión. Aun así, junto con estas emociones negativas, también se produjeron algunos cambios positivos. Hasta aquel momento, los psicólogos se habían centrado principalmente en dos posibles consecuencias del trauma. A algunos les costaba mucho: desarrollaban un trastorno de estrés postraumático, se enfrentaban a la depresión y la ansiedad, o les costaba seguir con la vida que tenían antes. Otros eran resilientes: se retrotraían al estado en el que estaban antes del trauma. Pero, entonces, descubrieron una nueva posibilidad: quienes recibían un golpe también podían dar un salto hacia delante.

Adam me habló del crecimiento postraumático cuatro meses después de la muerte de Dave. Me pareció irreal, demasiado parecido a un eslogan. Demasiado improbable. Sin duda, debían existir personas que podían experimentar un crecimiento después de una tragedia, así que se podía esgrimir como una esperanza para alguien que acababa de perder a su marido. Pero no iba a ser mi caso.

Adam entendió mi escepticismo y admitió que no había mencionado esta posibilidad durante los primeros meses porque sabía que yo la rechazaría. Pero, en aquel momento, consideró que estaba preparada. Me explicó que más de la mitad de las personas que experimentan un acontecimiento traumático aseguran haber sentido, al menos, un cambio positivo,[10] comparado con el trastorno por estrés postraumático, en el que menos de un 15 por ciento asegura lo mismo.[11] Luego hizo algo extremadamente molesto: me citó a mí como ejemplo. «A menudo dices que una persona no puede ser lo que no puede ver —dijo—. Que las chicas no estudian informática porque no ven a mujeres en el mundo de la informática. Que las mujeres no tratan de estar en posiciones de liderazgo porque no ven suficientes mujeres en posiciones de liderazgo. En este caso ocurre lo mismo. Si tú no ves que el crecimiento es posible, no crecerás.» No me quedó más remedio que decirle que lo intentaría. Y tuve que reconocer que el crecimiento postraumático sonaba mucho mejor que una vida llena de tristeza e ira.

Fue entonces cuando conocí la existencia de Joe Kasper. Por desgracia, su hijo murió tres años después del diagnóstico, abocando a Joe a lo que describió como «el tsunami emocional de su muerte. Si hay algo más doloroso en la vida, espero no descubrirlo nunca». Joe se juró no dejarse arrasar por el tsunami. Decidió estudiar psicología positiva en la Universidad de Pennsylvania, donde Adam fue uno de sus profesores. Joe aprendió que el crecimiento postraumático puede adoptar cinco formas diferentes: encontrar una fuerza personal, revalorizarse, crear relaciones más profundas, descubrir el sentido de la vida y vislumbrar nuevas posibilidades. Pero Joe quería algo más que estudiar los hallazgos de Tedeschi y Calhoun: quería vivirlos.

Es conocida la definición de Nietzsche de la fuerza personal como «lo que no me mata me hace más fuerte».[12] Tedeschi y Calhoun apuestan por una versión ligeramente más suave (podríamos decir menos nietzscheana): «Soy más vulnerable de lo que pensaba, pero más fuerte de lo que nunca imaginé».[13] Cuando nos enfrentamos a los reveses de la vida, sufrimos heridas y nos quedan cicatrices. Pero podemos superarlos con una mayor determinación interna.

«No me lo puedo imaginar.» Me lo seguían diciendo y yo estaba de acuerdo. Era todo lo que podía hacer para superar los momentos en que el dolor era insoportable. En las profundidades de una pena intensa, pensaba que no sería capaz de crecer y ser más fuerte. Pero, a medida que los días atroces se convertían en semanas y luego en meses, me di cuenta de que podía imaginarlo porque lo estaba viviendo. Me había hecho más fuerte por el mero hecho de sobrevivir. Como dice el viejo refrán: «Déjame caer si debo caer. La persona en la que me convierta me sostendrá».

Lentamente, muy lentamente, empezó a filtrarse en mi vida diaria una nueva perspectiva. En el pasado, cuando mis hijos tenían algún problema yo me angustiaba y Dave me tranquilizaba. Pero, después, dependía de mí mantener la calma. Antes, cuando mi hija llegaba a casa enfadada porque no había entrado en el equipo de fútbol con sus amigas, la animaba a seguir practicando, pero, en silencio, me preocupaba que estuviera decepcionada. Ahora pienso: «Perfecto. ¡Un problema de niños normal! Qué alivio estar en una zona de problemas normales». «Nota para una misma: está bien que nos pase esto por la cabeza, pero no debemos decirlo en voz alta.»

Mi amiga de infancia Brooke Pallot se vio inmersa en un arduo proceso de adopción lleno de grandes decepciones que desaparecieron cuando al final pudo tener a su bebé entre los brazos. En los siguientes meses de felicidad, Brooke conoció a Meredith, que igualmente acababa de ser madre. A Meredith también le había costado quedarse embarazada y, gracias a sus «hijos milagrosos», ambas mujeres desarrollaron un vínculo. Los dos bebés también se llevaban bien, y se convirtieron en lo que Brooke llamó «sus mejores amigos bebé». Poco después Meredith se encontró un pequeño bulto en la axila. Solo tenía treinta y cuatro años y ningún problema de salud, pero fue a consultarlo al médico. Un escáner PET reveló que tenía un cáncer de mama en fase cuatro. Además de apoyar a Meredith, Brooke sintió la necesidad de hacerse una mamografía. Cuando intentó pedir hora, la ayudante de la ginecóloga le aconsejó esperar seis meses hasta que tuviera cuarenta años, porque entonces el seguro le cubriría los costes. Pero Brooke insistió en hacerse la prueba, que reveló que también ella tenía un cáncer de mama en fase cuatro.

Las dos mujeres hicieron quimioterapia juntas. El tratamiento fue positivo para Brooke, pero en el caso de Meredith el cáncer se había extendido al hígado. Murió tres años después. «Siempre les digo a sus padres, a su marido y a su hija que Meredith fue mi ángel —me dice Brooke—. Lo que me salvó fue que me diagnosticaron antes de que se extendiera a algún órgano vital. Y esto se lo debo a Meredith.»

Brooke lleva libre de cáncer siete años y, además de ganar fuerza física, ha ganado fuerza emocional. «Hice quimio y enterré a mi joven amiga. Esto te da perspectiva lo quieras o no. Las pequeñas cosas no me quitan el sueño. Ahora soy más fuerte, estoy mucho más centrada y soy más razonable. Algo que antes me podía haber sacado de quicio, ahora lo relativizo pensando en lo que me podría haber pasado y me digo: "Ah, esto no es nada. Sigo viva aquí"».

Esta es la segunda área del crecimiento postraumático que identificaron Tedeschi y Calhoun: revalorizarse. Durante el primer mes después de que muriera Dave, recibí una llamada de Kevin Krim que me ayudó una barbaridad. Kevin y yo solo nos habíamos conocido de pasada, pero teníamos buenos amigos en común y yo sabía que él había sufrido una tragedia inimaginable. En 2012, después de la clase de natación de su hija Nessie de tres años, Marina, la mujer de Kevin, entró en su apartamento de Nueva York y descubrió que la canguro había matado a puñaladas a su hija Lulu, de seis años, y a su hijo Leo, de dos.

Cuando vi a Kevin meses después de esta tragedia, apenas podía hablar, por no saber qué decirle, o si decirle algo. Ahora me llamaba para consolarme. Le pregunté cómo diablos había podido superarlo. Me repitió lo que dijo en el funeral: «Me preocupa que estemos tentados, cuando nos enfrentamos a una oscuridad tan destructora, a apartarnos del mundo, pero… Oí esta cita y creo que adquiere importancia en este momento. Dice lo siguiente: "Aquel que tiene un porqué para vivir puede soportar casi cualquier cómo". Marina y Nessy, vosotras sois mi porqué». Kevin me contó lo agradecido que se sentía por que hubiera sobrevivido su hija y que su matrimonio fuera sólido. Con su mujer decidieron tener más hijos y se sintieron afortunados por poder hacerlo. Puesto que a Lulu y a Leo les encantaba el arte, Kevin y Marina fundaron ChooseCreativity.org, una organización no lucrativa que enseña creatividad a niños con discapacidad. Kevin y Marina han hallado el crecimiento postraumático dando más amor y belleza al mundo... lo cual es por sí mismo un acto de amor y belleza.

Es el colmo de la ironía sufrir una tragedia y superarla sintiéndose más agradecido. Desde que perdí a Dave, he sentido en las yemas de los dedos este increíble poso de tristeza. Está justo a mi lado, puedo tocarla, es parte de mi vida. Pero, junto con ella, valoro mucho más profundamente lo que antes daba por supuesto: familia, amigos y, sencillamente, estar viva. A mi madre se le ocurrió otra comparación útil. Durante sesenta y seis años nunca le dio importancia a caminar, pero, al envejecer, empezó a tener problemas en la cadera y sufría dolores. Después de que le pusieran una prótesis hace cuatro años, se siente agradecida por cada paso sin dolor que da. Lo que ella siente a nivel físico, yo lo siento a nivel emocional. Los días en los que estoy bien, valoro poder caminar sin dolor.

En el pasado, hubo momentos en que también valoré estas cosas. Después de la universidad, trabajé en el equipo de sanidad del Banco Mundial de la India para erradicar la lepra. Visité hospitales y centros de tratamiento por todo el país y conocí a cientos de pacientes, muchos de los cuales habían sido expulsados de sus pueblos y vivían en una pobreza y ostracismo abyectos. Mi primer viaje duró un mes. Trabajaba todo el día intentando ser profesional y luego me iba a dormir llorando. Me distancié de todos mis problemas. Recuerdo haber pensado que no volvería a quejarme de nada, que valoraría la suerte que había tenido por nacer en una comunidad con recursos para invertir en la atención sanitaria. Pero, con el correr de los años, esta nueva perspectiva se fue difuminando y volví a vivir como antes.

Ahora estoy decidida a conservar esta gratitud. Cuando le pregunté a Brooke cómo lo hacía ella, me dijo que recordaba periódicamente todo lo que podía haber perdido. «Miro cómo crece la hija de Meredith e intento estar presente en su vida de todas las formas que puedo. Cada vez que contemplo a mi hija, recuerdo que mi amiga no está aquí para criar a la suya. Sé lo afortunada que soy.» Brooke se esfuerza conscientemente para no olvidar las cosas importantes. «Cada año celebro que he pasado otro año con mi hija —me contó—. Hace siete años no sabía si iba a llegar a su segundo cumpleaños.»

Después de la pérdida, la vacuidad de los cumpleaños, los aniversarios y las fiestas puede ser especialmente dura.[14] Brooke me enseñó a considerar estas fechas como momentos que debemos apreciar. Solía celebrar mi cumpleaños cada cinco años, porque sentía que solo aquellas fechas con ceros o cincos eran ocasiones especiales. Ahora los celebro todos porque no doy por supuesto que llegaré al siguiente. Hace tiempo que he dejado atrás las bromas que solía hacer sobre no querer hacerme mayor (y trabajar para un jefe quince años más joven que yo: solía bromear mucho sobre ello). Después de perder a Dave, mi amiga Katie Mitic empezó a escribir cartas a sus amigos el día de sus cumpleaños, diciéndoles lo mucho que significaban para ella. Algunas de sus amigas han hecho lo propio, demostrando así un crecimiento pretraumático. Han aprendido unas lecciones de la vida que yo solo he aprendido con la muerte.

El otoño pasado, Malala Yousafzai y su padre, Ziauddin, vinieron a mi casa para hablar sobre su misión para que todas las niñas puedan acceder a la educación. Se quedaron a cenar con Katie, su marido, Scott, y mis hijos, y todos compartimos los mejores, los peores y los más gratificantes momentos del día. Scott explicó que llevaba toda la semana preocupado por cómo se adaptaba uno de sus hijos al colegio nuevo, pero al escuchar a Malala recordó lo agradecido que debía estar por el hecho de que sus hijos tuvieran un colegio al que ir. Después, Malala compartió con nosotros su propia historia de agradecimiento. Nos contó que, después de que le dispararan los talibanes, su madre comenzó a enviar las tarjetas de cumpleaños con la fecha del principio de su recuperación. Cuando cumplió diecinueve, había escrito en la tarjeta: «Feliz cuarto aniversario». Su madre estaba recordando a su hija, y a sí misma, la suerte que tenía de estar viva.

No es necesario esperar a una ocasión especial para sentir y mostrar gratitud. En uno de mis estudios favoritos, se pidió a varias personas que escribieran y entregaran una nota de gratitud a alguien que les hubiera mostrado una amabilidad inusual.[15] Esto agradó a los receptores, pero también hizo que los emisores se sintieran significativamente menos deprimidos, y la sensación de bienestar de esta gratitud les duró un mes. Cuando Adam compartió este estudio conmigo, me di cuenta de por qué funcionaba: en aquellos momentos que dedico a dar las gracias a mis amigos y a mi familia, mi tristeza queda en un segundo plano.

En 1999, mi amigo Steven Levitt perdió a su hijo de un año a causa de la meningitis. Dieciséis años después, me contó que «con cada año que pasa, la balanza se inclina un poco más hacia el valor de lo que una vez hubo, en lugar de hacia el horror de lo que se perdió». Con el correr de los años, yo también valoro más el tiempo que Dave y yo pasamos juntos y el tiempo del que disfruto ahora.

Once días antes del aniversario de su muerte, rompí a llorar con una amiga. Estábamos sentadas (mira que hay lugares) en el suelo del cuarto de baño. «Once días. Hace un año, aún nos quedaban once días. Y él no sabía nada.» Mirándonos a través de las lágrimas, nos preguntamos cómo habríamos podido vivir si él hubiera sabido que solo le quedaban once días, y si podríamos vivir pensando en el futuro y comprendiendo lo precioso que es cada uno de los días que tenemos.

La tragedia no siempre nos hace valorar a las personas que tenemos en la vida. El trauma nos puede hacer desconfiar de los demás y tener unos efectos negativos y duraderos en nuestra capacidad para relacionarnos. Muchos supervivientes de abusos y agresiones sexuales afirman que su creencia en la bondad de los demás se rompe en pedazos y que tienen problemas para creer en los otros.[16] Después de perder a un hijo, los padres suelen tener malas relaciones con los parientes y los vecinos.[17] Después de perder a un cónyuge, es habitual tener más discusiones con los amigos y sentirse ofendido por ellos.

No obstante, la tragedia también nos puede motivar para establecer relaciones nuevas y más profundas. Esta es la tercera área del crecimiento postraumático. Es más probable que los soldados que sufren pérdidas significativas en la guerra mantengan sus amistades de las fuerzas armadas cuarenta años después.[18] Después de combates duros, valoran más la vida y prefieren pasar tiempo con personas con las que comparten esta visión. Muchas supervivientes de cáncer de mama aseguran tener una mayor intimidad con la familia y los amigos.[19]

Cuando vivimos una tragedia junto a otra persona o vivimos la misma tragedia que otro, se pueden fortificar los vínculos entre nosotros. Aprendemos a confiar en los demás, a depender de ellos. Como dice el refrán: «En la prosperidad los amigos nos conocen. En la adversidad, los conocemos a ellos».

Uno de los ejemplos más impresionantes de cómo la adversidad puede fortalecer los vínculos es Stephen Thompson. Durante la infancia, a menudo él y sus cuatro hermanos pequeños no tuvieron dónde dormir, y pasaron las noches en centros de acogida y automóviles. Su madre tenía problemas con las drogas y el alcohol, y frecuentemente pasaban hambre, de modo que debían robar comida de los supermercados locales. Stephen tenía que cuidar de sus hermanos y faltó tanto al colegio que se quedó rezagado. Sus profesores dieron por descontado que tenía problemas de aprendizaje y lo transfirieron a clases de educación especial. En una ocasión, mientras vivían con su abuela, un equipo SWAT fue a buscar a su madre, que se escondió detrás de una puerta. Un policía les explicó que ella y su novio habían volado un puente durante una protesta política.

Cuando Stephen tenía nueve años, su madre lo abandonó junto con sus hermanos en una habitación de hotel. A los servicios de protección de menores les llevó tres días encontrarlos. Este fue el punto más bajo al que llegó Stephen, y desde aquí pudo reunir fuerzas para salir a flote. «Antes, nuestras vidas eran insoportablemente estresantes —me dijo—. Cuando mi madre nos abandonó en aquel hotel, fue casi un regalo, fue un nuevo comienzo para nosotros.»

Stephen cree que su resiliencia proviene de aprender a una edad precoz a considerar este trauma como una oportunidad para formar nuevas relaciones. Pasó los siguientes meses en una casa de acogida que estaba en una calle cerca de sus hermanos y luego lo mandaron a un orfanato. Cuando comenzó a asistir al colegio con regularidad, logró tener amistades estables. Sus nuevos amigos le invitaron a pasar el día de Acción de Gracias y Navidad con ellos y tuvo la oportunidad de disfrutar las fiestas con sus familias. Luego, la madre de un buen amigo lo cambió todo al pedirle a Stephen que viviera con ellos permanentemente. «Fue una de las lecciones más importantes de mi vida, me mostró realmente la bondad de los demás —nos explicó—. Me di cuenta de que los amigos se pueden convertir en tu familia.» Hizo un pacto consigo mismo diciéndose que siempre estaría allí cuando sus amigos lo necesitaran. «Ir a verlos cuando las cosas van mal. Intentar conectar con otros y conocerlos realmente.» Conocí a Stephen cuando trabajamos juntos en Google, donde convirtió esta capacidad notable de conectar con los demás en una carrera como director de selección de personal.

La cuarta forma del crecimiento postraumático es encontrar un nuevo sentido a la vida, un propósito más profundo que se arraiga en la creencia de que nuestra existencia tiene significado. En palabras de Viktor Frankl: «En cierta forma, el sufrimiento deja de ser sufrimiento en el momento en que adquiere un significado».[20]

Muchos encuentran sentido en la religión o en la espiritualidad. Las experiencias traumáticas pueden profundizar nuestra fe, y las personas con unas creencias espirituales o religiosas sólidas tienen más resiliencia y crecimiento postraumático.[21] El rabino Jay Moses, que ofició mi boda con Dave, me dijo que «encontrar a Dios o a un poder supremo nos recuerda que no somos el centro del universo. Hay muchas cosas que no entendemos de la existencia humana, y sin embargo hay un orden y un propósito. Nos ayuda a sentir que nuestro sufrimiento no es aleatorio ni carece de sentido».

Sin embargo, el sufrimiento también puede hacer tambalear nuestra fe en la benevolencia de Dios. Laverne Williams, un diácono de Montclair, en Nueva Jersey, nos contó que cuando cayó en una depresión y diagnosticaron cáncer a su hermana, puso en duda a Dios. «Ha habido momentos en que me he enfadado con Dios.

"¿Cómo puedes dejar que ocurra esto?"», dijo. Pero luego recordó que «no se trata de rezar a Dios para que lo arregle todo. No es un genio mágico a quien puedes pedirle ciertas cosas y que solo te conceda las buenas». Aun así, la fe le ayudó a rechazar la persistencia: «Incluso en nuestras horas más bajas podemos conservar la esperanza. Es lo que tiene la fe… te ayuda a saber que, tarde o temprano, también esto pasará».

La pasada primavera, leí una carta abierta del veterano jugador de la NFL, Vernon Turner, a su yo anterior.[22] La carta describía gráficamente cómo había sido concebido: su madre era una estrella del atletismo de dieciocho años que fue asaltada en la calle, le inyectaron heroína y fue violada por varios hombres. A los once años, Vernon se encontró a su madre pinchándose heroína en el cuarto de baño. En lugar de pedirle que se fuera, le dijo: «Quiero que me veas haciendo esto para que nunca se te ocurra hacerlo… Porque esto va a matarme». Cuatro años después, estas palabras demostraron ser trágicamente ciertas. Al principio, su padrastro cuidó de Vernon y sus cuatro hermanos menores, pero, durante su primer año en la universidad, también él murió. Sin ni siquiera llegar a los veinte años, Vernon era el único responsable de su familia.

La carta me conmovió tanto que contacté con él. Vernon me explicó que, en aquel momento, había tocado fondo. «Pensé que me estaban castigando. Primero, Dios se llevó a mi madre; luego, a mi padre. Por último, iba a perder a mi familia. Me hinqué de rodillas y recé. Le pregunté a Dios cómo podía ayudar a mi familia.» Vernon pensó que la única manera de ganar suficiente dinero para mantenerla era jugando en la NFL. Era una estrella en un equipo universitario de Segunda División, pero le habían asegurado varias veces que no era lo bastante alto, fuerte o talentoso para llegar a ser profesional. «Tenía que conseguirlo, de otra forma mis hermanos y hermanas acabarían en una familia de acogida. No quería ser una consecuencia de mi ADN. Iba a ser una consecuencia de mis propias acciones», escribió.

Vernon tenía frente a sí un propósito claro. Empezó a poner el despertador a las dos de la mañana para comenzar el entrenamiento y desarrolló su fuerza atándose una cuerda con un neumático y arrastrándolo colina arriba. «Me llevé al límite mental y físico. Me comprometí a cruzar el infierno para prepararme para la NFL. Hice sesiones de entrenamiento que no le habría deseado a mi peor enemigo: estaba preparado para morir en el campo.» Consiguió entrar en la liga como especialista en devoluciones. «Lo que generó la resiliencia en mí —dijo— fue que Dios me diera fuerza y que mi madre me dijera, justo antes de morir, que, pasara lo que pasase, debía mantener a la familia unida. Me agarré al fútbol para salvar a mi familia. Cuando midieron mi estatura, no midieron mi corazón.»

La familia y la religión son, para muchas personas, las principales razones que dan sentido a la vida.[23] Pero el trabajo también puede ser una razón importante. Los trabajos donde solemos encontrar más sentido son aquellos que consisten en servir a los demás.[24] Es posible que el clero, las enfermeras y enfermeros, los bomberos, los consejeros sobre adicciones y los profesores y profesoras de parvulario tengan un trabajo estresante, pero confiamos en estos profesionales, a menudo infravalorados, para mejorar nuestra salud, seguridad, aprendizaje y crecimiento. Adam ha publicado cinco estudios distintos en los que se demuestra que un trabajo con sentido nos protege del agotamiento emocional.[25] En las empresas, en las organizaciones no lucrativas, en el gobierno y en el ejército, ha descubierto que cuanto más creen los trabajadores que su labor ayuda a otros, se sienten menos cansados emocionalmente y menos deprimidos en la vida. Y los días en los que creen que han tenido un efecto significativo en los demás, se sienten con más energía en el hogar y más capaces de lidiar con situaciones difíciles.[26]

Después de la muerte de Dave, el trabajo se volvió más importante para mí; conecté con la misión de Facebook de ayudar a los demás a compartir de una manera que nunca lo había hecho antes. En 2009 se suicidó el hermano mi amiga Kim Jabal, el día de su cuadragésimo cumpleaños. Debido al shock, la familia consideró que serían incapaces de hacer un funeral. Pero «los demás querían compartir sus historias, apoyarnos, y apoyarse entre ellos —me dijo Kim en aquel momento—. Lo hicieron por Facebook. Nos inundó una ola de amor y de apoyo: cada día había más historias, más fotos y aparecía alguien más que lo conocía y lo amaba».

Lo mismo me ocurrió a mí. No comprendí verdaderamente lo importante que podía ser Facebook para aquellos que habían sufrido una pérdida hasta que lo experimenté yo misma. Durante el discurso que hizo en el funeral de Dave, nuestro amigo Zander Lurie estaba hablando sobre la generosidad de mi marido cuando, en medio de una frase, hizo algo que nunca nadie había visto en un funeral: instó a que «levantaran la mano todos aquellos a los que Dave Goldberg cambió la vida para mejor: tal vez os dio un consejo clave, u os puso en contacto con alguien importante, u os ayudó cuando estabais pasando una mala racha». Volví la vista atrás y vi cientos de manos alzadas. Era imposible escuchar todas sus historias en aquel momento y, aunque lo hubiera podido hacer, mi estado me habría impedido recordarlas. Pero, hoy en día, muchas se han conservado en su perfil de Facebook. Una persona tras otra, algunas con nombres que nunca había oído, compartieron que Dave les había ayudado a encontrar un trabajo, a dar los primeros pasos con la empresa o a apoyar una causa. Nuestro amigo Steve Fieler publicó un vídeo de Dave en un partido animando a su equipo de baloncesto y escribió: «Dave me recordó lo bien que sienta animar a alguien… y que alguien te anime. Me hizo sentir el momento. En Silicon Valley, donde las novedades se sobreponen a lo que vivimos cada día, es raro ser tan cálido y estar tan presente como Dave».

Para aquellos que tienen la oportunidad, hacer un trabajo con sentido les puede ayudar a recuperarse de un trauma. Cuando la mujer de mi amigo Jeff Huber murió de cáncer de colon, le dije lo que muchos me habían dicho: no tomes decisiones importantes durante las primeras fases de una pena aguda. Por fortuna, Jeff ignoró mi consejo. Dejó su trabajo para convertirse en CEO de GRAIL, una empresa cuyo objetivo es detectar cáncer en sus primeras fases. «Es como cuando cruzas un portal —me dijo Jeff—. No puedes volver. Vas a cambiar. La única cuestión es de qué modo.» Como Joe Kasper, que no pudo salvar a su hijo Ryan, Jeff supo que no podía salvar a quien más amaba, pero espera que una detección

precoz del cáncer salve a millones de personas en la próxima década. Ahora asegura que se levanta de la cama más rápido y con más
energía que antes.

Jeff ha encontrado sentido gracias al quinto tipo de crecimiento
postraumático: ver nuevas posibilidades. Tedeschi y Calhoun descubrieron que, después del trauma, algunas personas acaban tomando diferentes direcciones en su vida que no hubieran tomado en
condiciones normales. Después de los ataques terroristas del 11 de
septiembre, algunos estadounidenses hicieron cambios espectaculares en sus carreras. Se unieron a los bomberos, se alistaron en el
ejército o se dedicaron a profesiones médicas. Las solicitudes para
Teach for America se triplicaron,[27] y muchos de los aspirantes afir-
maron que su interés se debía al 11-S. Los que buscaban un cambio
querían emplear su precioso tiempo en contribuir a realizar algo más
importante que ellos mismos. Antes de los ataques, el trabajo era un
empleo; después, algunos quisieron una vocación.[28] También en
otras situaciones, como haber sobrevivido a un tornado, a un tiroteo
o a un accidente de avión, las personas tienden a intentar encontrar
sentido a su vida.[29] Después de que nos recuerden nuestra mortalidad, a menudo reevaluamos nuestras prioridades, lo cual en algunos
casos nos puede llevar al crecimiento.[30] Un roce con la muerte nos
puede llevar a una nueva vida.

Pero no es un pivote fácil en el que sostenerse. Con frecuencia,
el trauma nos dificulta buscar nuevas posibilidades. Cuidar a seres
queridos enfermos puede conllevar que trabajemos menos o tengamos que dejar de hacerlo:[31] casi tres millones de estadounidenses
cuidan a un adulto con cáncer, lo cual requiere una media de treinta y tres horas por semana.[32] Además de la pérdida de ingresos, los
altos costes de la sanidad arruinan los presupuestos familiares. La
enfermedad es uno de los factores determinantes en más del 40 por
ciento de las quiebras en Estados Unidos,[33] y existen pruebas de que
las personas con cáncer tienen 2,5 posibilidades más de caer en la
bancarrota.[34] Incluso gastos relativamente menores pueden tener
consecuencias desastrosas: el 46 por ciento de los estadounidenses
no tendrían fondos para pagar una factura inesperada de cuatro-

cientos dólares.[35] Para aquellos que viven al día, las bajas familiares pagadas, la atención sanitaria de calidad y la atención psicológica pueden ser la diferencia entre mantenerse en pie y derrumbarse.

La tragedia no solo nos arrebata el presente, sino que también desbarata nuestras esperanzas en el futuro.[36] Los accidentes impiden que podamos seguir manteniendo a nuestras familias. Las enfermedades graves no nos dejan encontrar un buen trabajo o el amor. El divorcio acaba con los futuros aniversarios (aunque tengo una amiga que celebra esta ruptura cada año). Estos profundos cambios en la percepción que tenemos de nosotros mismos son una pérdida secundaria y un factor de riesgo para la depresión. Nuestros «yos» posibles (aquellos que esperamos llegar a ser) pueden ser un daño colateral.[37]

Aunque puede ser extremadamente difícil de comprender, la desaparición de un posible yo nos puede liberar para imaginar un nuevo yo posible. Después de una tragedia, a veces perdemos esta oportunidad porque dedicamos toda nuestra energía emocional a desear nuestra vida anterior. En palabras de Helen Keller: «Cuando se cierra una puerta de la felicidad, se abre otra; pero, a menudo, nos fijamos durante tanto tiempo en la puerta cerrada que no vemos la que se ha abierto para nosotros».[38]

Para Joe Kasper, el factor determinante fue darse cuenta de que sus acciones podían ser parte del legado de su hijo. Mientras estudiaba para sacarse el máster, Joe creó un proceso terapéutico llamado «co-destino», que anima a los padres afligidos a considerar la vida de su hijo desde una perspectiva más amplia, para que la muerte no sea el fin de la historia. Los padres que buscan sentido y propósito a partir de la tragedia pueden seguir haciendo buenas acciones, que luego forman parte del impacto de su hijo en el mundo. Como explica Joe: «Me di cuenta de que mi destino era vivir mi vida de forma que mi hijo pudiera estar orgulloso de ella. La conciencia de que podía hacer mejor la vida de mi hijo al llevar a cabo buenas acciones en su nombre me sigue motivando hoy en día».

No es extraño que muchos supervivientes de un trauma acaben ayudando a otros a superar la misma adversidad que han sufrido ellos.[39] «No hay nada más gratificante que ayudar a alguien a escapar de este cenagal de desesperación —nos dijo Joe—. Sé que esta pasión que tengo es un área de mi crecimiento personal relacionada con mi trauma. Ayudar a los demás a que el trauma les haga crecer es algo que se refleja en la vida de mi hijo.» Después de superar una adversidad, tenemos nuevos conocimientos que ofrecer a aquellos que padecen experiencias similares. Es una fuente de sentido única porque no solo da propósito a nuestras vidas, sino que da propósito a nuestro sufrimiento. Ayudamos allí donde nos han herido para que nuestro dolor no sea en vano.

Mientras estamos tristes, es difícil ver a través del dolor nuevas posibilidades o un sentido más profundo. Cuando mi madre se fue a su casa después de quedarse conmigo durante el primer mes, me sentí aterrorizada. Al darme un abrazo y despedirse, me contó que había hablado con Scott Pearson, un amigo de la familia. «La semana en que murió Dave, Scott dijo: "Esto es el final de un capítulo y el principio del siguiente". No te lo dije entonces porque pensé que no le creerías. Pero yo lo he creído durante todo este tiempo… Y pienso que tú deberías hacer lo mismo.» No estoy segura de que hubiese podido escucharlo un mes antes, pero aquel día me dio esperanza. Citando al filósofo romano Séneca (y a la canción «Closing Time»): «Cada nuevo principio proviene del final de otro principio».[40]

Hace unos años, Dave y yo fuimos con los niños a ver la obra *Wicked*. Al salir, uno de nosotros gritó: «¡Es mi musical favorito!». Quizá supongas que lo dijo nuestra hija preadolescente, pero no fue ella. Fue Dave. Su canción favorita era «For Good», cuando los dos protagonistas principales se dicen adiós y reconocen que tal vez no se vuelvan a ver nunca más. Juntos, cantan lo siguiente:

> *Creo que he cambiado a mejor.*
> *Y gracias a que te conocí…*
> *He cambiado*
> *Para bien.*[41]

Dave siempre habrá dejado, como dice la canción, «una huella en mi corazón». Su existencia me cambió de manera profunda. Y su ausencia también me ha cambiado de manera profunda.

Deseo fervientemente que del horror de la muerte de Dave surja algo bueno. Cuando otros me dicen que lo que comparto les da consuelo o fuerza, honran la vida que vivió Dave. Hizo mucho por ayudar a los demás, y espero que este libro llegue a mucha gente y se convierta en parte de su legado. Quizá este sea nuestro co-destino.

6

Recuperar la alegría

Cuando empezamos la secundaria, la primera semana de clases mi mejor amiga me hizo saber que yo no era lo bastante guay como para juntarse conmigo. Esta dolorosa ruptura resultó ser una suerte. Poco después de que mi amiga me plantara, me acogieron otras tres chicas y terminamos siendo amigas para toda la vida. En el instituto incorporamos al grupo a otras tres, de modo que Mindy, Eve, Jami, Elise, Pam, Beth y yo nos convertimos en «las Chicas», y aún seguimos llamándonos así. Las Chicas me han aconsejado sobre toda clase de cosas, desde qué ponerme para el baile de graduación hasta qué oferta de trabajo aceptar o qué hacer cuando tu bebé se despierta a medianoche… y vuelve a despertarse a las tres de la mañana.

En otoño de 2015, la hija de Beth iba a convertirse en Bat Mitzvá. Una parte de mí no quería ir a la ceremonia. Pocos días antes de que Dave muriera, ambos habíamos elegido juntos una fecha para el Bar Mitzvá de nuestro hijo. La idea de que Dave no estuviera presente en la ceremonia de paso a la edad adulta de nuestro hijo empañaba por completo la ocasión. Pero durante los días sombríos de aquel verano, las Chicas habían estado llamándome a diario y se habían turnado para venir a California. Me habían demostrado que no estaba sola, me habían dejado sentir su presencia de manera constante, y yo quería acompañarlas en los momentos felices, igual que ellas me habían acompañado en los más tristes.

Estar junto a las Chicas y sus familias durante el servicio del Bat Mitzvá me resultó profundamente reconfortante, casi como si me hubiera transportado a la época en la que éramos adolescentes, a aquellos días inocentes en los que un mal corte de pelo suponía un problema enorme. La hija de Beth bordó su lectura de la Torá y a todos se nos llenaron los ojos de lágrimas de orgullo. La ceremonia terminó con la recitación tradicional del *kadish*, una oración por los difuntos. Inmediatamente aparecieron seis brazos que se extendían hacia mí desde delante, por detrás y desde el otro lado del banco de la iglesia. Mis amigas me abrazaron y, tal como me habían prometido, pasamos aquel mal momento juntas.

Aquella noche, en la fiesta, nuestros hijos se divirtieron muchísimo. Estuve observando a mi hijo y a mi hija mientras charlaban animadamente con sus «casi primos» y pensé que debería existir una palabra para definir la alegría que se siente cuando tus hijos son amigos de los hijos de tus amigas. Además de las Chicas, había otros invitados de nuestra época escolar en Miami, entre ellos el chico más guapo de la clase: Brook Rose. Hasta su nombre es perfecto. En aquella época, todas dábamos por hecho que no teníamos ninguna oportunidad con él, y él mismo nos lo confirmó al acabar la universidad cuando nos contó que era gay.

El DJ pinchó «September», de Earth, Wind & Fire, y Brook me tomó de la mano.

—Vamos —me dijo, dedicándome una de sus sonrisas despampanantes.

Me sacó a la pista y nos dejamos ir exactamente igual que en el instituto, cantando y bailando. Y entonces me eché a llorar.

Brook me llevó con presteza hasta el jardín y me preguntó qué pasaba. Al principio di por hecho que lo que ocurría es que echaba de menos a Dave, pero yo conocía a la perfección la sensación que eso me generaba y lo de ese momento era, de algún modo, distinto. Y entonces entendí. Bailar al son de una canción alegre de mi juventud me había transportado a un lugar en el que no estaba sumida en la soledad y la añoranza. No me sentía solo «bien». Estaba feliz de verdad. Y esa felicidad llegaba inmediatamente seguida de una oleada de culpabilidad. ¿Cómo podía sentirme feliz si Dave estaba muerto?

Al día siguiente, me fui con mis hijos a Filadelfia a visitar a Adam y a su familia. Le conté que me había venido abajo en la pista de baile y me respondió que no le sorprendía.

—Claro, ha sido la primera vez en la que te has sentido feliz —me dijo—. En todo este tiempo no has hecho ni una sola cosa que te reportara alegría.

Adam tenía razón. Durante más de cuatro meses había estado totalmente centrada en mis hijos, en mi trabajo y en sobrevivir a cada día. Había dejado de hacer todas las cosas que Dave y yo solíamos compartir para divertirnos, como ver películas, salir a cenar con los amigos, ver *Juego de tronos* o jugar a Los colonos de Catán o al Scrabble. Catán me resultaba especialmente duro, pues es a lo que habíamos estado jugando los últimos momentos que pasamos juntos.

Tenía un montón de razones para encerrarme. No quería dejar a mis hijos con una canguro ni siquiera después de que se durmieran, por si se despertaban. Me daba miedo salir por si terminaba echándome a llorar en público, poniéndome a mí en evidencia y arruinándole la fiesta a todo el mundo. A principios de ese invierno había hecho un intento de relacionarme con gente. Invité a un pequeño grupo de amigos a que vinieran a casa a ver una película. Empezamos la velada tomando yogur helado en la cocina y yo me repetía: «Puedes hacerlo. Haz como si todo fuera normal». La película me la había recomendado una amiga, me había dicho que era divertida y ligera. Empezamos a verla. Al principio, todo bien. Y entonces, a los pocos minutos de empezar, la mujer del protagonista se muere. Pensé que se me iba a salir el yogur de nuevo por la boca. «Todo» no era normal.

En un post de Facebook que escribí al cumplir los primeros treinta días de viudez, decía que nunca volvería a conocer un momento de alegría pura. Algunos amigos que habían perdido también a sus parejas me aseguraron que aquello no era verdad y que algún día volvería a ser feliz, pero no les creí. Y entonces llegaron Earth, Wind & Fire y demostraron que estaba equivocada. Pero aquel momento de felicidad vivido en la pista de baile había sido muy fugaz, apenas tuvo tiempo de asomar la cabeza antes de que la culpabilidad le golpeara y lo metiera de vuelta en su agujero.

El sentimiento de culpa del superviviente te roba la alegría, es una segunda pérdida que nos deja la muerte. Cuando una persona pierde a un ser querido, no se siente solo rota de dolor, sino también de remordimiento.[1] Esa es otra de las trampas de la personalización: «¿Por qué soy yo la que sigue viva?». Aun después de que la tristeza más profunda desaparezca, la culpa permanece. «No pasé el tiempo suficiente con él.» Y la muerte no es la única forma de pérdida que dispara un sentimiento de culpa. Cuando una empresa despide a algunos de sus empleados, los que conservan su empleo tienen a menudo que hacer frente al sentimiento de culpa que va unido al síndrome del superviviente.[2] El proceso mental completo se inicia con un «Debería haber sido yo». A este pensamiento le sigue un sentimiento de gratitud («Me alegro de no haber sido yo»), que rápidamente se ve barrido por la culpa: «Soy mala persona por sentirme feliz cuando mis amigos han perdido su trabajo».

Una vida dedicada por entero a la búsqueda de placer sin sentido es una existencia vacía.[3] Pero una vida con sentido que carece por completo de alegría es una existencia deprimente. Hasta aquel episodio de la pista de baile no me di cuenta de que había estado negándome la felicidad. E incluso aquel momento fugaz se vio arruinado por la sensación de culpabilidad, lo que hizo que parecieran fundadas mis sospechas acerca de no volver a sentir jamás lo que es la pura alegría. Pero un día, durante una conversación telefónica con Rob, el hermano de Dave, recibí un enorme regalo. «Todo lo que Dave quiso desde el día en que te conoció fue hacerte feliz», me dijo Rob con la voz quebrada. «Incluso ahora, él querría que fueses feliz. No se lo niegues.» Mi cuñada Amy también me ayudó haciéndome ver el grado en el que mi estado de ánimo afectaba a mis hijos. Estos le habían dicho que se encontraban mejor porque «Mamá ha dejado de llorar a todas horas».

Cuando nos volcamos en los demás, hallamos motivaciones para las que por nosotros mismos es difícil encontrar el coraje.[4] En 2015, Lisa Jaster, mayor del ejército estadounidense, estaba intentando graduarse en el curso de élite de la Ranger School. Previamente, había estado destinada en Afganistán y en Irak, de modo que creía que podría completar el exigente programa en nueve semanas. Pero aprender orientación, supervivencia en un medio acuático, operaciones de asalto, emboscadas y montañismo y realizar un curso de obstáculos le llevó veintiséis semanas. La última prueba consistía en una marcha de veinte kilómetros en la que tenía que llevar un petate de quince kilos, ocho litros y medio de agua y un fusil. Al llegar a la marca de los dieciséis kilómetros, Lisa sentía náuseas, tenía los pies llenos de ampollas y pensaba que sería incapaz de alcanzar la meta. Entonces una imagen cruzó su mente, una foto de ella con sus hijos que le encanta. Su hijo lleva una camiseta de Batman y su hija, una de Wonder Woman. Encima de la foto Lisa había escrito: «Quiero ser su superheroína». Recorrió a la carrera los últimos kilómetros y redujo su objetivo de marca en un minuto y medio. Lisa hizo historia al convertirse en una de las tres primeras mujeres que llegaron a ser comando del ejército. Cuando conocí a Lisa, le dije que no solo era una superheroína para sus hijos, conté su historia a los míos durante la cena y ahora también es su superheroína.

Con las palabras de Rob y de Amy resonándome en los oídos, decidí que debía intentar divertirme, por mis hijos y con mis hijos. A Dave le gustaba mucho jugar a Catán con los niños porque el juego les enseñaba a planear las cosas por adelantado y a anticipar los movimientos del adversario. Una tarde saqué el juego, que estaba guardado en la estantería, y, sin darle más importancia, pregunté a mis hijos si querían jugar. Sí querían. Antes, yo siempre era el color naranja, mi hija, el azul, mi hijo, el rojo y Dave, el gris. Cuando nos dispusimos a jugar los tres solos, mi hija eligió las fichas de color gris. Mi hijo se enfadó e intentó arrebatárselas, diciendo:

—¡Ese era el color de papá! ¡No puedes ser el gris!

Le cogí de la mano y le dije:

—Sí que puede. Tenemos que recuperar las cosas.

«Recuperar las cosas» se convirtió en nuestro mantra. En vez de renunciar a todo aquello que nos recordaba a Dave, lo acogíamos y lo convertíamos en algo que seguía presente en nuestras vidas. Volvimos a seguir a los equipos que le gustaban a Dave: los Minnesota Vikings y los Golden State Warriors. Recuperamos las partidas de póquer que Dave había echado con los niños desde que eran pequeños. Se rieron mucho cuando les conté la historia del día en que, cuando ellos tenían cinco y siete años, Dave llegó del trabajo, se los encontró jugando al póquer y dijo que aquel era uno de los momentos de mayor orgullo de toda su vida. Un amigo nuestro que había jugado al póquer con Dave con gran frecuencia y fruición, Chamath Palihapitiya, reapareció para continuar la educación de mis hijos en las artes del Texas Hold'em. Habría intentado hacerlo yo misma, pero no creo que Dave hubiera querido que aprendieran con una, en palabras el propio Dave, «pésima jugadora». Pero vaya si Chamath accedió a hacerlo con gran frecuencia y satisfacción.

Por mi parte, recuperé los capítulos de *Juego de tronos*. No era ni por asomo tan divertido como ver la serie con Dave, que se había leído todos los libros de la saga y seguía perfectamente las tramas de quién conspiraba contra quién, pero presté atención, me puse al día, y terminé la temporada dando vítores por la Khaleesi y sus dragones, exactamente igual que lo había hecho con Dave. Empecé a invitar a amigos a ver películas en casa, poniendo más cuidado en asegurarme de que en ninguna de ellas se moría la pareja de nadie. Pero la mejor de todas estas recuperaciones fue encontrar al adversario perfecto de Scrabble en internet. Dave y Rob habían jugado juntos. Dave y yo solíamos jugar juntos. Ahora jugamos juntos Rob y yo. Los dos hermanos tenían más o menos el mismo nivel y yo soy una sustituta bastante lamentable, en casi cien partidas he ganado a Rob tan solo una vez. Pero ahora, algunos minutos al día, estamos conectados a través de nuestros teléfonos… y también con Dave.

Deseamos que quienes nos rodean sean felices. Permitirnos la felicidad a nosotros mismos, obligarse a aceptar que está bien dejar atrás el sentimiento de culpa y buscar la alegría, es triunfar sobre la permanencia. Divertirse es una forma de ser compasivo con uno mismo. Igual que cuando cometemos un error debemos permitirnos cierta benevolencia, también debemos tratarnos bien y permitirnos disfrutar de la vida mientras podamos. La tragedia puede derribar tu puerta y hacerte prisionero en cualquier momento. Escapar de ella requiere esfuerzo y energía. Buscar la alegría después de hacer frente a la adversidad es recuperar aquello que te había sido arrebatado. Como dijo Bono, el cantante de U2, «la alegría es el máximo gesto de desafío».[5]

Uno de los comentarios que más me impactó de los que recibió mi post de Facebook a los treinta días de la muerte de Dave fue el de una mujer llamada Virginia Schimpf Nacy. Virginia estuvo felizmente casada hasta que su marido murió de pronto, mientras dormía, a los cincuenta y tres años. Seis años y medio después, la noche anterior a la boda de su hija, su hijo murió de sobredosis de heroína. Insistió en seguir adelante con la boda y organizó el funeral de su hijo el día siguiente. Poco después, Virginia empezó a trabajar con el distrito escolar en un programa de prevención de la drogadicción, creó un grupo de apoyo con otros padres y terapeutas, e impulsó cambios legislativos para combatir la adicción. También buscaba maneras de paliar la tristeza. Se puso a ver programas antiguos de Carol Burnett y recorrió el país de punta a punta con su labrador castaño para visitar a su hija y a su yerno. «Ambas muertes están entrelazadas con el tejido de mi vida, pero no son lo que me define —decía—. Para mí la alegría es muy importante. Y no puedo esperar que esa alegría venga de mi hija ni de ninguna otra persona. Tiene que salir de mí. Es hora de exprimir al máximo la Opción C.»

Cuando buscamos la felicidad, a menudo nos fijamos en momentos significativos: la graduación, tener un hijo, encontrar trabajo, reunirse con la familia. Pero la felicidad está en la frecuencia, no en la intensidad, con la que vivimos las experiencias positivas.[6] En un estudio realizado en Australia a lo largo de doce años con personas que habían perdido a sus parejas, el 26 por ciento conseguía encontrar la alegría después de su pérdida tan a menudo como lo habían hecho antes. Lo que les distinguía del resto de la muestra es que volvían a implicarse en sus interacciones y actividades cotidianas.[7]

«El modo en que pasamos los días —afirmó la escritora Annie Dillard— es, cómo no, el modo en que pasamos la vida.»[8] En lugar de esperar a ser felices para disfrutar de las pequeñas cosas, deberíamos hacer todas esas pequeñas cosas que nos dan alegría. Después de pasar por un divorcio deprimente, una amiga mía hizo una lista de todas las cosas de las que disfrutaba (escuchar música, ver a sus sobrinas y sobrinos, leer libros de arte, comer flanes) y se propuso llevar a cabo una de las cosas de la lista cada día al salir de trabajar. Como dice el bloguero Tim Urban, la felicidad es esa alegría que uno encuentra en cientos de miércoles olvidables.[9]

Mi propósito de Año Nuevo para 2016 se basaba en esta idea. Cada noche seguía intentando anotar tres cosas que hubiera hecho bien, pero a medida que recuperaba la confianza esto parecía cada vez menos necesario. Entonces Adam me propuso una nueva idea: «Anota cada día tres momentos alegres». De todas las resoluciones de Año Nuevo que he hecho en mi vida, esta es, con diferencia, la que he cumplido durante más tiempo. Y ahora, casi cada noche antes de irme a dormir, escribo en un cuaderno tres momentos felices del día. Hacerlo me permite prestar atención y apreciar estos destellos de felicidad. Cuando me pasa algo positivo pienso: «Esto es para el cuaderno». Y es un hábito que ilumina el día entero.

Un mentor que tuve hace muchos años llamado Larry Brilliant intentó enseñarme que la felicidad requiere esfuerzo. Larry y yo habíamos hecho buenas migas cuando pusimos en marcha la iniciativa filantrópica de Google, así que me entristecí mucho cuando a su hijo Jon le diagnosticaron cáncer de pulmón a los veinticuatro años. Jon recibía tratamiento en Stanford y a menudo se quedaba por las noches en nuestra casa, que estaba más cerca del hospital. Se traía sus amados juegos de Lego de su infancia para jugar con mis hijos y, aún hoy, cuando los niños sacan los Lego me acuerdo de Jon.

Hubo unos meses en los que pareció que Jon se había recuperado milagrosamente y, por ello, cuando murió, un año y medio después, el golpe para su familia fue el doble de fuerte. Lo que entonces ayudó a Larry a construir su resiliencia fue su sólida espiritualidad. Larry y su mujer, Girija, habían vivido en la India durante diez años. Allí estudiaron con un gurú hindú y practicaron meditación budista. Cuando perdieron a su hijo, dedicaron su labor espiritual a convertir parte de aquel dolor en gratitud por los años en los que Jon estuvo sano. En el funeral de Dave, Larry lloró conmigo y me dijo que nunca hubiera imaginado que íbamos a llorar tan pronto la pérdida de otro ser querido. Me puso las manos sobre los hombros, como para sostenerme erguida, y me aseguró que siempre estaría a mi lado para cerciorarse de que el dolor no me hundía.

—Un día feliz dura quince minutos. Un día triste dura quince años —comentó—. Nadie pretende que la cosa sea fácil, pero nuestra labor en esta vida es hacer que esos quince minutos duren quince años y esos quince años, quince minutos.

Prestar atención a los momentos felices supone un esfuerzo, porque estamos programados para centrarnos más en las cosas negativas que en las positivas.[10] Los sucesos funestos tienden a producir en nosotros un impacto mayor que los acontecimientos felices. Este fenómeno tenía sentido en la prehistoria. Si olvidabas aquella ocasión en que uno de tus seres queridos se comió unas bayas venenosas, es probable que terminaras tomándolas tú también como tentempié. Pero hoy prestamos ese mismo nivel de atención al mínimo revés ordinario y a cualquier contratiempo cotidiano.[11] La simple rotura de la escobilla del limpiaparabrisas o que nos caiga una mancha de café tienen el poder de hundirnos el ánimo. Al centrar el punto de mira en las posibles amenazas, nos perdemos las oportunidades que tenemos de sonreír.

Del mismo modo que etiquetar los sentimientos negativos puede ayudarnos a superarlos, poner nombre a los positivos también funciona.[12] Dedicar un rato, durante solo tres días consecutivos, a escribir sobre experiencias felices puede mejorar el ánimo de una persona y hacer que se pospongan sus visitas al centro de salud hasta tres meses después.[13] Podemos disfrutar incluso de la más pequeña de las cosas cotidianas:[14] la sensación de una brisa cálida sobre nuestra piel o lo buenas que están las patatas fritas (especialmente cuando las robamos de un plato ajeno). Mi madre es una de las personas más optimistas que conozco y, cada noche, cuando se mete en la cama, dedica unos minutos a dar gracias por lo confortable que es su almohada.

A medida que vamos haciéndonos mayores, tendemos a definir la felicidad menos en términos de excitación que de serenidad.[15]

La reverenda Veronica Goines lo resume así: «La paz es la alegría en reposo y la alegría es la paz en movimiento».[16] Contarle a otra persona las cosas positivas que nos suceden también hace que nuestras sensaciones placenteras aumenten a lo largo de los días siguientes.[17] En palabras de Shannon Sedgwick Davis, una defensora de los derechos humanos cuyo trabajo le exige estar diariamente en contacto con toda serie de atrocidades: «La felicidad es una disciplina».[18]

Un amigo mío que perdió a su mujer a los setenta años, después de llevar cuarenta y ocho juntos, me dijo que, en su lucha contra la desesperanza, sintió la necesidad de cambiar de rutinas. Si seguía haciendo las mismas cosas que hacía con su mujer la echaba más de menos, así que se esforzó por encontrar actividades nuevas. Me aconsejó que hiciera lo mismo. Por ello, además de las cosas que iba recuperando, también busqué otras que me hicieran seguir avanzando. Comencé por cosas pequeñas, como echar con mis hijos partidas de Corazones, un juego de cartas que me enseñó mi padre (y que se me da mejor que el póquer). También empezamos a salir con la bici los fines de semana, cosa que Dave no podía hacer porque le daba dolor de espalda. Volví a tocar el piano, algo que llevaba treinta años sin hacer. Toco muy mal debido a una mezcla entre falta de talento y falta de práctica, pero, en cualquier caso, el mero hecho de martillear una canción ya me hace sentir mejor. Parafraseando una canción de Billy Joel que toco mal y canto desafinada: *It gives me a smile to forget about life for a while* [«Olvidarme de la vida durante un ratito me hace sonreír»].

Tocar un instrumento al límite de nuestras capacidades es uno de esos ejercicios que la psicología define como «dificultades asequibles».[19] Se trata de un nivel de desafío cuya superación exige que dediquemos toda nuestra atención y no nos deja espacio para pensar en nada más. Muchos recordamos haber experimentado algunos de nuestros momentos más felices en este estado de flujo o de inmersión total en una tarea.[20] Como cuando estás totalmente enfrascado en una conversación con un amigo y de pronto descubres que han pasado dos horas sin darte cuenta. O cuando vas de viaje en coche y la línea discontinua se vuelve un patrón rítmico. O cuando estás completamente absorto en un libro de Harry Potter y te olvidas de que Hogwarts, en realidad, no existe. «El típico error de muggle.» Pero en ello también hay una trampa. Mihaly Csikszentmihalyi, el psicólogo que desarrolló esta investigación, descubrió que, mientras las personas están en ese estado de flujo, no manifiestan sentirse felices, en ese momento están tan absortas que únicamente con posterioridad pueden describirlo como una experiencia disfrutable. El mero hecho de intentar preguntarles sobre su estado de flujo las sacaba inmediatamente de él. «Bien hecho, psicólogos.»

Muchas personas buscan este estado de flujo en la práctica del deporte. Después de perder a su mujer, el humorista Patton Oswalt se dio cuenta de que cómics como el de *Batman* muestran una respuesta extraña al duelo. En la vida real «si Bruce Wayne viera con nueve años cómo asesinan a sus padres, no se convertiría en un héroe musculoso —afirma Oswalt—. ¿Y si alguien se muere y simplemente se ponen gordos y se muestran furiosos y confusos? Pues no, inmediatamente, al gimnasio».[21] En realidad, ir al gimnasio, o simplemente patear las aceras paseando, puede ser enormemente beneficioso. Los efectos del ejercicio físico sobre nuestra salud son bien conocidos.[22] Entre otras cosas, rebaja el riesgo de sufrir enfermedades coronarias, tensión alta, ictus, diabetes y artritis. Numerosos médicos y terapeutas señalan que el ejercicio físico es también una de las mejores maneras de aumentar nuestro bienestar psicológico.[23] En el caso de algunos adultos mayores de cincuenta años que padecen una depresión, hacer ejercicio puede llegar a ser tan eficaz como tomar antidepresivos.[24]

Alcanzar este estado de flujo quizá suene como un lujo, pero después de sufrir una tragedia puede convertirse en algo esencial. Hace cuatro años, en Siria, Wafaa (omito el apellido para proteger la seguridad de su familia) se hundió en la desesperación cuando detuvieron a su marido. Desde entonces nadie ha vuelto a verlo ni a saber de él. Pocos meses antes de que esto ocurriera, su hijo fue asesinado cuando jugaba al fútbol delante de su casa. Wafaa no podía soportar el dolor y pensó en suicidarse, pero estaba embarazada de su sexto hijo y eso la detuvo. Huyó a Estambul junto con su hermano y sus dos hijos menores. En Siria se quedaron sus otros tres hijos. Poco después recibió una llamada de su hija, que tenía un hijo a su vez. Este acababa de morir asesinado por un francotirador. En una semana hubiera cumplido dos años. Mucho más allá de lo inimaginable. Inconmensurable.

La experiencia de Wafaa es estremecedoramente común. Hoy hay un número mayor de refugiados del que ha existido en ninguna otra época desde la Segunda Guerra Mundial, más de sesenta y cinco millones de personas han visto sus vidas destrozadas por la violencia.[25] Si para mí la Opción B significa hacer frente a la muerte de mi pareja, para los refugiados la Opción B significa hacer frente a una pérdida detrás de otra: sus seres queridos, su casa, su país y todo aquello que les es familiar. Cuando leí la historia de Wafaa me impresionó su asombrosa resiliencia y me puse en contacto con ella para conocer más detalles. Me habló abiertamente de sus dificultades.

—Cuando mataron a mi hijo, creí que me iba a morir —nos explicó, por medio de un traductor—. Ser madre es lo que me salvó. Tengo que sonreír por el resto de mis hijos.

Al llegar a Turquía, Wafaa pasó la mayor parte de los días sola con sus hijos mientras su hermano intentaba encontrar trabajo. No conocía el idioma ni prácticamente a nadie y se sentía completamente sola. Entonces dio con un centro para personas sirias y conoció a otras mujeres que tenían que enfrentarse a las mismas dificultades. Poco a poco, Wafaa fue encontrando momentos de alegría.

—Rezar me alegra —nos dijo—. Mi relación con Dios es más fuerte. Le entiendo mejor y sé que él seguirá dándome fuerzas.

Además de en la oración, Wafaa encuentra el consuelo y el estado de flujo cuando cocina para su familia y sus amigos.

—Hay días en los que el tiempo transcurre muy despacio y pienso demasiado. Cocinar me da una tarea en la que concentrarme. En Siria, cocinar es como respirar. Me da oxígeno. No soy pintora, pero adoro crear. Los olores… la textura de la carne. No importa dónde esté, puedo intentar recrear mi casa. Cocinar me da consuelo y me obliga a concentrarme. Mientras cocino, a veces, me olvido de todo. Y entonces el tiempo pasa deprisa. Mi mente se serena.

Cuando una de sus vecinas de Estambul se puso enferma, Wafaa le hizo la comida cada día de la semana.

—Me llenaba de alegría pensar que podía ayudarla con la comida... ¡comida siria! Era mi manera de decirle: «Toma esto, es de mi tierra, no tengo otra cosa que dar».

Cuidar de sus hijos y de los de otras mujeres también es una fuente de alegría para Wafaa. Tal como nos dijo:

—Cuando mis hijos sonríen me lleno de felicidad. Siento que hay una razón por la que sigo aquí. Me curaré a través de su curación.

Independientemente de si consideras que la alegría es una cuestión de disciplina, un acto de desafío, un lujo o una necesidad, sí es algo que todo el mundo merece. La alegría nos permite seguir viviendo y amando y estando disponibles para los demás.

Aun sumidos en una gran aflicción, podemos encontrar la alegría en momentos que nos sobrevienen o que nosotros mismos creamos. Cocinar. Bailar. Hacer senderismo. Rezar. Conducir. Desafinar cantando canciones de Billy Joel. Todas estas cosas pueden apaciguar nuestro dolor. Y, al sumar todos estos momentos, nos damos cuenta de que nos dan más que felicidad, y también nos dan fuerza.

7

Educar a niños con capacidad de resiliencia

El autor de este cuadro de exquisito detalle que muestra a dos niños de Carolina del Sur es el galardonado pintor Timothy Chambers.[1] Tim es artista profesional desde hace más de treinta años, durante los cuales ha creado vívidos retratos y paisajes en óleos, carboncillos y pasteles. Tiene una sordera del 70 por ciento. También es oficialmente ciego.

Cuando Tim te mira a los ojos mientras posas para un retrato no ve tu boca. No observa la escena en su conjunto, sino que escanea a su modelo trocito a trocito, memoriza tantos detalles como le es posible y, después, rellena tirando de su memoria todo lo que sus ojos no alcanzan a ver. «Un buen cuadro es un montón de buenas decisiones», explica.

Los síntomas de la enfermedad genética que padece Tim, el síndrome de Usher, empiezan a manifestarse a una edad muy temprana. Con cinco años, ya llevaba audífonos de forma permanente. Para la época en que llegó al instituto, cuando paseaba de noche alguno de sus amigos tenía que ir indicándole «agáchate» para que no se diera con las ramas de los árboles. Al final, cuando cumplió los treinta, un oculista le derivó a un especialista que le diagnosticó la enfermedad. Le informó, además, de que no tenía cura. La recomendación del médico fue tajante: «Búscate otra profesión».

Después de recibir tan desmoralizador consejo, Tim tuvo que hacer frente a un miedo que a veces llegaba a paralizarle y a provocarle frecuentes pesadillas. Una vez, llevaba dos horas trabajando en un retrato al carboncillo cuando su hijo entró en el estudio y le preguntó: «¿Y todo ese morado?». Tim ya no percibía la diferencia entre el morado y el gris. Buscó otros modos de emplear sus conocimientos y se puso a dar clases de arte por internet. Recibió comentarios espectaculares y alumnos de medio mundo empezaron a levantarse a las dos de la mañana para aprender con él. Tim y su mujer, Kim, ampliaron estas clases y las convirtieron en una academia online. Un día Kim vio a Adam dar una charla sobre resiliencia y le pareció que estaba describiendo a su marido. Le escribió un correo electrónico en el que le decía que Tim era «la persona más perseverante que he tenido el privilegio de conocer».[2]

Adam se preguntó de dónde sacaría Tim su resiliencia. Este aseguraba que el origen eran sus padres. Su padre tenía un truco para cambiar la perspectiva sobre los hechos dolorosos. Un día Tim volvió apesadumbrado del colegio porque los niños le miraban y le preguntaban qué llevaba en el oído. Su padre le explicó un truco: la próxima vez que le pasara, podía llevarse el dedo al audífono, hacer un gesto de victoria y gritar: «¡Bien! Los Cubs van ganando dos a uno en la novena». Cuando Tim lo hizo, todos los otros niños envidiaron que estuviera escuchando un partido durante una clase aburrida. Un día, en la época del instituto, al final de una cita Tim se acercó a besar a la chica y el audífono empezó a pitar de manera ruidosa. Su padre le dijo que no se preocupara:

—Probablemente ella le esté contando ahora a su madre: «Había besado a otros chicos antes y había visto fuegos artificiales, pero nunca había oído sirenas».

Tim siguió el consejo de su padre y aprendió a responder con humor a aquello que le avergonzaba. Descubrió que el modo en que él mismo se tomaba su incapacidad influía en la forma en que reaccionaban los demás, lo que significaba que podía controlar la manera en que estos le percibían. La práctica de dar un nuevo significado a estos momentos se convirtió en algo automático. «Fue una suerte tener un padre que conseguía convertir todos esos momentos en los que te sientes imbécil en la máxima que dice: "Cuando buscas soluciones a aparentes escollos o callejones sin salida, te haces más fuerte".»

Cuando murió Dave, mi mayor preocupación fue que la felicidad de mis hijos quedara destruida para siempre. La madre de una amiga mía de la infancia, Mindy Levy, se suicidó cuando ella tenía trece años. Esa noche me quedé a dormir con Mindy en su habitación y la abracé mientras ella lloraba. Más de treinta años después, fue la primera amiga a la que llamé desde el hospital de México. Le grité histérica por teléfono: «Dime que mis hijos superarán esto. ¡Dime que estarán bien!».

Al principio Mindy no entendía qué había pasado. Cuando lo hizo, me dijo lo que creía de verdad: mis hijos lo superarían. En aquel momento nada hubiera podido consolarme, pero sabía que Mindy se había convertido en una persona adulta, cariñosa y feliz. Haber comprobado su propia recuperación me ayudó a confiar en que mi hija y mi hijo también se repondrían.

Después del vuelo de vuelta a casa (unas horas que apenas recuerdo) mi madre y mi hermana me recogieron en el aeropuerto con los ojos llenos de lágrimas y me abrazaron hasta que me metí en el coche. Ni en mis peores pesadillas había imaginado que tendría que mantener una conversación como la que estaba a punto de tener. ¿Cómo le dices a dos niños de siete y diez años que nunca volverán a ver a su padre?

En el viaje de regreso de México, Marne me había recordado que una buena amiga nuestra, Carole Geithner, era trabajadora social y estaba especializada en niños que tienen que enfrentarse a procesos de duelo. Llamé a Carol desde el coche durante el angustioso trayecto a casa. Me aconsejó que informara primero a mis hijos de que tenía que darles una noticia muy triste y que después les contara lo que había pasado de manera sencilla y directa. Me dijo que era importante que les transmitiera la seguridad de que muchas cosas de sus vidas seguirían siendo exactamente igual que antes: continuaban teniendo al resto de su familia, seguirían yendo al mismo colegio con sus amigos. Me recomendó que dejara que tomaran ellos la iniciativa y que me dedicara a contestar sus dudas, y que era muy posible que me preguntaran si yo también me iba a morir. Agradecí que me hubiera preparado para ello, pues fue una de las primeras preguntas que me hizo mi hija. Carol me aconsejó que no se me ocurriera prometerles falsamente que iba a vivir para siempre, sino que les explicara que no es habitual que una persona muera tan joven. En general, me insistió en que les dijera una y otra vez que los quería y que íbamos a salir de esta juntos.

Cuando entré en casa, mi hija me recibió como si no ocurriera nada fuera de lo corriente.

—Hola, mamá —dijo, y empezó a subir las escaleras hacia su habitación.

Me quedé helada. Mi hijo enseguida se dio cuenta de que algo iba mal.

—¿Por qué estás en casa? —me preguntó—. ¿Y dónde está papá?

Nos sentamos todos en el sofá con mis padres y mi hermana. Me latía tan fuerte el corazón que apenas podía oír mi propia voz. Mi padre me rodeó los hombros con su fuerte brazo, tratando de protegerme, como lo ha hecho siempre, y encontré el valor para hablar:

—Tengo que daros una noticia terrible. Terrible. Papá ha muerto.

Los gritos y los llantos que siguieron aún pueblan mis pesadillas, gritos primarios que eran un eco de los mismos gritos que albergaba mi corazón. Todavía hoy, cuando mi mente vuelve a aquel momento, empiezo a temblar y se me hace un nudo en la garganta. Pero, aun con todo lo terrorífico que fue, conseguimos pasar por ello. No le desearía a nadie que se viera obligado a aprender a distanciarse de este modo, pero, al fin y al cabo, es necesario.

Aunque sufrieron una pérdida irreparable, mis hijos pueden considerarse afortunados. Nada podrá devolverles a su padre, pero nuestras circunstancias han amortiguado el golpe. Muchos niños que padecen atroces dificultades no tienen esta suerte. Uno de cada seis niños vive en situación de pobreza en España, uno de cada tres en el caso de Argentina y uno de cada dos en México.[3] En Estados Unidos, esta situación afecta a un tercio de los niños negros,[4] a cerca de un tercio de los niños latinos y al 43 por ciento de los hijos de madres solteras.[5] Más de dos millones y medio de niños estadounidenses tienen a uno de sus progenitores en la cárcel.[6] Muchos niños sufren enfermedades graves, desatención, abusos o no tienen hogar. Estas situaciones en niveles extremos de privación o perjuicio pueden obstaculizar el desarrollo intelectual, social, emocional y académico de los niños.[7]

Estamos obligados a garantizar a todos los niños la seguridad, el apoyo, las oportunidades y la ayuda necesaria para encontrar salidas, especialmente a los que se hallan en las situaciones más trágicas. Es crucial intervenir de forma temprana e integral. En las «escuelas sensibles al trauma», como la escuela primaria de East Palo Alto, el personal tiene la formación necesaria que les capacita para reconocer los efectos dañinos del estrés en los niños. Cuando los niños hacen alguna travesura, en vez de culpabilizarlos, avergonzarlos o castigarlos, se les transmite que están a salvo para que, de este modo, puedan repetir ellos este modelo. Estas escuelas ofrecen también servicios de apoyo para niños en situaciones de crisis y formación para los padres.

Está demostrado que tener una buena educación preescolar mejora el desarrollo cognitivo de los niños, y ofrecerles apoyo incluso antes puede marcar una gran diferencia.[8] A lo largo y ancho de Estados Unidos, el Nurse-Family Partnership ha demostrado a partir de rigurosos experimentos lo valioso que es invertir en nuestros hijos.[9] Cuando a las familias desfavorecidas se les ofrece asesoría y acompañamiento desde el principio del embarazo hasta que los niños tienen dos años, se producen un 79 por ciento menos de casos de desatención o abuso infantil a lo largo de la década y media posterior.[10] Para cuando esos niños cumplen quince años, el porcentaje de detenciones por actos delictivos entre ellos es la mitad que entre sus compañeros, y sus madres reciben ayudas en metálico durante treinta meses menos. Programas como este contribuyen a construir resiliencia entre las familias. Aparte de ser lo correcto en términos morales, estas inversiones también tienen sentido en términos económicos: cada uno de los dólares que se invierte en estas visitas arroja unos 5,70 dólares en beneficios.[11]

Todos deseamos educar a niños con capacidad de resiliencia, de modo que puedan superar los obstáculos que se les presenten, grandes y pequeños. La resiliencia lleva a una mayor felicidad, un mayor éxito y una mejor salud.[12] Tal como yo aprendí de Adam, y tal como el padre de Tim sabía de forma instintiva, la resiliencia no es un rasgo dado de la personalidad, es un proyecto de vida.[13]

Construir o no capacidad de resiliencia depende de las oportunidades que tengan los niños y del tipo de relaciones que establezcan con sus padres, sus cuidadores, sus profesores y sus amigos. Podemos empezar por ayudar a los niños a que mantengan cuatro convicciones fundamentales: (1) que tienen un cierto control sobre sus vidas; (2) que pueden aprender de los fracasos; (3) que ellos mismos importan en tanto que seres humanos; y (4) que tienen verdaderos puntos fuertes en los que pueden confiar y que pueden compartir.

Estas cuatro convicciones causan un verdadero impacto en los niños. Un estudio hizo un seguimiento durante décadas de cientos de niños en situación de riesgo. Crecieron en entornos de pobreza severa, alcoholismo o enfermedades mentales y, para cuando llegaron a la adolescencia y la edad adulta, dos de cada tres de esos niños habían desarrollado problemas serios. Sin embargo, a pesar de estas dificultades extremas, un tercio de ellos se convirtieron en «adultos jóvenes competentes, seguros y cariñosos»,[14] sin rastro de problemas mentales ni fichas policiales. Todos aquellos niños resilientes tenían algo en común: una sólida sensación de control sobre sus propias vidas. Se veían a sí mismos como dueños de su futuro y consideraban los acontecimientos negativos no como amenazas, sino como desafíos e incluso como oportunidades. Lo mismo ocurre con los niños que no están en situación de riesgo: los más resilientes son conscientes de que tienen el poder de dar forma a su propia vida.[15] Las expectativas que les trasladan sus cuidadores son claras y consistentes, les dan una sensación de estructura y predictibilidad, y esto aumenta su sensación de control.

Kathy Andersen me demostró la potencia que puede llegar a tener la sensación de control. Conocí a Kathy por el proyecto que desarrolla en Miami destinado a rescatar a las víctimas adolescentes del tráfico y la explotación sexual. Kathy creó un programa llamado Change Your Shoes [«Cambia de zapatos»], que ayuda a las adolescentes a entender que los traumas del pasado no tienen por qué predeterminar su futuro.[16]

—Tienen la sensación de que sus opciones son limitadas —afirma Kathy—. Como yo, la mayoría de ellas han sufrido abusos, y ser víctima de abusos te hace creer que no tienes ningún control sobre tu propia vida. Mi objetivo es demostrarles que tienen el poder de salir de sus zapatos, de salir de todo lo que les impide avanzar. Pueden dar pequeños pasos cada día para mejorar sus vidas. Lo que intento es aportarles fuentes de inspiración para que se pongan los zapatos con los que quieren andar y para que sepan que aún les quedan opciones.

Quedé con Kathy en una reunión de grupo en un centro de acogida donde conocí a Johanacheka «Jay» Francois, una chica de quince años y madre de un bebé que sostenía en su regazo. Jay me habló del horror que supone sufrir abusos en casa y, después de escaparse, caer víctima de una red de tráfico sexual. Observé que Kathy respondía contándole su propia historia: había sufrido abusos por parte de su padre adoptivo, se había escapado de casa y había sobrevivido a un intento de suicidio. Kathy contó a las chicas que su vida dio un giro el día que se dio cuenta de que su única salida era estudiar.

Kathy les pidió que explicaran cuáles eran sus sueños. Una comentó que quería ser artista. Otra, que quería ser abogada para ayudar a otras chicas como ella. Una tercera quería tener una ONG para acoger a chicas necesitadas. Jay dijo que su sueño era ser una buena madre. Entonces Kathy pidió a las chicas que escribieran los objetivos que les permitirían alcanzar esos sueños. Todas escribieron lo mismo: tenían que terminar los estudios. Después, Kathy les pidió que contaran qué era lo que tendrían que hacer ese día, y el siguiente y el siguiente, para alcanzar ese objetivo.

—Sacar mejores notas —respondió una.

—Encontrar un instituto en el que me pueda matricular —añadió otra.

—Aplicarme en los estudios —dijo Jay.

Desde entonces, Jay ha desafiado todas las probabilidades en su contra y ha conseguido terminar el instituto y empezar la universidad.

—Ahora sé que mi futuro está en mis manos —afirma—. Todo esto lo hago para conseguir ser una buena madre para mi hija y poder darle un buen futuro.

La segunda de las convicciones que da forma a la resiliencia de los niños es la de que pueden aprender de los fracasos. La psicóloga Carol Dweck ha demostrado que los niños responden mejor a la adversidad cuando tienen una mentalidad de crecimiento en lugar de una mentalidad fija.[17] Una mentalidad fija significa que consideramos que las habilidades es algo que tenemos, o no, de nacimiento: «Soy un genio de las mates, pero no tengo el don de la actuación». Cuando los niños tienen mentalidad de crecimiento, consideran que estas habilidades son destrezas que pueden aprender y desarrollar. Pueden trabajar para mejorarlas. «Quizá no tenga un talento natural para actuar, pero si ensayo lo suficiente puedo destacar en el escenario.»

El hecho de que los niños desarrollen una mentalidad de crecimiento o una mentalidad fija depende en parte del tipo de elogios que reciban de sus padres y profesores.[18] El equipo de Dweck distribuyó al azar entre un grupo de estudiantes el tipo de comentarios elogiosos que debían recibir después de completar un test. Los niños a los que se les decía que eran muy inteligentes obtuvieron peores resultados en los test posteriores porque consideraron que la inteligencia era un atributo fijo. Cuando estos niños «inteligentes» veían que tenían que hacer un esfuerzo, simplemente llegaban a la conclusión de que carecían de las habilidades necesarias y, en lugar de intentar completar otro test más difícil, se daban por vencidos. Pero en los casos en que a los niños se les elogiaba por haber trabajado, se esforzaban más en los test difíciles y se empeñaban con mayor ahínco en terminarlos.

Dweck y sus colaboradores demostraron que es posible educar en una mentalidad de crecimiento con relativa rapidez y con efectos notables. El rendimiento académico de un grupo de estudiantes que estaba en riesgo de dejar los estudios mejoró después de que completaran un ejercicio online que insistía en que todas las habilidades se desarrollan.[19] El mismo ejercicio se planteó a una serie de universitarios de primer año durante el curso de orientación, con el resultado de que el riesgo de abandonar los estudios disminuyó un 46 por ciento entre los estudiantes negros, latinos y de primera generación.[20] Entonces empezaron a considerar que sus dificultades académicas no eran una cuestión personal e inalterable, y continuaron con sus estudios en el mismo porcentaje que los estudiantes de otras extracciones sociales. Programas como este, combinados con una educación de calidad y un seguimiento permanente, pueden tener en los estudiantes un impacto duradero.

Hoy en día, la importancia de ayudar a que estos niños desarrollen una mentalidad de crecimiento es algo que se reconoce ampliamente, pero se practica poco.[21] Entre el saber y el hacer hay un abismo: muchos padres entienden la idea, pero no siempre consiguen ponerla en práctica. A pesar de que me esfuerzo todo lo que puedo, yo misma soy, en ocasiones, una de esas madres. Cuando mi hija saca buenas notas en un examen, aún me descubro diciéndole «¡Bien hecho!» en lugar de decirle: «Me alegro mucho de que te hayas esforzado tanto». Julie Lythcott-Haims, la antigua decana de Stanford, en su libro *How to Raise an Adult* aconseja a los padres que enseñen a sus hijos que si crecemos como personas es precisamente gracias a las dificultades. Lo llama «normalizar el esfuerzo».[22] Cuando los padres tratan los fracasos de sus hijos como una oportunidad para aprender en vez de como una vergüenza que deben evitar, hacen que sea más probable que sus hijos se animen a asumir retos. Si un niño tiene dificultades con las matemáticas, Dweck recomienda que en lugar de decirle: «Igual las mates no son uno de tus puntos fuertes», le digamos: «Esa sensación que tienes de que las mates son difíciles es que tu cerebro está creciendo».[23]

La tercera de las convicciones que incide en la capacidad de resiliencia de los niños es la de que uno importa: saber que los demás te ven, se preocupan por ti y confían en ti.[24] Muchos progenitores transmiten estas sensaciones a sus hijos de forma natural. Les escuchan con atención, les demuestran que dan valor a sus ideas y les ayudan a establecer vínculos sólidos y seguros con los demás. En un estudio que incluía a más de doscientos adolescentes entre once y diecisiete años, muchos de los cuales tenían que hacer frente a severas adversidades, los que sentían que importaban a los demás demostraban menos probabilidades de desarrollar baja autoestima, depresión y pensamientos suicidas.[25]

Para los niños que pertenecen a grupos estigmatizados, esta sensación de que uno importa resulta, a menudo, un desafío. Los jóvenes LGBT se enfrentan a índices elevados de acoso y *bullying*, y muchos de ellos no cuentan con el apoyo de los adultos en su casa ni en la escuela. Entre los jóvenes gays, lesbianas y bisexuales se dan unos índices de intentos de suicidio cuatro veces superiores a los del resto de sus compañeros y un cuarto de los jóvenes transgénero afirman haber intentado suicidarse.[26] Gracias al Trevor Project, los jóvenes LGBT pueden acceder a ayuda gratuita, por teléfono o por mensaje, veinticuatro horas al día, siete días a la semana. Mat Herman, que fue voluntario del teléfono del Trevor Project, insistía en que saber que hay alguien que se preocupa por ti, aunque se trate de un extraño, puede ser todo un seguro de vida.

—Nos llamaban chavales de catorce años, asustados, que lo único que necesitaban era saber que había alguien al otro lado, que no estaban solos —me explicó—. Suena un poco tópico, pero es así.

Durante los cuatro años en los que Mat estuvo contestando al teléfono con su cálido saludo, a menudo escuchaba inmediatamente un clic, y la llamada acababa antes de que nadie del otro lado del teléfono llegara a decir ni una palabra. Igual que en el experimento en el que la gente sabía que podía detener un ruido escandaloso pulsando un botón, cuando estos jóvenes llamaban y colgaban era como si estuvieran comprobando si el teléfono funcionaba. Con el tiempo, muchos de ellos respondían a la voz amable y encontraban el valor necesario para iniciar una conversación.

—Había muchísima gente que repetía las llamadas, te conviertes en una especie de amigo para ellos —me dijo Mat.

En el caso de los niños, muchas veces tienen que ser los adultos quienes les demuestren que también son importantes. Tengo una amiga cuyo hijo ha padecido ansiedad y depresión desde una edad muy temprana. Un día, estando de campamento, construyó un robot. A la mañana siguiente descubrió que unos abusones se lo habían destrozado. Uno de los niños le dijo: «No vales nada». El mensaje estaba claro: su obra no le importaba a nadie, y él tampoco. En el colegio no quería jugar al béisbol ni interactuar con los otros niños porque creía que se reían de él.

—Se ponía la capucha y se sentaba atrás, aislándose en su mundo —me dijo su madre.

Todo comenzó a cambiar cuando una de sus antiguas profesoras empezó a dedicarle algo de tiempo cada semana. Poco a poco fue haciendo progresos, ella le ayudó a relacionarse con otros niños y a hacer amigos. Le sugirió algunos trucos: juntarse con los grupos que estuvieran jugando partidos de algo durante el recreo, mandarles un correo a sus compañeros de clase para invitarles a su casa o a ir al cine. La profesora también comprobaba los resultados y reforzaba cada uno de los pasos que daba, le entregaba el control a él, pero también le dejaba claro que le estaba cuidando, que a ella le importaba. Él importaba. Cuando entró un niño nuevo en el colegio la profesora les animó a que se relacionaran. Los niños se pusieron a jugar a las cartas, conectaron y nació la amistad.

—Es como si en nuestra casa hubiera salido el sol —me dijo su madre. Y añadió—: No hay una respuesta fácil. Me alegro de que diéramos con la combinación de cosas que funcionó, medicación incluida. Pero que una profesora se interesara por él y le buscara un amigo con el que crear un vínculo supuso un cambio enorme.

Sentirse importante para alguien fue el contrapeso tanto del *bullying* externo como de la ansiedad interna.

En Dinamarca, esta sensación de que uno importa es parte del currículum escolar. Durante una hora semanal llamada Klassen Time,[27] los alumnos hablan juntos de sus problemas y se ayudan entre ellos. Los niños daneses hacen esto todas las semanas desde que tienen seis años hasta que acaban el colegio. Para hacer más agradable la sesión, cada semana uno de los niños se encarga de llevar dulces. Cuando los chicos cuentan sus problemas se sienten escuchados, y cuando sus compañeros buscan una guía, sienten que pueden aportar algo. Los niños aprenden empatía escuchando lo que piensan los demás y reflexionando acerca del modo en que su comportamiento afecta a quienes les rodean.[28] Se les enseña a pensar: «¿Cómo se sienten los demás? ¿Y cómo les hacen sentir mis acciones?».

La cuarta de las convicciones que tienen los niños resilientes es que cuentan con determinadas fortalezas en las que pueden confiar y que pueden compartir con los demás. En algunas de las zonas más pobres de la India, un programa basado en la resiliencia llamado Girls First[29] ha conseguido mejorar la salud mental y física de las chicas adolescentes. En 2009, Girls First empezó implementando un proyecto piloto en el estado de Bihar, una zona donde el 95 por ciento de las mujeres abandonan la escuela antes de haber recibido doce años de educación y casi el 70 por ciento están embarazadas para cuando cumplen dieciocho años. El programa enseña a las chicas a identificar y practicar diferentes puntos fuertes del carácter:

desde el valor hasta la creatividad, desde el sentido de la justicia hasta la amabilidad, desde la humildad hasta la gratitud. Con asistir tan solo una hora a la semana durante seis meses, el nivel de resiliencia emocional de las chicas llegaba a dispararse. Durante una de las sesiones, una chica de unos trece años llamada Ritu descubrió que la valentía era uno de sus puntos fuertes. Poco después, intervino para evitar que un chico acosara a su amiga y cuando su padre quiso casar a su hermana de catorce años, Ritu le hizo frente y le convenció de que esperara.[30]

Steve Leventhal es el director del programa Girls First. Steve salió ileso de un grave accidente de tráfico cuando su mujer estaba esperando su primer hijo.

—Tuve una de esas experiencias cercanas a la muerte de las que habla la gente —nos dijo Steve—. Me di cuenta de que podía haber muerto incluso antes de que naciera mi hija y eso me cambió.

Cuando nació su hija, Steve se sintió tan agradecido que quiso ayudar a otros niños, así que tomó las riendas de CorStone, una ONG que estaba atravesando dificultades, y se dedicó a crear programas como Girls First. El primer año se marcó el objetivo de ayudar a cien niñas de la India; seis años después su programa ha ayudado a cincuenta mil.

—Nuestra labor consiste en encender una llama —reflexiona Steve—. Las chicas nos confiesan a menudo que nadie les había dicho nunca que ellas disponían de fortalezas.

Después de un acontecimiento traumático, ayudar a los niños a identificar sus puntos fuertes puede ser crucial. Kayvon Asemani, que es alumno de Adam en Wharton, tenía nueve años cuando su padre agredió violentamente a su madre y la dejó en coma. El hecho de que Kayvon haya logrado seguir adelante es algo extraordinario.

—Perdí a mi madre —dice—, pero nunca perdí su fe en mí.

Ella había demostrado a su hijo que él era importante. El padre de un amigo suyo reforzó esa convicción y ayudó a Kayvon a matricularse en el mismo colegio que antes había cambiado su propia vida. La misión de la Milton Hershey School es dar la mejor educación posible a los niños, independientemente de sus circunstancias económicas. En Hershey, Kayvon contó con muy buenos profesores y tuvo la oportunidad de cursar una educación superior: el colegio se haría cargo de la parte de la matrícula que no cubrieran las becas.

Los profesores ayudaron a Kayvon a descubrir y desarrollar sus puntos fuertes. Uno de ellos le animó a tocar el trombón. La música fue su salvación y le brindó esperanzas para creer que podía llevar un tipo de vida que hubiera hecho sentir orgullosa a su madre. En secundaria, Kayvon se convirtió en uno de los mejores trombonistas de su distrito escolar. Pero, al llegar al instituto, empezó a sufrir acoso. Era uno de los chicos más bajitos de su curso, un blanco fácil. Los mayores le pegaban, se metían con él en el pasillo y difundían falsos rumores sobre él. En el previo de un partido, se subió al escenario a rapear y lo abuchearon hasta que decidió bajarse.

El curso siguiente, cuando entró la nueva promoción de alumnos de primer año, Kayvon encontró la fuerza de ánimo suficiente como para defenderse a sí mismo y a otros alumnos. Se encargó de dar la bienvenida a los nuevos y ofreció su apoyo a los que fueran víctimas de acoso. También les enseñó sus canciones de rap. Para cuando llegó al último año del instituto, muchos de los chavales se sabían sus canciones de memoria. Fue elegido presidente de la junta de estudiantes y se graduó con las mejores calificaciones del instituto.

—La música me ha enseñado a reponerme de todos los reveses, más que cualquier otra cosa en el mundo —nos contó Kayvon—. Tanto de la tragedia que destrozó a mi familia como del acoso que sufrí en la escuela o de cosas tan tontas como un desamor del instituto. La música canalizó mi energía hacia algo positivo, la música transforma la oscuridad.

Al igual que para sus alumnos, la mentalidad de crecimiento también resulta beneficiosa para los profesores. Desde los años sesenta los investigadores han demostrado que cuando a los profesores se les dice que los estudiantes de grupos estigmatizados tienen potencial para crecer, empiezan a tratarlos de forma distinta.[31] Les ayudan a aprender de los fracasos. Les ponen unos retos difíciles, les prestan más atención y les alientan a que desarrollen sus fortalezas. Todo eso puede ser de ayuda para que los alumnos tengan fe en sí mismos y trabajen con más empeño, lo que termina reportándoles mejores resultados académicos.

Con el apoyo adecuado, estas convicciones pueden alimentar la acción y funcionar como profecías autocumplidas. Si crees que de los fracasos se aprende, estarás menos a la defensiva y más abierto.[32] Si crees que eres importante para el mundo, dedicarás más tiempo a ayudar a los demás, lo que a su vez te hará ser aún más importante.[33] Si crees que tienes puntos fuertes, empezarás a ver oportunidades para ponerlos en práctica. Si crees que eres un hechicero que puede viajar a través del continuo espacio-tiempo, igual se te ha ido la mano.

Cuando los niños se ven obligados a hacer frente a un acontecimiento traumático, esas convicciones que les ayudan a armarse de resiliencia se vuelven aún más cruciales. Más de 1.800.000 niños estadounidenses han perdido a alguno de sus progenitores.[34] En una encuesta de ámbito nacional, casi tres cuartas partes de ellos declararon que sus vidas habrían sido «mucho mejor» si dicho progenitor siguiera con vida.[35] Cuando se les preguntó si darían un año de su vida por pasar tan solo un día más con su padre o su madre fallecidos, más de la mitad dijeron que sí.

En mi casa conocemos bien esa sensación. Mis hijos estaban destrozados, yo también. Y además me destrozaba el corazón verlos destrozados. Pero incluso en aquellas horas oscuras en las que mis hijos descubrieron que su vida había cambiado para siempre, hubo algunos destellos luminosos.

Mi hijo dejó de llorar un rato para agradecerme que hubiera vuelto a casa a estar con él, y para dar también las gracias a mi hermana y a mis padres por que estuvieran allí. Alucinante. Esa misma noche, algo más tarde, cuando estaba acostando a mi hija, me dijo:

—No estoy triste tan solo por nosotros, mami. También estoy triste por la abuela Paula y el tío Rob, porque ellos también le han perdido.

Alucinante. Recordé que el día que murió la madre de Mindy, esta me pidió que me quedara a dormir e inmediatamente después se preocupó por la posibilidad de que el resto de nuestros amigos se sintieran excluidos. Hasta en el peor momento de su vida, mis hijos, igual que Mindy, tenían la capacidad de pensar en los demás. Eso me daba esperanza.

Pocos días después mis hijos y yo nos sentamos con un montón de rotuladores de colores y una hoja grande de papel. Llevábamos años colgando carteles y horarios encima de los cajones donde guardan sus mochilas. Carole me había explicado que, en el momento en que el mundo de los niños se vuelve del revés, es importante darles una sensación de estabilidad. Pensé que crear una serie de «reglas de la familia» nos sería útil para ese fin. Podríamos colgarlas en la pared para recordar los mecanismos que nos servirían para salir adelante. Nos pusimos a escribirlas juntos.

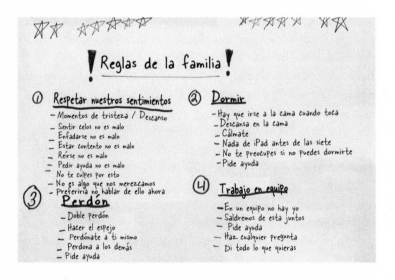

Quería que supieran que debían respetar sus sentimientos, no reprimirlos. Escribimos juntos que no pasa nada por estar triste y que podían interrumpir cualquier actividad que estuvieran realizando y tomarse un descanso para llorar. Que es normal estar enfadado o sentir celos de sus amigos y de sus primos que tienen a sus padres. Que debían tener muy claro que no es algo que nos merezcamos. Quería estar segura de que ningún momento en el que mis hijos pudieran darse un descanso de la tristeza quedaba ensombrecido por la sensación de culpa, así que acordamos que estaba bien ponerse contento y reírse.

La gente se sorprende a menudo de la capacidad de resiliencia que pueden llegar a tener los niños. Hay razones neurológicas que lo explican: los niños tienen más plasticidad neuronal que los adultos, lo que hace que sus cerebros se adapten con más facilidad al estrés.[36] Carol me enseñó que los niños tienen límites respecto al nivel de intensidad emocional que pueden procesar. Tienen «períodos emocionales» más cortos, su aflicción se manifiesta más en forma de explosiones que en períodos prolongados.[37] Además, en ocasiones expresan esta tristeza con cambios de comportamiento y a través del juego, más que con palabras. Tal como Carole me advirtió que podía suceder, mis hijos entraban y salían muy rápido de ciclos de tristeza, se echaban a llorar en un momento y al siguiente salían corriendo para irse a jugar.

Sabía que dormir lo suficiente sería un factor importante para ayudarnos a sobrellevar la situación. Cuando yo era pequeña, mis padres siempre insistían en la importancia del sueño, cosa que me parecía aburridísima. Cuando yo misma tuve hijos, entendí por qué tenían razón. Cuando estamos cansados nos sentimos más débiles física y mentalmente, es más probable que estemos irritables y nos falta, literalmente, la energía necesaria para sentir alegría.[38] En los momentos de adversidad, el sueño es aún más importante porque necesitamos reunir todas nuestras fuerzas, así que me ceñí cuanto pude a sus horarios de acostarse y levantarse. Les costaba quedarse dormidos y les enseñé, como en tiempos lo había hecho mi madre conmigo, a contar seis respiraciones profundas, inhalando y exhalando.

Dado que teníamos la sensibilidad totalmente a flor de piel, era consciente de que íbamos a cometer muchos errores, y por ello todo lo relacionado con el perdón se convirtió en un tema central. Mi hija y yo habíamos asistido el año anterior a un taller de liderazgo para niñas[39] y habíamos aprendido el concepto del «doble perdón rápido»: cuando dos personas se hacen daño mutuamente, si las dos os pedís perdón deprisa podéis perdonaros una a la otra y cada una a sí misma. Puesto que nos afligían una enorme tristeza y rabia, todos nos enfadábamos con mucha más facilidad, así que tiramos de esta estrategia muy a menudo. Cuando perdíamos el control de nuestros sentimientos, pedíamos perdón enseguida. Y después hacíamos «el espejo»: la primera persona explicaba qué es lo que le había molestado y la segunda lo repetía y se disculpaba. Lo que intentábamos mostrar así era que nos importaban los sentimientos de la otra persona. Una de las veces mi hija nos gritó: «¡Estoy enfadada porque los dos habéis pasado más años con papi que yo!». Mi hijo y yo reconocimos que era injusto que ella hubiera pasado menos años con él.

Intenté enseñar a mis hijos a tratarse bien a sí mismos. A no fustigarse por estar enfadados con el otro o por sentir celos de otros niños, o incluso de mí porque mi padre aún seguía vivo. Llegué a considerar que enseñarles a ser compasivos consigo mismos era una forma de que tuvieran una mentalidad de crecimiento. Si no están mortificándose por el dolor de las cosas pasadas, pueden abordar cada jornada como un día nuevo. Prometimos hacer todo esto, como todo lo demás, en equipo.

No siempre funcionó como yo esperaba. Mucho antes de que Dave muriera, yo ya había aprendido que ser madre es el trabajo que más humildad enseña del mundo, y ahora tenía que reaprenderlo de nuevo sola. Mis hijos estaban lidiando con sus sentimientos, y yo también, lo que hacía difíciles hasta las decisiones más básicas. Dave y yo siempre fuimos muy estrictos con la hora de acostarse, pero ¿cómo obligas a acostarse a su hora a un niño que está exhausto y en pleno llanto por la muerte de su padre? Cuando hasta la cuestión más nimia se convierte en toda una gesta, ¿exiges que los niños cumplan las mismas normas de comportamiento que antes, o decides pasar por alto sus explosiones porque tú misma estás sintiendo la misma rabia que ellos? Y si tienes demasiada manga ancha con estas cosas, ¿acabarán mostrando los niños ese mismo comportamiento con sus amigos, que no son lo bastante maduros para comprenderles ni perdonarles? Yo oscilé entre una opción y otra, y cometí un montón de errores, muchísimos.

De nuevo fui muy afortunada por tener a mis amigos y a mi familia. Pude pedir consejos a mi madre y a su amiga Merle e intenté seguir sus indicaciones. Di las cosas solo una vez. Mantén la calma. A veces, incluso cuando planeaba con mucho cuidado cómo manejar una situación, terminaba fracasando. Un día, mi hija estaba a punto de irse de excursión con Marne, Phil, Mark y Priscilla, y se negó a salir de casa. Mientras los demás esperaban fuera, intenté convencerla de que iba a pasárselo muy bien, pero no se movió ni un centímetro. Literalmente. Se sentó en el suelo y no conseguí que se moviera. Me sentí «superfrustrada», creo que este es el término clínico correcto. Cuando Phil entró a comprobar cómo iban nuestros progresos, nos encontró a las dos sentadas en el suelo, llorando. Apelando a su buen humor, engatusó a mi hija para que volviera a ponerse en pie y se fuera con el grupo. Priscilla me engatusó a mí para que hiciera lo mismo. Poco después, tras los dobles perdones, mi hija corría sonriendo por un sendero.

Las normas de la familia siguen colgadas sobre los cajones de las mochilas de mis hijos, pero hasta hace muy poco no me di cuenta de que lo de pedir ayuda aparece en las cuatro categorías. Y ahora entiendo que eso es algo que está en el centro de la construcción de resiliencia. Cuando los niños están cómodos pidiendo ayuda es porque saben que, a los demás, les importan. Saben que hay otras personas que se preocupan por ellos y que van a cuidarlos cuando sea necesario. Entienden que no están solos y que, pidiendo ayuda, pueden ganar cierto margen de control. Son conscientes de que el dolor no es permanente y de que las cosas pueden mejorar. Carole me ayudó a entender que, aun cuando me sentía impotente porque no podía paliar el dolor de mis hijos, o evitárselo, tan solo con caminar a su lado y escucharlos (lo que ella llamaba «compañerear») ya les estaba ayudando.

Intentando lidiar con mis propios sentimientos, no tenía claro qué margen de mi propia tristeza podía mostrar ante mis hijos. Los primeros meses todos llorábamos constantemente. Un día mi hijo me confesó que le ponía triste verme llorar, así que empecé a contener las lágrimas. Cuando sentía que el llanto me desbordaba, me iba corriendo a mi habitación y cerraba la puerta. Al principio pareció que servía para algo, pero a los pocos días mi hijo me preguntó, enfadado: «¿Por qué ya no echas de menos a papá?». Al protegerlo de mis lágrimas, había dejado de mostrar el modelo de comportamiento que quería que él siguiera. Me disculpé por haber ocultado mis lágrimas y empecé a dejar que las viera otra vez.

Desde el día en que Dave murió, he seguido hablando de él. No siempre es fácil hacerlo y he visto a personas adultas estremecerse, como si el recuerdo les resultara demasiado doloroso. Pero yo deseo con todas mis fuerzas mantener viva su memoria y, cuando hablo de él, sigue estando presente. Dado que nuestros hijos eran tan pequeños cuando murió, soy consciente (y esto me parte totalmente el corazón) de que, para ellos, el recuerdo de su padre se desvanecerá, así que me toca a mí asegurarme de que llegan a conocerle.

Una amiga que perdió a su padre cuando tenía seis años me contó que había pasado toda su vida adulta intentando descubrir quién había sido él en realidad. Así que pedí a decenas de los mejores amigos y parientes más cercanos de Dave que grabaran un vídeo contando sus recuerdos sobre mi marido. Mi hija y mi hijo no volverán a tener nunca una conversación con su padre, pero un día, cuando estén preparados, podrán descubrir cosas sobre él de la mano de quienes le quisieron. También grabé en vídeo a mis hijos hablando de sus recuerdos, de modo que cuando crezcan sabrán qué parte de todos esos recuerdos son auténticamente suyos. En la pasada fiesta de Acción de Gracias vi a mi hija muy desanimada y cuando conseguí que se sincerara y me contara la causa me dijo: «Me estoy olvidando de papá porque hace mucho tiempo que no le veo». Le enseñé un vídeo en el que ella hablaba de su padre y se tranquilizó.

Cuando los niños crecen conociendo bien su historia familiar (de dónde son sus abuelos, cómo fue la infancia de sus padres) tienen un sentido de arraigo más sólido y mejores recursos para superar las cosas.[40] Hablar abiertamente de los recuerdos positivos, y también de los difíciles, contribuye a desarrollar resiliencia. Compartir relatos sobre cómo la familia ha permanecido unida en los buenos y en los malos momentos tiene efectos especialmente potentes y hace que los niños se sientan conectados a algo que es más grande que ellos mismos. Del mismo modo que llevar un diario puede ayudar a los adultos a procesar las adversidades, estas conversaciones ayudan a los niños a entender su pasado y a aceptar los retos que tienen por delante. Dar a cada miembro de la familia la oportunidad de contar su historia aumenta su autoestima, sobre todo en el caso de las chicas.[41] Y asegurarse de integrar las distintas perspectivas en un relato coherente les dota de un sentido del control, en particular en el caso de los chicos.

Una amiga que había perdido a su madre de niña me contó que con el tiempo esta había dejado de parecerle real. A los demás, o bien les imponía respeto mencionar a su madre o bien hablaban de ella en términos idealizados. Yo intento aferrarme a Dave tal como era: cariñoso, generoso, brillante, divertido y también bastante torpe. Derramaba cosas todo el rato y siempre se sorprendía mucho cada vez que le ocurría. Ahora, cuando en pleno torbellino de emociones mi hijo permanece calmado, le digo: «Eres igual que tu padre». Cuando mi hija sale a defender a un compañero del colegio con quien se están metiendo, le digo: «Igual que tu padre». Y cuando alguno de los dos derrama un vaso, les digo lo mismo.

A menudo, a los padres les preocupa que estas conversaciones entristezcan a los niños, pero los experimentos que se han hecho con el tema de la nostalgia indican lo contrario. «Nostalgia» viene de las palabras griegas *nostos* y *algos*, que significan «regreso» y «dolor». La nostalgia es, literalmente, el sufrimiento que sentimos cuando anhelamos que el pasado regrese, pero los psicólogos han descubierto que, en su mayor parte, se trata de una sensación placentera.[42] Después de rememorar un acontecimiento, las personas tienden a sentirse más felices y más conectadas con los demás. A menudo le encuentran más sentido a la vida y se sienten inspiradas para construir un futuro mejor. En vez de ignorar los hitos dolorosos del pasado, lo que intentamos es enmarcarlos en el presente. Mi amiga Devon Spurgeon perdió a su padre muy joven y me dio una idea genial para el que hubiera sido el cuarenta y ocho cumpleaños de Dave: mis hijos y yo le escribimos cartas y las enviamos hacia el cielo en globos.

He descubierto que cuando la gente cuenta historias sobre Dave, a menudo mi hijo y mi hija se sienten reconfortados. Mi cuñado Marc les dijo que Dave tenía una «energía alegre» y que la prodigaba con generosidad: «Es imposible imaginarse a vuestro padre divirtiéndose sin que otro montón de gente participara de su alegría». Phil les dice a menudo que Dave nunca fanfarroneaba ni exageraba, sino que hablaba a los demás con consideración y cuidado. Todos desearíamos que tuvieran a Dave para enseñarles con su ejemplo cómo ser humildes y felices, pero, en su defecto, intentamos sacar el mejor partido a la Opción B.

Adam me habló de un programa de la universidad estatal de Arizona que ayuda a los niños a recuperarse después de haber perdido a uno de sus progenitores.[43] Uno de los pasos clave es crear una nueva identidad familiar para que los niños sientan que las personas restantes también forman una unidad completa. Cuando vuelvo a mirar las fotos en las que estamos los tres, incluso las que nos hicieron en aquellas primeras semanas y meses, me sorprende comprobar que sí tuvimos algunos momentos de felicidad, como cuando mis hijos jugaban a pillar con sus amigos. Las fotos son importantes porque la felicidad no solo se experimenta, también se recuerda.[44] Y perder a Dave me hizo descubrir lo valioso que es el vídeo: cuando veo fotos de él, me entran deseos de verlo moverse y oírle hablar. Ahora grabo vídeos siempre que puedo.[45] Antes mis hijos se escondían en cuanto me veían ponerme a grabar, pero desde que empezaron a ver los vídeos para recordar a su padre, sonríen y le hablan a la cámara.

El programa de Arizona recomienda también reservar tiempo para que los miembros de la nueva unidad familiar se diviertan juntos. Esto ofrece un descanso de la aflicción a los niños y les hace sentir que de nuevo son parte de una familia completa. No puede tratarse de actividades pasivas, como ver la televisión, tiene que ser algo activo, como jugar a juegos de mesa o cocinar juntos. Nosotros lo llamábamos DFA, es decir, Diversión Familiar Alucinante. Mi hijo dejó a mi hija elegir nuestra primera actividad y la DFA se convirtió en una tradición familiar que mantuvimos durante más de un año. También inventamos un ritual familiar en el que nos cogemos de los brazos y gritamos: «¡Somos fuertes!».

Los tres nos estamos adaptando al hecho de ser solo los tres. Aún se suceden un montón de dobles perdones rápidos a medida que seguimos lidiando con la situación y aprendiendo, equivocándonos y creciendo. Individualmente, nos sentimos más débiles unos días que otros, pero como familia, juntos somos más fuertes.

Una tarde, casi un año después de la muerte de Dave, asistí a un concierto de música de mi hijo en el colegio. Por mucho que intentara no sentir celos de los demás, ver a todos los padres observando a sus hijos fue un cruel recordatorio de lo que mis hijos y yo perdimos… y de lo que Dave perdió. En cuanto llegué a casa, eché a correr escaleras arriba llorando. Desgraciadamente, mi jornada laboral aún no había terminado, tenía que hacer de anfitriona en la cena anual de los mayores clientes internacionales de Facebook. Fue llegando la gente y yo aún no podía mantener el tipo. Mi hijo estaba conmigo y le dije que tenía que dejar de llorar y bajar las escaleras. Me tomó la mano y señaló: «Baja y ya está. No pasará nada por que estés llorando. Todo el mundo sabe lo que nos ha pasado». Y después añadió: «Mamá, probablemente ellos también tienen cosas por las que lloran, sé tú misma y ya está».

Mi hijo me estaba enseñando lo que yo había intentado enseñarle.

8

Fortalecernos juntos

> Estamos atrapados en una ineludible red mutua,
> vestidos con la misma prenda del destino. Y todo
> lo que afecta a uno, nos afecta a todos indirecta-
> mente.[1]
>
> MARTIN LUTHER KING JR.

En 1972, un avión que iba de Uruguay a Chile se estrelló en los Andes, se partió por la mitad y se deslizó a toda velocidad montaña abajo por una ladera nevada. Para los treinta y tres supervivientes, ese momento fue solo el inicio de una prueba durísima y extraordinaria. Durante los setenta y dos días siguientes el grupo tuvo que hacer frente a la conmoción, al peligro de congelación, a las avalanchas y al hambre. Solo dieciséis de ellos salieron de allí. Vivos.[2]

Gracias al libro y a la famosa película *¡Viven!*, muchos conocemos las medidas extremas que tuvo que tomar el grupo para sobrevivir. Un nuevo análisis de los hechos realizado por Spencer Harrison, investigador, montañero y amigo de Adam, ha explicado no solo cómo sobrevivieron aquellos hombres, sino también por qué. Spencer localizó a cuatro de los supervivientes, leyó minuciosamente sus diarios e incluso visitó el lugar del accidente con uno de ellos. Las historias de todos los supervivientes tenían un punto en común: entre las claves de su resiliencia estaba la esperanza.

Había cuarenta y cinco pasajeros y la mayor parte eran jugadores de rugby, adolescentes o veinteañeros, que se dirigían a jugar un partido de exhibición. La radio del avión quedó dañada y no podían enviar mensajes, pero sí recibirlos. Su primer plan fue refugiarse en el avión y esperar a que los rescataran. «Todos creíamos que nuestra única oportunidad de sobrevivir era ser rescatados —escribió Nando Parrado— y nos aferramos a esta esperanza casi con celo religioso.» Nueve días después se les habían agotado las provisiones. El grupo se vio obligado a recurrir a la única fuente de alimento que les quedaba: la carne de los cuerpos congelados de sus compañeros muertos. A la mañana siguiente, un grupo de pasajeros escucharon por la radio que la búsqueda se había dado por terminada. «No debemos decírselo —dijo el capitán del equipo—. Dejemos al menos que mantengan la esperanza.» Otro de los pasajeros, Gustavo Nicholich, no estuvo de acuerdo. «¡Buenas noticias! —gritó—. Vamos a salir de aquí por nuestro propio pie.»

Normalmente vemos la esperanza como algo que los individuos albergan en su cabeza y en su corazón. Pero las personas también pueden construir juntas esa esperanza. Cuando desarrollan una identidad compartida, los individuos pueden formar un grupo que tenga un pasado y un futuro mejor.

«Algunos dicen: "Si hay vida, hay esperanza" —cuenta el superviviente Roberto Canessa—. Pero para nosotros era lo contrario: "Si hay esperanza, hay vida".» Durante aquellos largos, helados y famélicos días, los supervivientes del accidente rezaron juntos. Hicieron planes de los proyectos que emprenderían cuando regresaran a la civilización: uno de los pasajeros habló de abrir un restaurante, otro soñaba con tener una granja. Cada noche, dos de los supervivientes miraban la luna y pensaban que quizá sus padres estuvieran mirando la misma luna en ese momento. Otro tomó fotografías para registrar sus tribulaciones. Muchos escribieron cartas a sus familias en las que declaraban su determinación de vivir. «Para mantener la fe en todo momento, a pesar de los reveses, tuvimos que convertirnos en alquimistas —contó otro superviviente, Javier Methol—. Tuvimos que transformar la tragedia en un milagro, la depresión en esperanza.»

Sin duda, la esperanza no es suficiente por sí sola. Muchos de los pasajeros mantuvieron la esperanza y aun así perdieron la vida.

Pero la esperanza evita que la gente se entregue a la desesperación. Los investigadores han descubierto que la esperanza brota y persiste cuando «comunidades de personas generan nuevas imágenes de posibilidad».[3] Creer en esas nuevas posibilidades hace que las personas combatan la idea de permanencia y les impulsa a buscar nuevas opciones, a encontrar la voluntad y los modos para seguir adelante.[4] A esto los psicólogos lo llaman «esperanza fundamentada»,[5] se trata de creer que, si puedes actuar, puedes mejorar las cosas. «Nunca dejé de rezar para que llegaran nuestros rescatadores, o una intercesión divina —explicaba Parrado—. Pero al mismo tiempo, la voz de sangre fría que me había hecho tragarme las lágrimas no dejaba de susurrarme: "No van a encontrarnos. Vamos a morir aquí. Tenemos que trazar un plan. Debemos salvarnos nosotros mismos".»

Parrado y Canessa salieron de expedición, a pie, junto a un tercer superviviente y casi mueren de congelación, pero encontraron la cola del avión, que contenía materiales de aislamiento con los que fabricaron un saco de dormir. Casi dos meses después del accidente, este saco de dormir improvisado les permitió iniciar una segunda expedición. Recorrieron casi cincuenta y cinco kilómetros a pie por un terreno peligroso e inestable y escalaron un pico de más de cuatro mil metros. Diez días después se encontraron con un hombre que iba a caballo. Los otros catorce supervivientes fueron rescatados en helicóptero.

La comunidad que formaron los supervivientes de ¡Viven! se ha mantenido unida durante décadas. Se reúnen cada año en el aniversario de su rescate para jugar al rugby. Colaboraron juntos en un libro que cuenta su experiencia, *La sociedad de la nieve*, y en el año 2010, cuando treinta y tres mineros quedaron atrapados bajo tierra en Chile,[6] cuatro de los supervivientes de los Andes volaron desde Uruguay para hablar a los mineros a través de vídeo. «Hemos venido a darles un poco de fe y esperanza —dijo entonces Gustavo Servino—. A decirles que estamos a su disposición si nos necesitan. Y sobre todo a dar apoyo a las familias que los esperan fuera.» Sesenta y nueve días después, sacaron a la superficie en una cápsula al primero de los mineros entre los vítores de cientos de personas. La operación llevó todo un día, pero los treinta y tres mineros fueron rescatados y se reunieron con sus seres queridos. La ciudad de tiendas de campaña donde se reunió todo el mundo en torno a la mina se llamó Campamento Esperanza.

La resiliencia no se construye solo en el interior de los individuos, sino también entre los individuos: en nuestros barrios, escuelas, ciudades y gobiernos. Cuando construimos juntos la resiliencia, también nos fortalecemos a nosotros mismos y formamos comunidades que pueden superar los obstáculos y estar prevenidas ante la adversidad. La resiliencia colectiva requiere algo más que una esperanza compartida, también se alimenta de experiencias compartidas, relatos compartidos y poder compartido.

Para mis hijos y para mí, conocer a otras personas que también han perdido a un progenitor o a su pareja ha sido fuente de un muy necesario consuelo. En la mayoría de las religiones y de las culturas, las tradiciones en torno al duelo son comunales, nos reunimos para enterrar y recordar a los que hemos perdido. Al principio nuestra casa estaba llena de amigos y familiares que se aseguraron de que estuviéramos acompañados las veinticuatro horas del día. Pero, con el tiempo, nuestros seres queridos tuvieron que retomar su rutina y nosotros debimos encontrar una nueva, y la soledad nos golpeó con dureza.

Una noche, en mi segunda semana de viudedad, había acostado a mis hijos y estaba sentada sola en la cocina cuando me proyecté en una imagen del futuro en la que no había pensado antes: era una versión de mí misma con muchos más años, sentada en esa misma mesa frente a un tablero de Scrabble. Pero en vez de que Dave estuviera sentado frente a mí, estaba mirando una silla vacía. Esa misma semana, mis hijos y yo fuimos a Kara, un centro de asistencia al duelo, de nuestra localidad. Conocer a otras personas que habían avanzado mucho más en este mismo viaje nos ayudó a superar la permanencia al demostrarnos que no íbamos a quedarnos atascados en el vacío de una aguda pesadumbre para siempre. «Cuando sufrimos una pérdida o nos enfrentamos a dificultades del tipo que sea, la mayoría de la gente desarrolla un profundo deseo de establecer conexiones humanas —nos explicó el director ejecutivo de Kara, Jim Santuci, que también ha perdido a un hijo—. Los grupos de apoyo te conectan con otras personas que entienden de verdad por lo que estás pasando. Son conexiones humanas profundas. No se trata solo de un "Oh, me da pena lo que te pasa", es necesario también un "De verdad lo entiendo".»

Mis hijos fueron también a Experience Camps,[7] un programa gratuito de una semana de duración destinado a niños que han perdido a uno de sus progenitores, a hermanos o a su tutor principal. Dos de los valores centrales del programa son construir comunidad e infundir esperanza. En uno de los ejercicios, los niños tenían que dirigirse a distintas estaciones y enfrentarse a algún sentimiento vinculado al duelo. En la estación de la ira, los niños garabateaban con tiza en el suelo las cosas que les ponían furiosos. Uno escribió «el *bullying*», otros, «el cáncer» o «las drogas». Luego, después de contar tres, tiraban al suelo un montón de globos de agua para emborronar las palabras y liberar su rabia. En otra estación, uno de los niños tenía que sostener un ladrillo que representaba la culpa. Cuando el ladrillo se hacía demasiado pesado para sostenerlo, otro de los niños compartía la carga. Estos ejercicios ayudaron a mis hijos a ver que sus sentimientos eran normales y que había otros niños que también los sentían.

Para unirnos a una comunidad después de una tragedia, a menudo tenemos que aceptar una identidad nueva, y a menudo indeseada. El escritor Allen Rucker nos contó su experiencia tras quedarse paralítico: «Al principio no quería juntarme con gente que fuera en silla de ruedas. No quería pertenecer a ese club. Me veía como un bicho raro; no quería unirme a la hermandad de los bichos raros». Esta sensación no cambió de un día para otro. «Me llevó cuatro o cinco años. Casi tengo la sensación de que cada una de las células de mi cerebro tuvo que hacer esa conexión, de una en una, aprendiendo muy despacito a aceptar esto.» A medida que iba haciendo ese ajuste personal, fue intimando con otra gente que comprendía la situación. El premio extra, según nos contó, «es que son algunas de las personas más divertidas que he conocido porque su humor es todo lo negro que puede ser».

Lo que contaba Allen me conmovió profundamente. Me llevó muchísimo tiempo ser capaz de pronunciar la palabra «viuda» y hoy aún me estremece. En cualquier caso, soy una viuda, y aceptar esta identidad me permitió hacer nuevos amigos. Todas las nuevas amistades que he hecho durante los dos últimos años han pasado por alguna tragedia. (La primera vez que escribí esa frase decía «La mayor parte de las nuevas amistades», pero después me di cuenta de que se trata, literalmente, de todas ellas.) Pertenecer al club al que nadie quiere pertenecer es algo que une muchísimo. Como ninguno queremos formar parte de él, nos aferramos los unos a los otros.

Cuando Steven Czifra llegó a la Universidad de California en Berkeley se sentía como un *outsider*, y no solo porque, a los treinta y ocho, casi le doblaba la edad a cualquiera de los alumnos primerizos. De niño, Steven había sufrido abusos físicos y había empezado a fumar crack a los diez años. Diversos robos en domicilios y de coches le habían reportado algunas temporadas en distintos reformatorios y, luego, en la cárcel. Tras una pelea con otro interno, escupió a uno de los guardias, por lo que Steven fue condenado a permanecer en una celda de aislamiento durante cuatro años. Después de aquello testificó ante la Asamblea Legislativa del Estado de California manifestando que el aislamiento es una «cámara de tortura».[8]

Cuando salió de la cárcel, Steven entró en un programa de doce pasos, se sacó el certificado de educación básica y conoció a Sylvia, su pareja. Descubrió el amor por la literatura inglesa y después de varios años en un centro de formación superior, fue admitido en Berkeley. Se había ganado ese lugar, pero una vez llegó al campus se sentía diferente y desconectado. «Iba a las clases de lengua inglesa, pero no llegaba a reconocerme en ninguno de los rostros de los que había allí», me contó. Un día, en el centro para estudiantes que hacen traslado de expediente, otro estudiante que estaba en la treintena llamado Danny Murillo paró a Steven. Según él, reconoció su «porte» enseguida. En un minuto ambos descubrieron que habían cumplido condena en una celda de aislamiento en la prisión estatal de Pelican Bay. «Lo que pasó entonces —dice Steven— es que me vi como un alumno más de Cal, con todos los privilegios y con todo el derecho a estar allí.»

Steven y Danny se hicieron buenos amigos y unieron sus fuerzas para denunciar la crueldad que entrañan las condenas a celdas de aislamiento. También contribuyeron a fundar la Underground Scholars Initiative,[9] un grupo de apoyo a los alumnos de Berkeley que habían cumplido penas de prisión. Tras haber experimentado la más profunda desolación, querían unirse como comunidad.

—Como colectivo de estudiantes, queríamos ayudarnos unos a otros a ponernos en la mejor posición posible para tener éxito —nos dijo Danny—. Muchas veces, la gente que ha estado en la cárcel no quiere pedir ayuda. Nosotros intentamos que comprendan que pedir ayuda, reconocer cuándo no tienes las herramientas para hacer algo, es, de hecho, un signo de fortaleza. Tener el deseo de mejorar no es signo de debilidad.

La Posse Foundation[10] es otra organización que está basada en la idea de que, para combatir la sensación de aislamiento, es importante que los estudiantes de extracciones similares se unan. El nombre de Posse proviene de las declaraciones de un antiguo alumno, que tenía mucho talento, pero estaba solo, y que observó: «Si hubiera tenido conmigo a mi *posse* [«pandilla»] nunca hubiera dejado los estudios». Posse se dedica a reclutar a alumnos de instituto sin recursos que han demostrado tener un extraordinario potencial académico y de liderazgo. Les da una beca y los envía, en grupos de diez, a la misma universidad. Desde 1989, Posse ha ayudado a acceder a la universidad a cerca de siete mil estudiantes, con un porcentaje de graduación del 90 por ciento. Si nos tomamos en serio la tarea de crear escaleras de oportunidad social para todos, veremos que es necesario ofrecer más apoyo, público y privado, a iniciativas intensivas y de larga duración como la de Posse.

Además de la esperanza y las experiencias comunes, también los relatos compartidos pueden servirnos para construir resiliencia colectiva.[11] Quizá esta idea de los relatos suene superficial (al fin y al cabo, ¿qué importancia puede tener una historia?), pero los relatos son precisamente el medio por el cual nos explicamos nuestro pasado y fijamos las expectativas de nuestro futuro. Del mismo modo que las historias familiares favorecen que los niños desarrollen un sentido de pertenencia, los relatos colectivos construyen la identidad de las comunidades. Y los relatos que fomentan valores como la igualdad son cruciales para trabajar por la justicia.

Con frecuencia, los relatos compartidos se crean a partir de la reescritura de los viejos relatos con el objetivo de combatir estereotipos injustos. En Estados Unidos, y en todo el mundo, a menudo se da por hecho que a las niñas se les dan peor las matemáticas que a los niños. Un experimento entre un grupo de alumnos universitarios arrojó el siguiente resultado: cuando antes de hacer un examen se recuerda a los alumnos el género al que pertenecen, los resultados de las chicas son un 43 por ciento inferiores a los de los chicos.[12] En el momento en que a ese mismo examen se le llamó «examen de resolución de problemas» en lugar de «examen de matemáticas», la diferencia de género en los resultados desapareció. En otro experimento, los alumnos negros sacaron peores notas que los blancos cuando se les dijo que el examen evaluaría sus habilidades verbales, pero cuando dejó de mencionarse esta cuestión, la diferencia racial en los resultados desapareció.[13]

Los psicólogos llaman a este fenómeno «amenaza del estereotipo»:[14] el miedo a quedar reducido a un estereotipo negativo. Cuando la ansiedad obstaculiza nuestro pensamiento y provoca que terminemos plegándonos a dicho estereotipo, tal temor se convierte en una profecía autocumplida. Este efecto viene a sabotear los esfuerzos de personas de muchísimas razas, religiones, géneros, orientaciones sexuales y extracciones sociales. Ahí es donde la Posse Foundation interviene para reescribir el relato. Cuando los estudiantes becados por Posse llegan juntos a la universidad, proyectan en el campus una imagen diferente. En palabras de uno de los exalumnos de Posse: «Lo que se rumorea por la escuela es que los tíos de Posse son muy listos y muy guays».[15] En lugar de verse amenazados por estereotipos negativos, se ven impulsados por los positivos.

Yo aprendí a apreciar el valor de las comunidades que se unen para transformar los relatos años antes de escribir mi libro *Vayamos adelante*. Cuando empecé a hablar con distintas mujeres sobre la forma de alcanzar sus metas, una de las reacciones más comunes que me encontraba era: «Si yo quiero lanzarme hacia delante... pero ¿cómo?». Las mujeres suelen contar con menos frecuencia que los hombres con los mecenas y padrinos que son clave para el éxito en el entorno laboral. A pesar de ello, construir apoyo entre iguales puede tener un impacto enorme.[16] Junto con otras tres mujeres que tenían un enorme interés en el padrinazgo entre iguales (Rachel Thomas, Gina Bianchini y Debi Hemmeter) lanzamos los Lean In Circles, grupos pequeños de mujeres que se reúnen regularmente para apoyarse y darse ánimo entre ellas. Hoy existen treinta y dos mil de estos círculos en ciento cincuenta países. Más de la mitad de sus miembros afirman que el círculo le ha ayudado en épocas difíciles y otros dos tercios aseguran que, después de haberse unido a un círculo, se sienten más capaces de aceptar nuevos desafíos. Hoy me doy cuenta de que, en parte, la razón por la que los círculos ayudan a las mujeres a perseguir sus metas individuales es que sirven para construir resiliencia colectiva.

El círculo de latinas *millennials* de East Palo Alto pone en contacto a chicas adolescentes y mujeres mayores con el objetivo común de ayudar a las jóvenes, muchas de ellas madres adolescentes, a entrar en la universidad y graduarse. La fundadora del círculo es Guadalupe Valencia, que se vio obligada a trasladarse de colegio cuando se quedó embarazada a los dieciséis años. Muchas de las otras mujeres adultas del grupo cuentan también con historias personales o familiares de embarazos adolescentes y, tras haber comprobado sus efectos, están decididas a escribir una nueva historia para la nueva generación.

—Todas sabemos lo que es vivir en un hogar en el que «universidad» es una palabra que ni siquiera se pronuncia —me dijo Guadalupe—. Pero en el círculo de latinas *millennials* lo tenemos claro: la universidad no es una opción, es imprescindible.

Guadalupe se ha convertido en un modelo para las demás mujeres de su círculo: no solo tiene un trabajo a tiempo completo, sino que ha seguido su propio mantra y ha vuelto a estudiar para graduarse.

Frecuentemente, las personas que se dedican a luchar contra las injusticias son o han sido víctimas de ellas. Están obligadas a encontrar la esperanza y la fuerza necesarias para superar las adversidades a las que se enfrentan y con el fin de lograr mejoras para el futuro. Desde el final del *apartheid* hasta el desarrollo de las vacunas, algunos de los mayores logros de la humanidad han surgido de tragedias personales. Al ayudar a las personas a lidiar con circunstancias difíciles y a emprender acciones para transformar dichas circunstancias, la resiliencia colectiva puede contribuir a impulsar un cambio social real.[17]

Algunas de estas penurias son resultado de discriminaciones que se han mantenido durante siglos, una acumulación constante de injusticias que podría hundir hasta al más resiliente. Otras, en cambio, nos asaltan de improviso. Cuando de pronto nos golpea la violencia, esta puede hacer que nuestra fe en la humanidad se tambalee hasta sus cimientos. En esos momentos es difícil aferrarse a la esperanza. Por el contrario, nos desbordan, comprensiblemente, la rabia, la frustración y el miedo. Por ese motivo me sentí reafirmada al leer un post de Facebook que escribió el periodista Antoine Leiris, cuya mujer murió en un atentado terrorista en París en 2015. Solo dos días después, Leiris escribió: «La noche del viernes le arrebatasteis la vida a un ser excepcional, el amor de mi vida, la madre de mi hijo, pero no tendréis mi odio. ... No os daré la satisfacción de odiaros».[18] Y prometió derrotar al odio, impidiendo que tocara a su hijo de diecisiete meses: «Jugaremos como lo hemos hecho todos los días, y durante toda su vida este pequeño os desafiará siendo libre y feliz. Porque tampoco tendréis su odio».

Cuando empecé a leer el post de Antoine me invadió una enorme tristeza. Pero al terminarlo sentía un cosquilleo en el pecho y se me había hecho un nudo en la garganta. Adam me contó que eso tenía un nombre (los psicólogos tienen términos para todo): «elevación moral». Este concepto describe el hecho de sentirse animado y confortado ante un acto de bondad poco habitual.[19] La elevación hace que aflore en nosotros eso que Abraham Lincoln llamó «los mejores ángeles de nuestra naturaleza».[20] Aun ante las mayores atrocidades, ese sentimiento de elevación nos hace pensar en lo que nos iguala en vez de en lo que nos diferencia.[21] Vemos en los demás el potencial para hacer el bien y albergamos la esperanza de que podremos sobrevivir y reconstruirnos. El sentimiento nos inspira para expresar compasión y combatir las injusticias. Como dijo Martin Luther King Jr.: «No dejes que ningún hombre te rebaje lo suficiente como para odiarlo».[22]

El mes siguiente a la muerte de Dave, un supremacista blanco asesinó a un pastor y a ocho de sus feligreses durante la sesión de estudio de la Biblia que mantenían los miércoles en la iglesia metodista episcopal africana Emanuel de Charleston,[23] en Carolina del Sur. Yo seguía aún tambaleándome por mi propia pérdida y toda esa violencia me hundió todavía más en la desesperanza.

Y entonces me enteré de cuál había sido la respuesta de la congregación. Esa semana, los familiares de las víctimas fueron a juicio para enfrentarse con el hombre que había asesinado a sus seres queridos. Y, uno a uno, le negaron su odio.

—Me has arrebatado algo muy preciado —le dijo Nadine Collier, cuya madre había muerto—. Nunca podré volver a hablar con ella. Nunca podré volver a abrazarla, pero te perdono y tengo piedad de tu alma. … Me has hecho daño. Has hecho daño a mucha gente. Si Dios te perdona, yo te perdono.

En lugar de dejarse consumir por el odio, los miembros de la iglesia eligieron perdonar, y esto les permitió unirse y enfrentarse al racismo y la violencia. Cuatro días después de la matanza, las puertas de la iglesia volvieron a abrir para el servicio dominical habitual. Cinco días después, el presidente Barack Obama habló en el funeral del reverendo Clementa C. Pinckney y dirigió a la congregación al cantar «Amazing Grace».[24]

La parroquia Madre Emanuel, tal como se la conoce, es la iglesia metodista episcopal africana más antigua del Sur de Estados Unidos. Sus congregaciones han sobrevivido a leyes que prohibían a las comunidades negras celebrar el culto, al incendio de su iglesia provocado por una masa enfurecida de blancos y a un terremoto. Tras cada una de esas tragedias, se han unido para reconstruirlo todo de nuevo, en ocasiones literalmente, pero siempre con emoción. Tal como nos dijo el reverendo Joseph Darby, diácono de un distrito contiguo:

—Su prolongación de la Gracia se basa en un viejo mecanismo de gestión de la adversidad que se han transmitido unos a otros, personas que en muchas ocasiones no tenían otra opción que la de perdonar y seguir adelante dejando, al mismo tiempo, la puerta abierta a que se hiciera justicia. Es algo que te lleva más allá del deseo de pura venganza. Perdonar despeja la mente para poder perseguir la justicia.

El domingo posterior a la matanza de 2015, las campanas de las iglesias de toda la ciudad tocaron a las diez de la mañana durante nueve minutos, un minuto por cada una de las víctimas.[25]

—Lo que nos une es más fuerte que lo que nos separa —afirmó Jermaine Watkins, pastor de una iglesia de la localidad—. Al odio le decimos: ni hablar, hoy no. Al racismo le decimos: ni hablar, hoy no. A la división le decimos: ni hablar, hoy no. A la reconciliación le decimos: sí. A la pérdida de la esperanza le decimos: ni hablar, hoy no. A la guerra racial le decimos: ni hablar, hoy no. … Charleston, juntos decimos: ni hablar, hoy no.

A medida que la comunidad empezó a reconstruirse reuniendo todos sus pedazos, las iglesias locales comenzaron a organizar jornadas en torno a la prevención de la violencia. Cuando el FBI determinó que lo que había permitido al tirador comprar un arma había sido un fallo del sistema, las familias afectadas unieron sus fuerzas con los líderes de la iglesia y los políticos locales para pedir controles más rigurosos.

El activismo social no era nada nuevo en Charleston. Años antes de la matanza, los líderes religiosos habían creado el Ministerio de Justicia del Área de Charleston,[26] una red de veintisiete congregaciones basadas en la fe que incluía a iglesias, sinagogas y una mezquita.

—En Charleston no existía tradición de un trabajo conjunto entre las casas de fe —reflexionó el reverendo Darby—. Pero ocurrió algún tipo de serendipia divina. Toda aquella gente, que normalmente habría dicho «Esto no va a funcionar», se sentó a la misma mesa.

Desde entonces, cada año el ministerio elige un problema, propone soluciones y aborda la cuestión en una gran asamblea en la que miles de ciudadanos se reúnen con los líderes políticos y religiosos. Uno de los primeros logros del Ministerio de Justicia fue convencer a la comunidad educativa de la necesidad de ampliar la educación infantil abriendo cientos de puestos adicionales para preescolar. Y después trabajaron, con éxito, para reducir el número de expulsiones escolares y las penas de prisión juveniles. Su trabajo ya era de ayuda para las comunidades desfavorecidas, pero después de la matanza el objetivo del ministerio se centró en prevenir la discriminación racial.

—Antes no se hablaba de cuestiones raciales —nos dijo el reverendo Darby—. Pero después de la tragedia de Emanuel se les encendió la bombilla. Se dieron cuenta de que tenían que abordar el tema. Era una cuestión fundamental para los retos a los que se enfrentaba la comunidad.

Es posible desarrollar un trabajo para prevenir la violencia y el racismo, pero muchos infortunios no pueden evitarse. La pérdida. Los daños imprevistos. Los desastres naturales. Solo en 2010, en todo el mundo ocurrieron aproximadamente cuatrocientos desastres naturales que costaron la vida a unas trescientas mil personas y dejaron millones de afectados.[27] Algunas de las respuestas a estos desastres demuestran que compartir la esperanza, la experiencia y los relatos puede ser una chispa que enciende la resiliencia colectiva. Pero para que la llama se mantenga viva tenemos que compartir también el poder, los recursos y la autoridad necesarios para construir nuestro propio destino.

Las comunidades resilientes cuentan con lazos sociales fuertes: vínculos interpersonales, puentes entre los diversos grupos y contacto con los líderes locales.[28] Cuando trabajé con el Banco Mundial en la erradicación de la lepra en la India, hace décadas, pude observar la importancia de estos lazos locales. Debido al estigma que existe históricamente sobre la enfermedad, los enfermos de lepra evitan buscar un tratamiento, y esto permite que la enfermedad avance y se

contagie a otras personas. Cuando los trabajadores sanitarios visita-
ban los pueblos para identificar a los enfermos, se les rechazaba, la
gente local no confiaba en aquellos extraños, y en especial las mujeres se negaban a mostrar las marcas de su piel a los forasteros. Estos
trabajadores sanitarios tuvieron que buscar otro enfoque. Convencieron a los líderes locales de que fueran ellos mismos quienes desa-
rrollaran los programas de detección temprana. Estos líderes convo-
caron reuniones comunitarias y reclutaron a algunos ciudadanos y
organizaciones no gubernamentales de la zona para que interpretaran
unas obras de teatro en las que se contaba que quienes dieran a conocer los primeros síntomas no serían condenados al ostracismo por
la comunidad, sino que recibirían cuidados y tratamientos.

Aquello me hizo ser extremadamente consciente de hasta qué
punto los ejemplos más heroicos de resiliencia individual pueden ser
por completo inservibles frente a la pobreza y la enfermedad sin
tratamiento. Cuando a los enfermos de lepra se les expulsa de su
comunidad, no hay resiliencia individual suficiente que pueda ayudarles. Desde el momento en que la comunidad empezó a tratar a
los pacientes de lepra en vez de rechazarlos, estos comenzaron a
recuperarse y a mejorar su calidad de vida.

Empoderar a las comunidades contribuye a construir resiliencia
colectiva. Después del genocidio de Ruanda de 1994, que acabó con
la vida de cientos de miles de ciudadanos, los psicólogos visitaron
los campos de refugiados de Tanzania para ofrecer atención en el
ámbito de la salud mental.[29] Descubrieron que tratar a cada persona
individualmente era menos eficaz que fortalecer la capacidad de la
comunidad de ayudar a los grupos vulnerables en su seno. Los campos que mostraban el mayor grado de resiliencia estaban organizados
como aldeas, tenían consejos, espacios de encuentro para los jóvenes,
campos de fútbol, locales de ocio y lugares de oración.[30] En vez de
tener a extraños en los puestos de autoridad, los ruandeses se go-
bernaban según sus tradiciones culturales. La organización interna
generaba orden y construía un poder compartido.

En otros casos, la resiliencia colectiva es necesaria para combatir las tradiciones culturales que son injustas. En China, las mujeres

que siguen solteras a los veintisiete años son estigmatizadas y se las llama *sheng nu*, es decir, «las mujeres sobrantes».[31] Debido a la creencia extendida de que, con independencia de sus logros académicos o profesionales, una mujer no es «absolutamente nada hasta que se casa»,[32] estas mujeres sufren una enorme presión por parte de sus familias para que contraigan matrimonio. Una profesora de Económicas de treinta y cinco años fue rechazada por quince hombres porque tenía un diploma superior. Debido a ello, su padre prohibió a su hermana pequeña que fuera a la universidad. Más de ochenta mil mujeres se han unido a los círculos de Lean In en China y trabajan juntas para crear poder colectivo.[33] Uno de los círculos creó *The Leftovers Monologues* («Los monólogos de las sobrantes»), una obra de teatro en la que quince mujeres y tres hombres dotan de un nuevo significado al término «sobrantes» y en la que se denuncia también la homofobia y las violaciones en el contexto de una cita.

Pocos meses después de que Dave muriera, me reuní con veinte mujeres que son miembros de círculos de toda China. En un esfuerzo por mantener todos los compromisos que pudiera, viajé a Beijing para hablar en el acto de graduación de la facultad de empresariales de la Universidad de Tsinghua, y llevé conmigo a mis hijos y a mis padres. Era la primera vez que hablaba en público desde que había enviudado y aún me sentía como en una bruma. Pero pasar algo de tiempo con aquellas mujeres valientes justo antes del discurso me levantó el ánimo. Dos años atrás me había reunido también con el mismo grupo y estaba deseando escuchar sus progresos. Hablaron de la compasión que sentían, por ellas mismas y por las demás. Hablaron de cómo habían cambiado sus carreras y de cómo conseguían insistir a sus padres en que encontrarían a sus compañeros de vida por sí mismas y a su debido tiempo. Y hablaron de las acciones que estaban emprendiendo juntas y que jamás se habrían atrevido a acometer solas. Sentí un hormigueo en el pecho y un nudo en la garganta. Era el mejor recordatorio posible de que ser parte de una comunidad puede darnos la fuerza que a veces no somos capaces de hallar por nosotros mismos.

Encontramos nuestra humanidad (nuestra voluntad de vivir y nuestra capacidad de amar) en nuestras conexiones. Del mismo modo que los individuos pueden experimentar el crecimiento después de un trauma y hacerse más fuertes, las comunidades también pueden hacerlo. Nunca sabes cuándo va a tener que armarse de esa fuerza tu comunidad, pero puedes estar seguro de que será algún día.

Cuando su avión se estrelló en los Andes, los jugadores del equipo de rugby ya habían construido entre ellos solidaridad y confianza. Al principio buscaron su guía en el capitán del equipo. Cuando este murió, mantuvieron la confianza entre ellos. «Todos tenemos nuestros propios Andes», escribió Nando Parrado mucho tiempo después de que su expedición con Roberto Canessa desembocara en su rescate. Y Canessa añadió: «Una de las cosas que quedó destruida cuando nos estrellamos en la montaña fue nuestra conexión con la sociedad. Pero los lazos entre nosotros se fortalecieron cada día».

9

Fracasar y aprender en el trabajo

En un año que estuvo marcado por la desesperanza, uno de los escasos momentos memorables que viví fue cuando vi llorar a un grupo de hombres adultos. En el grupo había también mujeres que lloraban, pero eso ya lo había visto más a menudo.

Fue en abril de 2016 y estaba a punto de cruzar la meta del Año de las Primeras Veces, con tres temibles hitos por delante. El primer cumpleaños de mi hijo sin su padre. Mi primer aniversario de boda sin mi marido. Y un nuevo aniversario indeseado: el primer año de la muerte de Dave.

Había tantas primeras veces deprimentes que quería encontrar alguna cosa positiva para mis hijos, así que me los llevé a Los Ángeles a visitar la base de SpaceX. En SpaceX se estaban realizando pruebas para conseguir que aterrizara un cohete en el mar; lo habían intentado ya previamente otras cuatro veces, sin éxito. Nuestra invitación llegó de parte de Elon Musk, CEO de la empresa. La primera vez que Elon y yo nos cruzamos después de la muerte de Dave me dio sus condolencias y después añadió: «Me hago cargo de lo duro que es». En 2002, el primer hijo de Elon había muerto súbitamente a los dos meses de nacer. No nos dijimos mucho más, tan solo permanecimos juntos, unidos en nuestro dolor. El día del lanzamiento en SpaceX, mis hijos y yo nos encontrábamos de pie, junto con un grupo de empleados, en el vestíbulo de la empresa. En una enorme pantalla, delante de nosotros, se inició la cuenta atrás y el cohete despegó puntualmente desde Florida. Todo el mundo se puso a dar vítores. Los brazos desplegables del cohete se abrieron como estaba previsto. Más vítores. Cada vez que se producía un logro visible, los empleados de SpaceX chocaban palmas con el equipo que hubiera trabajado en ese componente y todo el mundo daba vivas.

Cuando el cohete se aproximó al barco no tripulado para intentar el aterrizaje marino, la tensión aumentó. Los vítores cesaron y el grupo se volvió extremadamente silencioso. Mi corazón latía acelerado, mi hija y mi hijo se agarraron de mis manos, nerviosos. Mi hija me susurró: «Espero que no estalle». Asentí; apenas podía hablar. Al descender, tres de las patas del cohete se desplegaron, pero una de ellas se retrasó y lo desvió de su objetivo. Toda la habitación se inclinó hacia un lado, como si intentaran contrapesar la trayectoria. Y entonces el cohete volvió a inclinarse y aterrizó a salvo. La habitación estalló como en un concierto de rock. El equipo de asistentes, los técnicos y los ingenieros gritaron y se abrazaron y lloraron. También lloramos mis hijos y yo. Aún siento un estremecimiento al acordarme.

Hace unos años, dos investigadores de *management* se interesaron por los factores que pueden predecir si una travesía espacial se desarrollará con éxito.[1] Volvieron al primer lanzamiento del Sputnik en 1957 y estudiaron cada uno de los lanzamientos que se había llevado a cabo en el mundo a lo largo de cinco décadas y por más de treinta organizaciones, en su mayor parte gobiernos, pero también empresas privadas. Podría pensarse que cuando había más posibilidades de que se produjera un lanzamiento con éxito era después de haber realizado otro exitoso, pero los datos extraídos de más de cuatro mil lanzamientos demostraban justo lo contrario. Cuantas más veces hubiera fracasado una empresa o un gobierno, más probable era que pusieran un cohete en órbita con éxito en el siguiente intento. Además, en comparación con otros fallos menores, estas posibilidades de éxito aumentaban tras la explosión de un cohete. No es solo que aprendamos más de los fracasos que de los éxitos, también aprendemos más de los fracasos más grandes, porque los sometemos a un análisis más intenso.

Mucho antes del aterrizaje marino, la primera vez que el SpaceX intentó un lanzamiento, el motor se incendió treinta y tres segundos después de la ignición y el cohete quedó totalmente destruido. Elon había pedido que, antes del lanzamiento, le informaran de los diez riesgos principales y el problema que causó el fallo resultó ser el número once. Consejo de experto: pide que te informen siempre de los once riesgos principales. El segundo lanzamiento falló por una razón menor en comparación. El tercero habría salido bien de no haber sido por un mínimo fallo de software.

—Básicamente, había asumido que tendríamos dinero para tres intentos —explicaba Elon—. Al producirse el tercer fallo me quedé hecho polvo.

Cuando mis hijos y yo presenciamos el amerizaje exitoso, la ocasión resultaba aún más significativa porque aquel triunfo llegaba después de todos esos fracasos.

Del mismo modo que las personas necesitan tener capacidad de resiliencia,[2] a las organizaciones les sucede lo mismo. Pudimos verlo en todas las empresas que siguieron trabajando después de perder a cientos de empleados el 11-S.[3] Lo vemos en los negocios que resurgen tras las crisis económicas y en las ONG que se rearman después de perder a sus financiadores. También lo vi en la empresa que dirigía Dave, SurveyMonkey, cuando los empleados, en su tristeza, se organizaron en torno al hashtag #makedaveproud [«haz que Dave se sienta orgulloso»]. Cuando se producen los fracasos, los errores y las tragedias, las organizaciones toman decisiones que afectan a la velocidad y la fuerza de su recuperación, y que a menudo son decisivas para determinar si se hunden o prosperan.

Para ganar resiliencia después de un fracaso, tenemos que ser capaces de aprender de él. La mayor parte del tiempo esto lo sabemos, solo que no lo ponemos en práctica. Somos demasiado inseguros como para admitir nuestros errores ante nosotros mismos o demasiado orgullosos para admitirlos ante los demás. En lugar de abrirnos, nos ponemos a la defensiva y nos blindamos. Una organización resiliente es capaz de ayudar a las personas a superar estas reacciones creando una cultura que impulsa a los individuos a reconocer sus pasos en falso y sus remordimientos.

Esta pizarra se puso hace poco en el centro de Nueva York.[4]

De los cientos de respuestas, muchas tenían una cosa en común: la mayoría de los arrepentimientos estaban relacionados con haber dejado de hacer cosas, no con haberlas hecho y que hubieran salido mal. Los psicólogos han descubierto que, con el tiempo, a menudo nos arrepentimos de las oportunidades perdidas, no de las que aprovechamos.[5] Como mi madre me decía a menudo de niña: «Te arrepientes de las cosas que no haces, no de las que haces».

En Facebook, sabemos que para animar a la gente a arriesgarse tenemos que aceptar y aprender de los fracasos. Cuando entré en la empresa, por todas las paredes había cartelitos que decían: «Muévete rápido y rompe cosas»; e iba en serio. En 2008, un becario llamado Ben Maurer, intentando evitar que la web se colapsara, para limpiar un problema decidió desencadenar el fallo por sí mismo y accidentalmente hizo caer Facebook durante treinta minutos. En Silicon Valley, un apagón es una de las mayores debacles a las que puede enfrentarse una empresa, pero en lugar de criticar a Ben, nuestro ingeniero jefe anunció que en realidad todos debíamos desencadenar fallos más a menudo, aunque preferiblemente de manera que la web no cayera. A esta práctica le puso el nombre de «Ben Testing» y Ben fue contratado a tiempo completo.

Facebook es una empresa relativamente joven, así que cada año nuestro equipo directivo visita otra poderosa empresa que tenga una larga trayectoria. Hemos ido a Pixar, a Samsung, a Procter&Gamble, a Walmart y a Quantico, la base del cuerpo de Marines. En Quantico hicimos un entrenamiento básico. Para probar la experiencia, nos pusieron a correr de noche con todo el equipamiento mientras unos oficiales nos chillaban. Los gritos continuaron mientras realizábamos tareas más pequeñas, como hacer las camas y abrir y cerrar grifos con precisión militar. Al día siguiente, en grupos de cuatro, teníamos que pasar unos sacos pesados por encima de un muro sin que tocaran el suelo. Para la gente del ámbito de la tecnología, que están más acostumbrados a subir documentos a sitios web que a subir cargas, esto fue todo un reto. Muy pocos de nuestros equipos completaron alguna de las tareas. No me sorprendió fracasar en las pruebas físicas. Lo que no me esperaba era fallar ante la orden de cerrar un grifo.

Antes de Quantico, nunca se me habría ocurrido realizar un interrogatorio completo después de un trabajo desastroso. Cuando las cosas salían mal en la empresa, para mí era importante que quien fuera responsable del error lo reconociera, pero, una vez hecho esto, sentarnos juntos a discutir en humillante detalle cómo y por qué se había cometido el error me parecía que era solo ensañarse. Además, me preocupaba que tal nivel de indagación desanimara a la gente a asumir riesgos. Me sorprendió que después de cada misión, e incluso después de las sesiones de entrenamiento, los Marines llevaran a cabo interrogatorios formales. Y graban las lecciones aprendidas de modo que todo el mundo pueda tener acceso a ellas.

Los Marines me enseñaron la importancia de crear una cultura en la que el fracaso se considera una oportunidad de aprender. Si los interrogatorios se hacen de forma insensible, se convierten en una flagelación pública, pero cuando haces de ellos un requisito habitual, dejan de parecer una cuestión personal. En los hospitales, donde las decisiones tienen consecuencias a vida o muerte, los profesionales de la salud celebran congresos sobre mortalidad y morbidez.[6] El propósito de las «M&Ms» es revisar los casos en los que algo salió catastróficamente mal y descubrir cómo pueden prevenirse problemas similares en el futuro. Estos errores pueden ir desde una complicación durante una operación hasta el suministro de una dosis incorrecta de un medicamento o incluso un diagnóstico equivocado. Los debates son confidenciales y está demostrado que conducen a mejoras en el cuidado de los pacientes.

Cuando se genera un espacio seguro para hablar de los errores, las personas son más proclives a comunicarlos y menos a cometerlos.[7] Y, sin embargo, las culturas del trabajo típicas se esfuerzan por exhibir los éxitos y ocultar los fracasos. No hay más que observar cualquier currículum vitae, nunca he visto que en ninguno se incluya una sección titulada «Cosas que hago mal». La científica Melanie Stefan escribió un artículo retando a sus colegas a ser más honestos en sus currículum.[8] El profesor de Princeton Johannes Haushofer aceptó su reto y publicó un currículum de fracasos. Era una lista de dos páginas que incluía las veces que le habían rechazado en programas académicos, ofertas de trabajo, revistas académicas y becas de investigación. Tiempo después Haushofer señaló: «Este condenado currículum de fracasos ha recibido mucha más atención que todo mi trabajo académico junto».

Convencer a la gente de que sea más abierta respecto a sus fracasos no es fácil. Kim Malone Scott, que trabajó conmigo en Google, solía llevar a las reuniones semanales de su equipo un mono de peluche llamado Whoops. Pedía a sus colegas que expusieran los errores cometidos durante la semana y después votaban entre todos cuál era la pifia más grande. El «ganador» se quedaba el mono de peluche en su escritorio, a la vista de todos, hasta la semana siguiente, en la que otra persona se ganaba el honor. No podía haber mejor recordatorio para intentar hacer cosas difíciles y comentar abiertamente los fracasos. Tal vez el único miembro del equipo al que no le parecía bien esta práctica fuera Whoops, que ni una sola semana dejó de ser el símbolo de la imperfección.

Trabajar en Facebook con empresas pequeñas me ha enseñado que la resiliencia es algo necesario en organizaciones de todos los tamaños. Damon Redd fundó, desde su sótano de Colorado, una empresa de ropa de montaña llamada Kind Design.[9] Cuando una inundación dejó su casa cubierta por metro y medio de agua cenagosa, perdió sus diseños, sus ordenadores y miles de piezas de mercancía. Como no vivía en una zona inundable, no tenía seguro para cubrir las pérdidas. Como recurso imaginativo para salvar los guantes dañados, Damon los lavó con agua a presión, los secó y empezó a anunciarlos como «guantes para inundaciones». Comenzó a escribir post contando cómo los guantes y otros productos como los sombreros, las camisetas y las sudaderas simbolizaban la resistencia de la gente de Colorado y de su marca. Sus post se hicieron virales y acumuló cuantiosas ventas en los cincuenta estados, con lo que consiguió salvar su negocio.

Los equipos que se aplican en aprender de los fracasos tienen mejor rendimiento que los que no lo hacen, pero no todo el mundo trabaja en una empresa que tenga amplitud de miras.[10] Si ese es nuestro caso, podemos encontrar nuestras propias formas de aprender. Cuando Adam iba a la universidad, le aterraba hablar en público. En su primera entrevista para un puesto de profesor, le dijeron que no servía para dar clases porque nunca conseguiría que lo respetaran suficientemente los difíciles estudiantes de Empresariales. A los profesores, raras veces se les enseña cómo dar clase, así que para practicar y mejorar, Adam se ofreció como voluntario para impartir sesiones sueltas en los cursos de otros profesores. Eran sesiones difíciles, pues, en lugar de tener un semestre entero para construir la relación, solo disponía de una o dos horas para ganarse a los alumnos. Al final de estas sesiones, Adam entregaba unos cuestionarios de valoración en los que preguntaba qué podía hacer para que las cosas fueran más interesantes y eficaces. Leer aquellos comentarios no era agradable. Algunos de los alumnos escribieron que Adam parecía tan nervioso que les hacía removerse en sus asientos.

Después de dar estas sufridas charlas, Adam empezó a impartir sus propias clases. Pocas semanas después de haber empezado el curso, pidió a sus alumnos que le escribieran unos comentarios anónimos. Y entonces hizo una cosa que varios de sus colegas consideraron una locura: mandó por correo electrónico todos los comentarios a la clase entera. Otro profesor advirtió a Adam que eso iba a ser como echar gasolina al fuego. Pero otra de sus colegas, Sue Ashford, le había enseñado que la forma de alcanzar el propio potencial es recoger los comentarios negativos y actuar a partir de ellos. Los estudios de Sue muestran que, si bien mendigar piropos daña tu reputación, pedir que te hagan críticas demuestra que te importa mejorar.[11]

Adam inició la clase siguiente haciendo un análisis de los temas principales que aparecían en los comentarios de sus alumnos. Después les contó las acciones que iba a tomar a partir de sus comentarios, como por ejemplo contar más a menudo historias personales para dar vida a los conceptos. Los alumnos pudieron visualizar su propio aprendizaje y la cultura del aula cambió, de modo que Adam estaba aprendiendo de ellos. Pocos años después, Adam llegó a ser el profesor mejor valorado de Wharton.[12] Cada semestre sigue pidiendo *feedback* a sus alumnos, comparte abiertamente sus comentarios e implementa cambios en su forma de dar clase.

Todos tenemos puntos ciegos, debilidades que otras personas ven y nosotros no. A veces nos engañamos. Otras veces simplemente no sabemos qué estamos haciendo mal. Las personas que más me han enseñado en mi carrera son las que me han señalado las cosas que yo no puedo ver. En Google, mi colega Joan Braddi me explicó que en las reuniones yo no resultaba demasiado persuasiva porque a menudo me lanzaba a hablar muy pronto. Me dijo que si fuera más paciente y dejara que los demás expresaran primero sus puntos de vista, podría exponer mejor mis argumentos abordando las cosas que les preocupaban. David Fischer, que dirige nuestros equipos globales en Facebook, me recuerda a menudo que tengo que frenar y escuchar más.

A veces estos comentarios son difíciles de encajar. Unos cuatro meses después de perder a Dave, recibí una llamada de su colega de póquer, Chamath Palihapitiya, que había trabajado conmigo en Facebook. Chamath me dijo que venía a buscarme para dar un paseo, así que me puse la correa y empecé a dar vueltecitas delante de la puerta. (Vale, no fue para tanto, pero me hacía mucha ilusión verle.) Suponía que Chamath querría comprobar cómo lo estábamos llevando mi hijo, mi hija y yo, sin embargo, me sorprendió diciéndome que lo que quería era asegurarse de que seguía dando lo máximo en el trabajo. Le miré sorprendida, y sin duda un poco enfadada. «¿Quieres que me esfuerce más? ¿Me estás tomando el pelo?» Le expliqué que ya tenía bastante con conseguir llegar al final del día sin hacer demasiados estropicios. Chamath me contradijo totalmente, declaró que ya podía gritarle todo lo que quisiera, pero que él siempre iba a estar a mi lado para recordarme que debía fijarme objetivos ambiciosos. Me instó, como solo podía hacerlo él, «a volver al p*** camino». Plantearle a alguien un desafío en estos términos podía salir mal con facilidad, pero Chamath me conocía lo bastante bien como para saber que este estímulo tan directo me insuflaría un empujón de confianza muy necesario, y me recordó que cuando podía fracasar era, precisamente, si dejaba de intentarlo. También me inspiró el único párrafo de este libro que incluye una palabrota.

Una de las mejores maneras de llegar a vernos con claridad a nosotros mismos es pedir a los demás que nos sirvan de espejo. «Los deportistas y los cantantes tienen entrenadores —dice el cirujano y escritor Atul Gawande—. ¿No deberías tenerlo tú?»[13] En el mundo del baloncesto, Gregg Popovich ha sido entrenador de los San Antonio Spurs durante cinco campeonatos de la NBA. Después de perder la final en una liga, se sentó con el equipo a revisar cada una de las jugadas de los dos últimos partidos para aprender lo que habían hecho mal.

—La medida de lo que somos nos la da el modo en que reaccionamos a algo que no sale como queríamos —dice—. Siempre hay cosas que puedes hacer mejor. Es un juego de errores.[14]

Todos los equipos deportivos reconocen la importancia de buscar jugadores que puedan aprender de sus errores. En 2016, los Chicago Cubs ganaron las World Series tras una sequía de 108 años.

Su manager, Theo Epstein, explicaba la razón: «Siempre pasábamos más de la mitad del tiempo hablando de la persona y no del jugador. [...] Pedíamos a nuestros ojeadores que nos dieran tres ejemplos detallados de cómo estos jóvenes jugadores hacían frente a la adversidad en el campo y respondían a ella, y tres ejemplos de cómo se enfrentaban a la adversidad fuera del campo. Porque el béisbol está construido desde los fallos. Hay una vieja expresión que dice que hasta los mejores bateadores fallan siete de cada diez veces».[15]

La práctica del deporte adquiere sentido cuando se siguen las sugerencias del entrenador. Adam dice que su disposición abierta a recibir comentarios se debe a su pasado como saltador olímpico junior. Recibir críticas era la única forma de mejorar. Cuando a Adam le llegó el momento de entrar en el aula, dejó el Speedo, pero mantuvo la estrategia. Convirtió a sus alumnos en sus entrenadores.

Aceptar comentarios es más fácil cuando uno no se lo toma de forma personal. Estar abierto a las críticas significa que recibes aún más comentarios, lo que te ayuda a mejorar. Una de las maneras de amortiguar el pinchazo de una crítica es evaluar en qué grado sabes gestionarla. «Siempre que recibáis una mala puntuación —aconsejan Dough Stone y Sheila Heen, profesores de Derecho— debéis daros una segunda puntuación que evalúe lo bien que os habéis tomado la primera puntuación. [...] Aun cuando recibas un suspenso por la situación en sí, todavía puedes obtener una matrícula de honor por el modo en que lo gestionas.»[16]

La capacidad de escuchar comentarios y críticas es un signo de resiliencia y algunos de los que mejor lo hacen han ganado esa fortaleza del modo más difícil posible. Conocí a Byron Auguste cuando era adjunta en McKinsey y se nos asignó el mismo proyecto de trabajo. Byron era el primer director afroamericano en la historia de la empresa y mostraba una calma que le permitía considerar el *feedback* como, según sus propias palabras, «algo puramente antropológico». Después me contó que esta actitud tiene que ver en parte con un trauma que sufrió de adolescente. Cuando Byron tenía quince años, se dirigía a cenar con su primo, su hermano pequeño y su padre cerca de su casa en Phoenix. De pronto un conductor borracho salió de la nada, embistió al grupo y le rompió a Byron las dos piernas. Cuando se despertó en el hospital, su madre tuvo que darle la terrible noticia de que su padre estaba en coma y su hermano de diez años había muerto.

Tras el accidente, Byron se prometió no convertirse en un problema para sus apenados padres. Durante toda su carrera académica sus resultados fueron excelentes, y llegó a obtener un doctorado en Económicas. Lo que más le ayudó a construir resiliencia, me dijo, fue superar la generalización:

—La compartimentación extrema quizá sea mi mayor superpoder —me confesó riendo.

Si un proyecto no sale como él quiere, Byron siempre recuerda que las cosas podrían ser peores.

—Me paso la vida diciéndome a mí y a los demás: «¿Acaso va a morirse alguien por esto?». Eso es lo peor. Los fracasos no me asustan.

Byron me enseñó que para construir equipos y organizaciones resilientes hay que mantener una comunicación abierta y honesta. Cuando las empresas fracasan, a menudo es por razones que todo el mundo conoce pero que nadie ha enunciado. Cuando una persona toma malas decisiones, poca gente tiene el coraje de decírselo, especialmente si esa persona es el jefe.

Uno de mis cartelitos preferidos de los que cuelgan por las paredes de nuestra oficina reza: «Nada de lo que ocurre en Facebook es problema de otra persona». En una reunión de toda la compañía, pedí que cualquiera que tuviera problemas al trabajar con un colega (que, por supuesto, es todo el mundo) hablara más honestamente con esa persona. Puse el objetivo de tener al menos una conversación difícil al mes. Para que las conversaciones fueran bien, les recordé a todos que los comentarios críticos debían ir en las dos direcciones. Les conté que una sola frase puede hacer que la gente se muestre más abierta al *feedback* negativo: «Te hago estos comentarios porque tengo puestas en ti unas expectativas muy altas y sé que puedes cumplirlas».[17]

Ahora, cuando visito nuestras oficinas por todo el mundo, pregunto a cada equipo: «¿Quién ha tenido en el último mes al menos una conversación difícil?». Al principio se levantaban muy pocas manos. (Y seamos sinceros, cuando yo estoy delante, mis colegas tienen más tendencia a exagerar en sus informes que a disimular.) A medida que he persistido en esta práctica, he ido viendo cómo se alzaban cada vez más manos y algunos de nuestros directivos han tomado acciones audaces para hacer que la actitud abierta a las críticas sea parte integrante de nuestra cultura. Carolyn Everson, que dirige nuestro equipo global de ventas, envía los informes sobre su rendimiento a un grupo interno de Facebook que tiene más de 2.400 miembros. Quiere que todo su equipo sepa cómo está intentando mejorar.

Cuando mi Año de las Primeras Veces estaba a punto de acabarse, empecé a pensar en otra conversación difícil, una que era importante. Cada año celebro un día del liderazgo para las mujeres de Facebook. El año anterior había hablado sobre mis miedos y mis fracasos personales y profesionales. Hablé de todas las veces en mi vida en las que me había sentido verdaderamente insegura acerca de quién era. Admití haber tomado muchas decisiones erróneas, entre ellas haberme casado y divorciado cuando apenas tenía veinte años y después haber salido con unos cuantos tíos equivocados. Y después les conté que, con Dave, había terminado formando un equipo de verdad. Aquel año, mi conclusión fue: «Creer que todo saldrá bien ayuda a que todo salga bien».

Un año después me encontraba en un lugar muy distinto. Y también sabía que algunas de las personas en aquella sala lo estaban pasando mal. La madre de una de las compañeras tenía una enfermedad terminal. Otra estaba pasando por un divorcio difícil. Y esas eran solo las que conocía. Estaba segura de que muchas estarían sufriendo en silencio, como ocurre a menudo en el trabajo. Decidí abrirme a ellas con la esperanza de ayudar a las demás con las dificultades que tenían en sus vidas. Hablé de los tres factores y de lo que se sentía al pasar un dolor profundo. Admití que no había entendido lo difícil que es ser madre soltera o mantener la concentración en el trabajo cuando tienes problemas en casa. Creía que no iba a poder dar todo el discurso sin echarme a llorar… y efectivamente no pude. Aun así, hacia el final tuve una sensación de alivio.

En las semanas que siguieron, otras compañeras de trabajo empezaron también a abrirse. Juntas, echamos a unos cuantos elefantes en estampida de nuestro edificio.

Una de las mujeres que ese día estaba en aquella sala era Caryn Marooney. Yo sabía que Caryn tenía por delante una decisión importante que tomar, pues le acabábamos de ofrecer un ascenso a directora de nuestro equipo global de comunicación. Pero aquella decisión se había complicado. Su médico le acababa de decir que era probable que tuviera cáncer de mama. Estaba esperando los resultados de las pruebas, pero ya había tomado la decisión de que, si el resultado era positivo, no aceptaría el ascenso. «La combinación de tener miedo a no estar a la altura en un trabajo nuevo y que te digan que a lo mejor tienes cáncer era abrumadora», me dijo. Caryn no estaba cómoda hablando de sus problemas médicos en el trabajo; no quería ser una carga para nadie y temía parecer débil. Pero, tras escucharme hablar ante miles de otras compañeras sobre las dificultades por las que estaba atravesando, vio un destello de esperanza en el horizonte.

La semana siguiente, el médico de Caryn le confirmó que tenía cáncer y que tendría que someterse a una operación y a un tratamiento. Le pregunté qué quería hacer respecto al trabajo y le aseguré que tendría todo nuestro apoyo, independientemente de lo que decidiera. Me contó que, al hablar con otros enfermos, se había dado cuenta de la suerte que había tenido de que le hubieran detectado pronto el cáncer y de trabajar para una empresa que le daba tanta flexibilidad. Me dijo que tenía miedo, pero que no quería renunciar a desempeñar un papel por el que había estado trabajando tantos años. Trazamos juntas un plan para que pudiera aceptar el nuevo puesto.

«Tuve que abandonar la idea de ser una "líder intrépida"», me dijo Caryn. Por el contrario, la primera vez que se dirigió al equipo de comunicación global, formado por doscientas personas, habló sin tapujos de su diagnóstico. Se estaba sometiendo a un tratamiento diario de radioterapia, lo que le pasaba factura físicamente y hacía que olvidara cosas. «En todas las versiones que hubiera podido imaginar de ese momento, esa fantasía de quién quieres ser, me habría mostrado fuerte, inteligente e inspirando confianza —me dijo—. Quería ser un modelo en el sentido de "persona sólida". En vez de ello, les conté que tenía cáncer y que iba a necesitar su ayuda.»

La respuesta que le dieron la dejó perpleja. Los compañeros de Caryn se unieron para ayudarla y empezaron a hablar más de sus propios problemas personales y profesionales. Caryn cree que esta apertura les hace más eficaces en el trabajo. «Una podría pensar que hablar de todo esto te retrasaría, pero es ocultar cosas lo que requiere tiempo y energía», me explicó Caryn. Ser más abierto en lo personal llevó a la gente a ser más abierta en lo profesional. El equipo de Caryn solía comentar las «lecciones aprendidas» en reuniones de dos personas, pero la mayoría de la gente no estaba cómoda hablando de los fracasos en grupos más grandes. Las «lecciones aprendidas» son ahora una práctica habitual de todo el equipo. «Antes, solíamos hablar de lo que había salido bien —contó Caryn—. Ahora también abordamos lo que ha salido mal.»

Caryn atravesó su propio Año de las Primeras Veces. Ha dirigido el equipo de comunicación global y ha superado la radioterapia. En su primer día de tratamiento le regalé un collar con las letras PH. No lo entendió, pues sus iniciales son CLM. Le expliqué que era un símbolo de mi confianza en ella y que significaban «Puedes Hacerlo».

«Ahora le digo PH a la gente de mi equipo todo el rato —me reveló Caryn—. Y entre ellos también se dicen PH. Significa muchísimo.»

10

Amar y reír de nuevo

Cuando nos casamos, en 2004, Dave trabajaba en Yahoo y yo, en Google. Se nos ocurrió que una forma de lidiar con la rivalidad entre nuestras empresas (y entre algunos de nuestros invitados) en la boda era bromear sobre ello ofreciéndoles que eligieran una gorra de béisbol. Sería nuestra versión de la pregunta «¿De la novia o del novio?». Encargué las gorras de Google con mucha antelación y estaba muy contenta con ellas hasta que Dave se llevó una a la oficina de Yahoo y dijo: «Haced que las nuestras sean más chulas». Lo hicieron, y para satisfacción del equipo de Yahoo, muchos de los invitados de Google llevaron esas gorras durante todo el fin de semana.

Para Dave y para mí, el amor y el humor siempre estuvieron mezclados, y queríamos que nuestra boda lo reflejase. En mi convite nupcial, regalé a todas mis amigas un muñeco del Señor Perfecto. Al apretarle la mano decía cosas como: «Esta noche nos abrazaremos solamente» o «Oh, ¿no puede quedarse tu madre en casa otra semana más?». Mi favorita era: «Coge tú el mando de la tele. Mientras pueda estar contigo, me da igual lo que veamos». En la cena de ensayo, mi cuñado Marc llevó el humor hasta otro nivel haciendo un repaso, con diapositivas, de mis novios anteriores. Y sí, ahí apareció la frase: «El tío que tenía un pendiente en el pezón».

Nuestra boda se celebró en un día precioso y extremadamente ventoso de Arizona. Justo antes de la ceremonia, Dave y yo nos reunimos en una pequeña sala con nuestra familia y nuestros amigos más íntimos para firmar los votos que habíamos escrito como parte de nuestro *ketubah*, el contrato nupcial judío. Firmé yo primero y, después, Dave añadió su enorme y enrevesada firma. Salimos al exterior, donde se había formado un pasillo en un prado. Empezó la procesión y justo cuando ocupaba mi lugar escuché a Marc, por delante de mí, chinchándole al niño de tres años que llevaba nuestros anillos: «Eh, Jasper, me han dicho que en esta boda si quieres puedes ir sin pantalones». Mi hermana se unió: «¡Jasper, nada de bombas de escupitajos!». Empecé a andar por el improvisado pasillo, riéndome aún por los comentarios a Jasper, cuando una ráfaga de viento me levantó el velo tan alto que casi me caigo al suelo. Recuperé el equilibrio, me uní a Dave y el rabino empezó la ceremonia.

Tradicionalmente, la novia judía da siete vueltas alrededor del novio. Dave y yo dimos vueltas uno alrededor del otro, mirándonos. Nuestros amigos dicen que parecía que estábamos bailando. Después, rodeados de nuestros padres y hermanos, nos pusimos frente a frente para recitar juntos los párrafos que habíamos escrito.

> Te tomo para que seas mío en el amor. Prometo amarte delibera-damente cada día, sentir tu alegría y tu dolor como si fueran míos. Juntos, construiremos un hogar lleno de honor y honestidad, consue-lo y compasión, aprendizaje y amor.
>
> Te tomo para que seas mío en la amistad. Prometo celebrar todo lo que eres y ayudarte a convertirte en la persona que deseas ser. A partir de este día, tus sueños son mis sueños y me volcaré para ayu-darte a cumplir la promesa de tu vida.
>
> Te tomo para que seas mío en la fe. Creo que nuestro compromiso mutuo durará toda una vida y que contigo mi alma estará completa.
>
> Sabiendo quién soy y quién quiero ser, en este día de nuestro ma-trimonio, te doy mi corazón para que esté siempre unido al tuyo.

Pasamos once años viviendo según estos votos. Girando uno alrededor del otro, envueltos en el amor y la amistad. Y, de repente, el para siempre de Dave se acabó. Todas las noches, en mi doliente procesión hasta la cama, veía nuestros votos cuando pasaba delan-te del *ketubah* colgado en la pared de la habitación junto al armario de Dave. Ver ambas cosas me producía dolor, especialmente su ropa, allí colgada, como aguardando a que volviera a casa. Yo sí lo esperaba.

Después de varios meses, seguía conteniendo el aliento cuando pasaba por delante de esta pared y me di cuenta de que tenía que hacer algo. No soportaba pensar en la posibilidad de descolgar nuestro *ketubah*, y ahí sigue, así que decidí limpiar el armario de Dave. Es imposible describir cómo temía esta tarea. Nada en la vida te prepara para hacer algo así. Carole Geitner me aconsejó que lo hiciera junto con mi hija y mi hijo y nos pusimos a ello los tres juntos. Nos reímos, cosa que me sorprendió, al ver la pila de jerséis grises y camisetas casi idénticas de congresos a los que Dave había asistido hacía décadas. Lloramos cuando sacamos su adorada camiseta de los Vikings. Mis hijos eligieron lo que querían quedarse y, al abrazar uno de sus jerséis, mi hija soltó lo que los tres estábamos pensando: «La ropa huele a papá».

Más tarde, aquella misma noche, Paula, la madre de Dave, y su hermano Rob subieron a ayudarme a terminar. Ya habían llevado a cabo esa tarea miserable otra vez, cuando limpiaron el armario del padre de Dave dieciséis años antes. Nunca imaginaron que les tocaría hacer lo mismo por Dave y un sentimiento de completo surrealismo nos abrumó a los tres. Cuando Paula sacó el raído jersey gris que Dave se ponía más a menudo, me vine abajo totalmente. Me volví hacia ella y le dije:

—No puedo creer que estés pasando por esto otra vez. ¿Cómo te encuentras hoy? ¿Cómo es siquiera posible que estés bien?

Me contestó:

—Yo no me he muerto. Mel y Dave sí, pero yo estoy viva. Y voy a vivir.

Me abrazó y me dijo:

—Y tú también vas a vivir.

Y entonces me dejó totalmente de piedra diciéndome:

—Y no solo vas a vivir, sino que un día volverás a casarte, y yo estaré allí para celebrarlo contigo.

Hasta entonces no había ni pensado en encontrar de nuevo el amor. Meses antes le había dicho a Rob que iba a descolgar la fotografía de una playa nocturna que colgaba en mi habitación. Dave y yo la habíamos elegido juntos, pero ahora la oscuridad de la imagen me resultaba demasiado deprimente. Le dije a Rob que quería sustituirla por una foto de Dave, los niños y yo. Rob negó con la cabeza.

—Es tu habitación —me dijo—. Nada de fotos de Dave. Esto vas a superarlo.

Superar las cosas…, es más fácil decirlo que hacerlo. No podía soportar la idea de quitarme la alianza, pero cada vez que la veía en mi mano izquierda, me sentía como si me estuviera empeñando en vivir una mentira. Me cambié el anillo a la mano derecha de modo que continuaba sintiéndome conectada a Dave, sin pretender que seguía casada con él. Puesto que no era capaz de entender los sentimientos que me provocaba un objeto inanimado, no podía ni empezar a pensar en la posibilidad de tener una cita, y mucho menos en hablar de ello. Me hacía sentir desleal y lo único que lograba era recordarme cuánto deseaba que Dave volviera. Así que cuando Rob insinuó que algún día podría haber otra persona en mi vida, cambié rápidamente de tema.

Y, al mismo tiempo, nunca había querido estar sola. Mis padres forman un matrimonio con mucho amor y desde la infancia he deseado tener uno igual. Creo que esto es lo que influyó en el deseo de casarme tan joven la primera vez. Sé que tener unos anhelos más firmes de ser una mujer independiente, así como una mayor confianza en que podría cuidar de mí misma, me hubiera venido bien en mis relaciones. Cuando mi primer matrimonio terminó en divorcio, tuve un sueño estresante recurrente en el que me despertaba buscando a alguien que debía estar durmiendo a mi lado, veía la cama vacía y me daba cuenta de que estaba sola. Después de casarme con Dave, seguía teniendo esa pesadilla, pero entonces me despertaba y lo veía a mi lado, o más a menudo le escuchaba roncar a mi lado, y sentía ese alivio de saber que todo había sido un sueño.

Ahora la pesadilla estresante era real. Estaba sola en la cama. Sola cuando los niños iban a jugar por ahí. Pasar una hora en casa sin ellos me hacía proyectarme al momento futuro en que se fueran a la universidad y me dejaran a mí atrás. ¿Estaría sola ya para el resto de mi vida?

Marne me recordó que estar sola puede ser una elección fortalecedora. Un reconocido estudio sobre los cambios en el estatus matrimonial, realizado durante quince años con más de 24.000 personas, demuestra que casarse incrementa solo un poco el índice de felicidad media.[1] En una escala de cero a diez, las personas solteras que se encontraban en un 6,7 podían subir hasta un 6,8 después de casarse. Ese pequeño incremento se producía en torno a la época de la boda y solía descender de nuevo en el lapso de un año. Si alguno de los participantes perdía a su pareja y no volvía a casarse, ocho años después su felicidad estaba, de media, en un 6,55. Resulta que las personas que han elegido vivir solteras están muy satisfechas con su vida.[2]

—Las personas solteras se ven estereotipadas, estigmatizadas e ignoradas —cree la psicóloga Bella DePaulo—, pero viven felices y comen perdices.[3]

Nos pidió que imagináramos un mundo en el que a las personas casadas se las tratara como hoy a las solteras:

—Cuando le dices a alguien que estás casada, ladean un poco la cabeza y dicen cosas como «Oooh» o «No te preocupes, querida, ya te llegará el momento del divorcio». Y en el trabajo los solteros dan por hecho que puedes cubrir las vacaciones y todo el resto de tareas inconvenientes.

Al igual que todas las parejas, Dave y yo tuvimos algunos momentos en los que estábamos desincronizados, pero siempre intentamos abordar la cuestión de frente. Una cosa que no abordamos nunca fue la situación en la que ahora me encuentro. Le había dicho a Dave que, en caso de que yo muriera, quería que él volviera a encontrar el amor, siempre que no terminara casándose con una mujer que fuera una madrastra malvada y obligara a nuestros hijos a llevar abrigos de piel de dálmata. Dave decía que era una conversación horrible y jamás me contó ni uno de sus deseos. Ahora, animo a mis amigos y mis familiares a que expresen siempre sus miedos y deseos a sus parejas.

El amor es el tercer raíl del dolor, un tema tan cargado que es intocable. Después de perder a tu pareja, la única cosa emocionalmente más peligrosa que encontrar la alegría es encontrar el amor. El mero hecho de tener una cita con alguien desencadena una sensación de tristeza seguida de otra de culpabilidad. Si tan solo el hecho de bailar con un amigo de juventud podía hacer que estallara en lágrimas... imagina.

¿Cuándo debe considerarse que es «demasiado pronto» para tener una cita? He oído hablar de una mujer inglesa que perdió a su marido y comenzó a salir con el mejor amigo de este cuatro semanas después. Todo el mundo se sorprendió de lo rápido que había empezado un nuevo romance. Su suegra dejó de hablarle y muchos de sus amigos también. «Culpadme si queréis —dijo la mujer—, pero el dolor afecta a cada uno de una manera distinta y yo no tengo nada de lo que avergonzarme.»[4] Cuando te quedas viuda, la gente siente pena por ti y quiere que tu sufrimiento termine. Pero si empiezas a salir con alguien, a veces te juzgan y les da por pensar que quizá tu sufrimiento ha terminado un poquito antes de la cuenta. Un amigo de la infancia que ahora es rabino me explicó que, en la religión judía, el duelo por un padre, un hijo o un hermano dura un año, pero que el duelo por una pareja dura solo treinta días.

—Los rabinos querían que la gente siguiera adelante —me dijo.

Cuando llevaba viuda unos cuatro meses mi hermano David me anunció que había algo de lo que quería hablarme.

—No sé si puedo hablar de esto —empezó, sonando mucho más dubitativo de lo normal—, pero creo que deberías comenzar a pensar en tener alguna cita.

Igual que Rob, me aseguró que Dave nunca habría querido que estuviese sola. David creía que me ayudaría a distraerme y a sentirme mejor en lo tocante a mi futuro. También me hizo ver que, si hubiera sido un hombre, ya habría empezado a salir con gente.

Sin duda, tras la muerte de la pareja, los hombres son más proclives que las mujeres a salir con gente y empiezan antes a tener citas.[5] De los adultos que se encuentran en la mediana edad y pierden a su pareja, el 54 por ciento de los hombres tenían ya una relación sentimental un año después, frente a solo el 7 por ciento de las mujeres. En muchos países del mundo hay más hombres que mujeres que vuelven a casarse tras la muerte de su pareja.[6] A los hombres que empiezan relaciones nuevas se les juzga con menos severidad. De las mujeres se espera que porten la antorcha del amor y que, cuando esa llama se extinga, velen su ausencia mucho más tiempo. La viuda doliente cumple nuestras expectativas. La viuda que sale a bailar y queda con gente, no. Estas diferencias reflejan un doble rasero que se apoya en una amplia gama de cuestiones, desde el hecho de que las mujeres se sienten más culpables y tienen cierta ansiedad por sus nuevos romances, hasta que culturalmente está más aceptado que los hombres se casen con mujeres más jóvenes, o la realidad demográfica de que las mujeres viven más años que los hombres. Una cuestión práctica que recae con mayor frecuencia en las mujeres es la responsabilidad de cuidar a los niños y a los padres cuando estos envejecen. Una colega me habló de su familia extensa, que incluye cuatro madres solteras, ninguna de las cuales tuvo nunca una cita con otro hombre y, por supuesto, no se volvieron a casar.

—Estoy segura de que hay muchas razones —me dijo—. Pero la que siempre señalaban es que no tenían dinero ni tiempo para andar concertando citas y criar a sus hijos a la vez.

Muchas de las mujeres de su familia se vieron obligadas a tener varios trabajos para mantener a sus hijos, dado que los hombres no pagaban ninguna pensión. Las mujeres deseaban volver a encontrar el amor romántico, pero la tarea de mantener un techo sobre la cabeza de sus hijos ya requería toda su fuerza. No podían permitirse una canguro y vivían lejos de su familia o de los amigos que habrían podido arrimar el hombro para ayudarlas. Para ellas, salir en una cita era un lujo que no podían permitirse.

Las viudas siguen recibiendo un tratamiento cruel por todo el mundo. En algunas partes de la India,[7] las viudas son apartadas por sus propias familias y se ven obligadas a mendigar para sobrevivir. En algunas aldeas de Nigeria, a las viudas se las desnuda y se les obliga a beber el agua que se ha usado para lavar a sus maridos muertos.[8] Se ha observado discriminación hacia las viudas por parte del 54 por ciento de personas en China, el 70 por ciento en Turquía y el 81 por ciento en Corea del Sur.[9] En muchos países, las viudas tienen dificultades para obtener derechos de propiedad.[10]

Como hay pocas cosas que me motiven más que el hecho de que me digan que algo es sexista, cuando mi hermano se atrevió a abordar el tema conmigo, comencé a pensar en tener alguna cita. Mientras trataba de hacerme a la idea, me asaltaban las preguntas: ¿contribuiría únicamente a empeorarlo todo ese intento de salir adelante? ¿Serían las citas algo tan horrible como lo había sido con anterioridad? Empecé a escribir de vez en cuando en mis diarios sobre la idea de salir con alguien. Pero cuando compartía alguna entrada con mis amigos más íntimos y mi familia más cercana, cosa que hacía cuando eso era más fácil que hablar de mis sentimientos, editaba los textos y borraba esas partes. Me sentía culpable simplemente por pensar en ello y me preocupaban las reacciones que pudieran provocar.

Varios meses después le dije a Phil que había estado escribiéndome con un amigo y que me empezaba a parecer que estábamos ligando. La reacción inicial de Phil confirmó mis temores:

—Siempre seré tu amigo —me respondió—, pero Dave era mi mejor amigo. No estoy preparado para saber esto.

La tía de Phil, que había perdido a su marido un año antes, estaba también con nosotros en ese momento. Más tarde, ese mismo día, mientras estaban solos, Phil le dijo que creía que lo había hecho «muy bien, gestionando esa conversación tan incómoda». Su tía le contestó: «Estuviste fatal». Phil se quedó de piedra. Al principio defendió su posición, explicándole: «Estaba respetando el código de los tíos. Intentaba mostrar respeto a Dave, no juzgar a Sheryl». Pero su tía le argumentó que, aunque no hubiera querido ofenderme, con su respuesta no me mostraba su apoyo. Phil volvió a mi casa y se disculpó. Añadió que esperaba que pudiéramos hablar de todo, también de quedar con gente. Nos abrazamos y me dijo con tristeza:

—Supongo que los dos necesitamos seguir viviendo nuestra propia vida.

Otras personas fueron menos tolerantes. Cuando salió en la prensa la noticia de que yo estaba viendo a una persona, hubo un hombre que escribió en internet que yo era una «puta de mierda». Otro salió con la ocurrencia de que yo era «una mujer con clase» porque se había muerto el amor de mi vida y «ya estaba compartiendo fluidos con un tío nuevo».

Por fortuna, en internet también podemos encontrar comprensión. Leí un blog del escritor Abel Keogh que hablaba de sus intentos de tener alguna cita después de que su mujer se suicidase.[11] Escribió: «La primera vez que fui a cenar con otra mujer, me sentí como si estuviese engañando a mi difunta esposa [...] me abrumaron sentimientos de culpa y traición». Seis meses después conoció a una mujer en la iglesia. En su primera cita, él le contó que era viudo; a ella eso le provocó rechazo y no quiso volver a verlo. El padre de ella la animó a que le diera una segunda oportunidad. Menos de un año después se casaron. Ahora tienen siete hijos y Abel se dedica a escribir guías sobre citas para personas viudas. «Siempre habrá quien no entienda por qué has decidido empezar a salir con gente de nuevo —se lamentaba—. Quizá te lo hayan hecho pasar mal o tienen la estúpida idea de que las viudas y los viudos no deberían volver a enamorarse nunca. Pero sus opiniones no nos importan. Lo único que importa es que estás preparado para volver a salir con gente. No tienes que justificar tus acciones.»

La gente que ha perdido a su pareja ya siente bastante dolor y sensación de culpa por su cuenta. Juzgarlos hace que esos sentimientos se agudicen. Ver esas citas no como una traición, sino como un esfuerzo por salir del dolor y encontrar algo de alegría, sería una forma más empática de comprender la nueva situación. Yo siempre estaré agradecida por que Paula, Rob y David me plantearan el tema. Se encargaron de señalar el elefante de las citas y de acompañarlo, educadamente, fuera de la habitación.

De todos modos, tener citas no hace desaparecer mi tristeza. Todos los que pertenecemos a este club sabemos eso. Puedes echar de menos a tu difunta pareja y estar con otra persona, sobre todo si esa otra persona es lo bastante segura como para permitirte atravesar tu tristeza y ayudarte con el proceso. Un amigo mío perdió a su mujer, tres meses después quedé para desayunar con él y le dije que tenía que empezar a salir con gente cuando se sintiera preparado. Quería prestarle el mismo tipo de apoyo que me había dado a mí la familia de Dave. Más adelante tuvo su primera cita y me mandó un correo electrónico: «Ha sido todo extrañísimo. Y al día siguiente estaba exactamente igual de triste que siempre. Pero, por raro que fuera en algunos momentos, lo he sentido como uno de mis primeros pasos hacia delante. Me sentí otra vez vivo».

Conocí a Tracy Robinson el verano pasado, cuando nuestros hijos fueron al mismo campamento. Al igual que yo, Tracy era viuda con dos hijos. Durante años se había sentido muy sola sin su marido Dan. Se aferró a sus amigos y estrechó lazos con algunos, mientras que otros la decepcionaron. No estaba pensando en salir con nadie, y entonces conoció a Michelle. «Hay una gran bondad en ella —me dijo—. La quiero de un modo muy distinto a como quise a Dan.» Tracy y Michelle se casaron el verano pasado, cinco años después de que Dan muriera. Tracy aún le echa de menos y asegura que volver a casarse no ha cambiado eso, pero se toma muy en serio lo de aprovechar todas las oportunidades porque la vida puede terminar, de verdad, en un abrir y cerrar de ojos.

—Casi odio decir esto, pero soy más feliz de lo que he sido nunca en mi vida —me dijo—. A veces hay que pasar por algo así de horrible para darse cuenta de la belleza que existe en el mundo.

Los escáneres cerebrales de la gente que se enamora revelan la existencia de un estado tóxico de energía y euforia.[12] Cuando nos enamoramos, aumentan nuestra confianza y autoestima, y nuestra identidad se expande.[13] A veces adoptamos algunas de las cualidades de nuestra pareja; enamorarse de alguien que es curioso o muy tranquilo puede hacer que nosotros también nos veamos un poco más de ese modo.

Empezar a tener citas también devolvió el humor a mi vida. El hombre del que le había hablado a Phil comenzó a mandarme correos electrónicos, al principio de forma intermitente y después cada vez con más frecuencia, y a lo largo de los meses y meses de notas nunca dejó de hacerme reír. Se llamaba a sí mismo el «Rey de la Distracción», y lo era. Me ayudó a centrarme más en el presente y en el futuro y a encontrar momentos de alegría.

Si el amor es el tercer raíl del duelo, la risa es igual de importante. Frente a la muerte, la posibilidad de bromear acerca de cualquier cosa parece enormemente inapropiada. Bromear sobre la propia muerte es aún peor, pero de vez en cuando me descubría a mí misma haciéndolo (y entonces me horrorizaba, como si me hubiera descubierto metiendo el brazo hasta el codo en alguna caja de galletas prohibida). La primera broma que recuerdo haber hecho fue cuando un antiguo novio entró en mi casa tras el funeral. Me abrazó y me dio sus condolencias.

—Es todo culpa tuya —le respondí—. Si hubieras sido heterosexual nos habríamos casado y no habría pasado nada de esto.

Los dos nos reímos. Y después tragué saliva, horrorizada por haber hecho esa broma.

Pocas semanas después, mi cuñada Amy y yo estábamos en mi habitación, llorando juntas. Levanté la vista y dije:

—Bueno, al menos ya no tengo que ver esas películas tan malas que le gustaban.

De pronto, las dos nos quedamos en silencio y enseguida nos echamos a reír porque Dave tenía, verdaderamente, un gusto terrible para las películas. Casi tan malo como el mío para las series. Aún siento un ligero estremecimiento cuando pienso en estas bromas, pero consiguieron hacer un poco a un lado la abrumadora oscuridad del momento. Después, Rob hizo lo mismo. Dijo que nunca perdonaría a su hermano el haberle dejado solo con una madre, una esposa y una cuñada que le llamaban veinte veces al día. Era gracioso precisamente porque era verdad. Y para mala fortuna de Rob, yo no pillé la indirecta ni dejé de llamarle tan a menudo.

Esa dificultad se ha evaporado. Ahora puedo hacer bromas sobre Dave con cierta facilidad, siempre que sean el mismo tipo de bromas que hacíamos juntos cuando estaba vivo. Las bromas sobre su muerte, sin embargo, aún me impresionan. Pero también ayudan a romper la tensión. Un día un amigo nuestro que sabía que Dave quería que nuestro hijo fuera a un colegio privado señaló que, por el contrario, está asistiendo a una escuela pública. Le dije:

—Si Dave quería que nuestros hijos fueran a un colegio privado, tenía que haberse quedado para asegurarse de que así era.

Nuestro amigo se quedó helado durante un segundo y luego se relajó al darse cuenta de que estaba bromeando. Y entonces tuvimos nuestra primera conversación sincera desde que Dave murió.

El humor puede hacer que seamos más resilientes. Los enfermos que ven comedias después de una operación suelen reducir su medicación para el dolor en un 25 por ciento.[14] Los soldados que bromean gestionan mejor el estrés.[15] Las personas que se ríen con naturalidad seis meses después de perder a su pareja lo sobrellevan mejor.[16] Las parejas que se ríen juntas tienen más posibilidades de permanecer casadas.[17] Fisiológicamente, el humor relaja nuestro ritmo cardíaco y nuestros músculos.[18] En la evolución, el humor es señal de que una situación es segura. La risa rompe la tensión y hace que las situaciones estresantes sean menos amenazadoras.

El humor también puede abrir un pequeño paréntesis moral en el que se acaba con las injusticias. Cuando a una situación horrible le añades un remate chistoso, cambias el equilibrio de poder al menos durante un momento: los indefensos se convierten en vencedores y los desfavorecidos tienen la última palabra. Mel Brooks dijo que él hacía humor con Hitler y los nazis porque «si puedes ridiculizarlos, ya les sacas mucha ventaja».[19] Durante siglos, los bufones eran las únicas personas que podían decirle la verdad a los poderosos y que tenían permiso para desafiar a un rey o a una reina. Hoy, en Estados Unidos, este papel lo hacen los cómicos de los programas nocturnos.

Los chistes son habituales en los funerales porque el humor negro nos ayuda a vencer la tristeza.[20] Antes de escribir conmigo *Vayamos adelante*, Nell Scovell era autor de comedias de televisión. Tiene cuatro hermanos y, cuando perdieron a su madre, empezó su panegírico enseñando un sobre y declarando: «En este sobre tengo el nombre del hijo favorito de mamá». Cuando una de sus amigas enviudó, empezó a escribir un diario en el que le contaba sus sentimientos a su difunto marido y señalaba: «Ahora es mucho mejor escuchando». El marido de la humorista Janice Messite murió súbitamente dos semanas después de que se casaran. Cuando le preguntaron cómo perdió a su marido, replicó: «No está perdido. Tenía un sentido de la orientación buenísimo. Está MUERTO».[21] El humor puede ofrecernos algo de consuelo, aunque solo sea por un segundo.

En un intento por seguir adelante, llevé al Rey de la Distracción a la boda de mi prima. Fue un alivio volver a tener a alguien con quien bailar, pero estar en una boda familiar sin Dave seguía siendo una situación dura. Puse mi mejor cara cuando la música empezó a sonar. Se me acercó una mujer y me dijo:

—¡He oído que estabas saliendo con alguien! Me alegro de que ya estés bien.

Otra mujer le dio la mano a mi acompañante, se volvió hacia mí y me dijo:

—Es genial ver que has superado la muerte de Dave.

Sé que las dos tenían buena intención y desean que sea feliz, pero no, no he «superado» la muerte de Dave. Nunca lo haré.

Cuando nos casamos, prometemos amarnos «hasta que la muerte nos separe». Nuestras imágenes del amor son activas (amamos acompañando a un amigo, cuidando a un niño, despertándonos junto a alguien), y todas dependen de que la otra persona esté viva. Una de las cosas más importantes que he aprendido es que puedes seguir amando a alguien profundamente después de que haya muerto. Quizá ya no puedas abrazarle ni hablar con él, y quizá incluso empieces a salir con alguien o te enamores de otra persona, pero puedes seguir queriéndole con la misma intensidad. El dramaturgo Robert Woodruff Anderson lo expresó a la perfección: «La muerte acaba con una vida, pero nunca con una relación».[22]

El verano pasado, salí a cenar con tres parejas que eran amigas mías pero que apenas empezaban a conocerse entre ellas. Se fueron contando por turnos cómo se había conocido cada pareja. Y, en esa forma de numerito bien ensayado, la pareja del narrador correspondiente iba apuntando el relato con comentarios chistosos. Cuando empezó la conversación sentí esa sensación en la boca del estómago y, a medida que continuaba, la sensación no dejó de crecer. «Elefante, no sabía que te echaría de menos.» Al principio pensé que me entristecía la falta de consideración por parte de mis amigos cuando se contaban sus historias de amor delante de mí. Habían pasado quince meses y tres días desde la muerte de Dave y la mayor parte de la gente ya había dejado de tenerlo en mente. El mundo había seguido girando. Esa noche me fui pronto a casa, aduciendo que no me encontraba bien.

Pero a la mañana siguiente me levanté aún más enfadada, no con mis amigos, que nunca querrían hacerme daño, sino con algo de lo que acababa de darme cuenta: nadie volvería a preguntarme cómo nos conocimos Dave y yo. Al hacer la ronda de parejas aquella noche, me habían saltado. Ahora que Dave se había ido, nuestra encantadora historia sobre cómo nos conocimos había dejado de ser encantadora. Preguntarle a la gente cómo conoció a su difunta pareja parece algo cruel, así que nadie lo hace. Pero, así, la viuda o el viudo se pierden la nostalgia de recordar aquellos primeros días de romanticismo. Llamé a Tracy Robinson y acordamos que a partir de entonces las dos preguntaríamos a los miembros de nuestro club cómo conocieron a su pareja para darles la oportunidad de recordar la excitación de ese primer encuentro.

A medida que Adam y yo íbamos estudiando el tema de la resiliencia en el hogar y en el trabajo, también pensamos sobre cómo aplicar estas lecciones a las relaciones personales. Todos queremos construir lazos que puedan resistir al estrés, hacer que ambas personas sean más fuertes y acompañarnos tanto en los momentos álgidos como en las horas bajas de la vida. Cuando empieza un nuevo romance, a menudo todo parece fácil. Los psicólogos han descubierto que cuando la gente empieza a enamorarse, incluso las discusiones hacen que sus miembros se atraigan más entre sí.[23] ¿Has oído hablar del sexo de reconciliación? Y, después, la fase luna de miel se acaba y lidiar con las pequeñas molestias cotidianas de la vida puede generar tensión. A veces la adversidad golpea sin previo aviso (por ejemplo, uno de los miembros de la pareja cae enfermo o se queda sin trabajo o se deprime). En otras ocasiones, es un error o una mala decisión lo que la desencadena (por ejemplo, uno de los miembros de la pareja engaña al otro o miente o empieza a tratar mal o de forma abusiva al otro). Por mucho que lo intentemos, a veces las relaciones no duran, o no deberían durar.

Para construir resiliencia en una relación amorosa de larga duración, tenemos que cuidar las interacciones diarias que mantenemos con nuestras parejas. En un conocido estudio, se invitó a 130 recién casados a pasar el día en un «Love Lab», que era parecido a un *bed-and-breakfast*.[24] Los psicólogos estudiaron a las parejas interactuando «en estado salvaje» e hicieron predicciones sobre qué matrimonios durarían y cuáles no. Y supieron predecir los divorcios que ocurrirían en un plazo de seis años con un 83 por ciento de acierto. Una de las claves estaba en las conversaciones que las parejas mantenían, que a menudo empezaban con una oferta de atención, cariño, apoyo o risas. Cuando decimos cosas como «¡Eh, mira ese pájaro!» o «¿Se nos ha acabado la mantequilla?», estamos haciendo una de esas ofertas. Cuando uno de los miembros de la pareja hace una oferta, el otro miembro tiene dos opciones: pasar o entrar. Pasar significa rechazar o ignorar la oferta. «Deja de hablar de los pájaros, estoy viendo la tele.» Entrar significa involucrarse. «Sí, iré a comprar mantequilla. Y unas palomitas, ya de paso.» Los recién casados que siguieron juntos durante los seis años siguientes entraban mutuamente a estas ofertas el 86 por ciento de las veces, y las parejas que terminaron divorciándose entraban a las ofertas solo el 33 por ciento de las veces. La mayor parte de las discusiones entre estas parejas no eran a causa del dinero o el sexo, sino debidas a «ofertas de conexión fallidas».

Jane Dutton, una colega de Adam, dice que una relación resiliente es aquella que tiene la capacidad de sobrellevar emociones intensas y soportar la tensión.[25] Es algo más que una conexión entre dos individuos que ya son resilientes; la resiliencia se convierte en una característica de la propia conexión entre ellos. Mi difunta amiga Harriet Braiker era una terapeuta que publicó muchos libros sobre el amor. A menudo decía que en una relación había tres partes interesadas: tú, la otra persona y la propia relación. La relación es una entidad significativa que necesita ser protegida y nutrida.

Parte de lo que funciona para proteger y nutrir un vínculo es hacer pequeñas cosas juntos. Al pasar la fase de enamoramiento, a menudo las parejas descubren que la chispa se va apagando, y una forma de volver a prenderla es buscar actividades nuevas o excitantes.[26] Recuerdo que una vez Dave y yo fuimos a una boda fuera de la ciudad y nos pasamos gran parte del fin de semana jugando al Scrabble. Un amigo que acababa de divorciarse nos vio y señaló que su exmujer y él en realidad no hacían nunca nada juntos y que su nuevo objetivo era encontrar a alguien que jugara al Scrabble con él. Por lo que se ve, jugar al Scrabble era su concepto de experiencia excitante. El mío también.

Para que una relación perdure, los miembros de la pareja tienen que saber gestionar los conflictos. Cuando se pidió a aquellos recién casados que hablaran durante quince minutos de algún desacuerdo recurrente entre ellos, la magnitud del enfado expresado no tenía después ningún reflejo en si la pareja se divorciaba o seguía unida durante los seis años siguientes. En el caso de las parejas que terminaron divorciándose, el patrón más habitual era el que sigue: la mujer sacaba un tema, el marido se ponía a la defensiva o beligerante, y la mujer reaccionaba con tristeza, con disgusto o ignorándole. En las parejas cuyos matrimonios perduraban, en lugar de una escalada de negatividad, ambos miembros echaban mano del humor y se mostraban afectuosos.[27] Se responsabilizaban de sus problemas y encontraban maneras de llegar a un acuerdo. Y se enviaban señales que decían que, aunque estuvieran discutiendo, a un nivel más profundo estaban bien.

Cuando discutimos con nuestras parejas, es fácil que nos enroquemos en nuestro propio punto de vista. Ampliar la perspectiva suele ser útil para resolver los conflictos. En un estudio, se pidió a las parejas que escribieran acerca de sus desacuerdos más grandes como si fueran observadores externos de la discusión. Tan solo tres entradas de diario de siete minutos cada una bastaron para ayudar a las parejas a mantener un matrimonio con amor durante el año siguiente.[28]

Por supuesto, tener una relación sólida no resuelve todos los problemas. Mi amiga Jennifer Joffe quiere a su marido y él la quiere a ella. Tienen dos hijos maravillosos. Jennifer es una de las personas más buenas que conozco, pero durante treinta y cinco años no se trató bien a sí misma.

—Sentía tal desagrado por mí misma, hasta el punto de odiarme, que no tenía ningún aprecio por mi cuerpo —me contó.

El padre de Jennifer murió cuando ella tenía la misma edad que mi hija y esa profunda tristeza desató una década de relación compulsiva con la comida.

—Usaba la comida para amortiguar el dolor de haber perdido a mi padre —me dijo—. Pero cuando crecí empecé a usarla también para mantener un muro de protección entre el mundo y yo.

Hace pocos años, la hija de Jennifer volvía a casa en bicicleta del colegio y la atropelló un coche. Salió del hospital ese mismo día, pero la cercanía de la catástrofe supuso un cambio de perspectiva para Jennifer.

—Cuando el peor de mis temores casi se convierte en realidad, me di cuenta de que no estaba viviendo de verdad mi vida —me explicó.

Durante un tiempo, fue capaz de controlar su relación compulsiva con la comida, pero cuando llegó la primavera, ya había recaído. Y entonces Dave murió. Jennifer vino a casa inmediatamente para consolarnos. Y, en un bonito giro de los acontecimientos, ayudarnos a nosotros también la ayudó a ella.

—Ver toda aquella situación de nuevo fue como ser el fantasma de las Navidades pasadas —me relató—. Veía a tu hija y quería que ella supiera que su mundo había cambiado para siempre, y que eso suponía una injusticia total, pero que no era culpa suya. No era culpa de nadie. Era la vida, simplemente. Deseaba que se quisiera a sí misma. Y deseaba que mi hija se quisiera a sí misma también. Pero ¿cómo podía esperar que ella, y mi hijo, lo hicieran cuando ni su propia madre lo hacía?

Al final, Jennifer empezó a tratarse a sí misma con la misma amabilidad y cuidado que mostraba por los demás. Su gran cambio llegó cuando tomó consciencia de su situación: «No puedes escapar de tu adicción. Tienes que curarte, y eso requiere un tipo de amor que nadie puede darte, excepto tú». Una vez que Jennifer encontró la suficiente compasión por sí misma y se aceptó, pudo tomar el control de sus adicciones y ahora ayuda a otras mujeres que tienen dificultades con el uso emocional de la comida. Para mí es un modelo y un recordatorio de que el amor que necesitamos para llevar una vida plena no puede venir solo de los demás, sino que tiene que salir también de nuestro interior.

Como tantas otras cosas en la vida, encontrar a alguien a quien amar no es algo que podamos controlar. Tengo una amiga de Facebook, Nina Choudhuri, que a medida que se iba haciendo mayor luchaba con su sempiterno deseo de casarse y tener hijos. Sus padres tuvieron un matrimonio pactado, se enamoraron profundamente, y su padre murió cuando ella tenía tres años.

—La única realidad que he conocido es haber crecido con una madre soltera que no lo fue por elección, fue su Opción B —me contó Nina.

Nina soñaba con casarse y formar una familia. Su madre la animó a que intentase encontrar a la persona adecuada y a casarse por amor. Nina empezó a buscar al hombre perfecto. Cuando estaba en la veintena, cada vez que tenía una» primera cita se preguntaba inmediatamente: «¿Podría casarme con esta persona?». Nina mantuvo el optimismo, pero a medida que ni los *matches* de los sitios de internet ni las citas a ciegas terminaban de salir bien, empezó a preguntarse si aquel sueño que compartía con su madre quizá no llegara a cumplirse.

Al acercarse a los cuarenta, Nina se dio cuenta de que no podía controlar si se enamoraba o no, pero sí podía decidir si tenía un hijo o no. Le preocupaban los riesgos que supone un embarazo, así que comenzó a pensar en la adopción.

—A los cuarenta y tres, tuve uno de esos momentos epifánicos de aceptación en los que te das cuenta de que la vida no consiste en dar una imagen, consiste en sentirse realizado —me dijo.

Decidió adoptar un niño por su cuenta. Cuando se lo dijo a su hermano, la felicitó y la abrazó. Su madre estaba también feliz y le dijo que un niño es un regalo de Dios.

—Todo este apoyo reafirmó en mí esa sensación de «Sí, claro que puedo hacerlo». Tengo mucha suerte de estar rodeada de todo este amor y de toda esta gente que me cuida —me dijo Nina—. ¿Quién dice que una familia tiene que estar formada por un hombre, una mujer, dos hijos y medio y una vallita blanca? En mi Opción B, la B quiere decir «bebé». Y los dos crearemos nuestra Opción A juntos.

Todo el proceso le ha exigido una gran perseverancia. Nina fue elegida por una de las madres biológicas, pero el bebé nació con una enfermedad cardíaca congénita y sobrevivió solo una semana. En aquel momento, Nina me dijo que no se arrepentía de nada. Me dijo que quiso «al bebé durante siete días gloriosos» y, aunque la experiencia fue brutal, reafirmó su decisión de adoptar. Un día, poco antes de San Valentín, me mandó un correo con el asunto: «Te presento a…». Mi corazón empezó a latir como loco en cuanto vi una foto suya en la que sostenía en los brazos a un recién nacido de pocas horas. No se veían los ojos de Nina, porque los tenía pegados a su hija. El correo contenía este sencillo mensaje de siete palabras: «¡Totalmente enamorada! ¡No me lo puedo creer!».

La resiliencia en el amor significa encontrar en nuestro interior esa fuerza que podemos compartir con otros. Encontrar un modo de que el amor perdure por encima de los momentos buenos y malos. Encontrar nuestra propia manera de amar cuando la vida no sale tal como habíamos pensado. Encontrar esperanza para amar y reír de nuevo cuando el amor nos es arrebatado de forma cruel. Y encontrar un modo de aferrarnos al amor aun cuando la persona a la que amamos ya no está.

En el momento en que escribo esto, han pasado casi dos años desde aquel día inimaginable en México. Dos años desde que mis hijos perdieron a su padre. Dos años desde que perdí al amor de mi vida.

Anna Quindlen me dijo que confundimos la resiliencia con la capacidad de cerrar las cosas. Anna perdió a su madre hace cuarenta años.

—¿Me resulta más fácil ahora que entonces? Sí —me dijo un día tomando un café—. ¿Sigo echándola de menos tanto que parece un dolor de muelas? Sí. ¿Sigo descolgando el teléfono de vez en cuando para llamarla? Sí.

El tiempo ha seguido su curso y, en algunos sentidos, yo también. En otros sentidos no. Ahora creo aquello que Davis Guggenheim me avisó el primer mes: el dolor tiene que seguir su propio curso y su propio ritmo. Escribir este libro e intentar darle un sentido no ha sustituido a mi tristeza. A veces la aflicción me golpea como una ola y estalla contra mi consciencia de modo que no me deja sentir nada más. Me golpea en las grandes fechas señaladas, como en nuestro aniversario, y también en los momentos poco significativos, como cuando llega algún correo comercial dirigido a Dave. A veces me encuentro trabajando en la mesa de la cocina y de pronto mi corazón late trastocado cuando pienso por un segundo que de pronto va a abrir la puerta y entrar en casa.

Pero, de igual modo que la pena se estrella contra nosotros como una ola, también se retira como la marea. Y hemos resistido no solo en pie, sino, en cierto modo, haciéndonos más fuertes. La Opción B todavía nos deja opciones. Aún podemos amar… y aún podemos ser felices.

Ahora sé que es posible no solo levantarse de nuevo, sino también crecer. ¿Cambiaría todo este aprendizaje por que Dave estuviera de vuelta? Sin ninguna duda. Nadie elegiría jamás aprender ni crecer de este modo. Pero a veces ocurre, y tenemos que hacerlo. Tal como escribió Allen Rucker sobre su parálisis: «No voy a poneros los pelos de punta diciendo que no hay mal que por bien no venga y que, según se mire, esto tiene su lado bueno. Esto no tiene lado bueno y no hay formas diversas de mirarlo. Pero hay cosas que se ganan y cosas que se pierden y, algunos días, no estoy seguro de que las ganancias no sean tan grandes o incluso mayores que las inevitables pérdidas».[29]

Las tragedias no tienen que ser ni personalizadas, ni generales, ni permanentes, pero la resiliencia sí que puede serlo. Podemos construirla y llevarla con nosotros toda nuestra vida. Si Malala puede sentirse agradecida…, si Catherine Hoke puede tener una segunda oportunidad para ayudar a otras personas a tener una segunda oportunidad…, si las mujeres «sobrantes» pueden unirse para luchar contra el estigma social…, si la congregación de la iglesia de Madre Emanuel puede alzarse por encima del odio…, si Allen Rucker puede mantener su sentido del humor…, si Wafaa puede huir a un nuevo país y redescubrir la felicidad…, si Joe Casper puede forjarse un destino junto con su hijo… todos los demás podemos encontrar la fuerza en nuestro interior y construir juntos esa fortaleza. En cada uno de nosotros hay una luz que nunca se extinguirá.

En el funeral de Dave dije que, si el día que recorrí junto a él el pasillo nupcial alguien me hubiera dicho que solo disfrutaríamos de once años juntos, habría seguido eligiendo recorrer ese pasillo. Once años siendo la mujer de Dave y diez años siendo madre junto a él es quizá más suerte y más felicidad de la que jamás podría haber imaginado. Me siento agradecida por cada uno de los minutos que tuvimos juntos. Terminé mi panegírico con estas palabras:

> Dave, hoy tengo algunas promesas que hacerte:
>
> Prometo que educaré a tus hijos como fans de los Vikings aunque no tengo ni idea de fútbol americano y estoy bastante segura de que ese equipo no gana nunca.
>
> Prometo llevarlos a los partidos de los Warriors y prestar la atención suficiente como para animar solo cuando marquen los Warriors.
>
> Prometo dejar a nuestro hijo que siga jugando al póquer en internet, aunque le permitiste comenzar cuando solo tenía ocho años y aunque, para empezar, la mayoría de los padres habrían hablado primero con la madre sobre si para un niño tan pequeño es conveniente jugar al póquer en internet. Y a nuestra hija: cuando cumplas ocho, ni un minuto antes, podrás jugar también al póquer online.
>
> Dave, prometo que tus hijos crecerán sabiendo quién fuiste, y todos los aquí presentes pueden ayudarme a hacerlo contándoles las historias que recuerdan de ti. Y, Dave, educaré a tus hijos de forma

que sepan lo que querías para ellos y que los querías más que a nada en el mundo.

Dave, prometo que intentaré vivir de una manera que te haría sentir orgulloso. Una vida en la que intentaré hacerlo todo lo mejor posible, ser la amiga que tú fuiste con nuestros amigos, seguir tu ejemplo intentando hacer del mundo un lugar mejor, y siempre, siempre, amando tu recuerdo y dando mi cariño a tu familia.

Hoy dejaremos descansar al amor de mi vida, pero enterraremos únicamente su cuerpo. Su espíritu, su alma, su increíble capacidad de entrega sigue con nosotros. Lo siento en las historias que me está contando la gente sobre cómo Dave influyó en sus vidas, lo veo en los ojos de nuestros familiares y nuestros amigos y, sobre todo, en el espíritu y en la resiliencia de nuestros hijos. Las cosas nunca volverán a ser igual, pero el mundo es mejor gracias a los años que Dave Goldberg estuvo vivo.

Sí, el mundo es mejor gracias a los años que Dave Goldberg estuvo vivo. Yo soy mejor gracias a los años que pasamos juntos y por todo lo que me ha enseñado, tanto en la vida como en la muerte.

Construir juntos la resiliencia

Te invitamos a visitar el sitio web OptionB.org para entrar en contacto con otras personas que tienen que hacer frente a retos como los tuyos. Allí puedes leer historias de personas que han sido capaces de construir resiliencia frente a la pérdida, la enfermedad, situaciones de abuso y otras dificultades, y encontrarás información que puede serte de ayuda, tanto a ti como a tus seres queridos.

Esperamos, igualmente, que te unas a la comunidad Opción B en facebook.com/OptionBOrg para encontrar un apoyo continuo.

Al unirnos y apoyarnos mutuamente, podremos volver a levantarnos y encontrar de nuevo la felicidad.

Agradecimientos

Cuando te pones a escribir un libro sobre la resiliencia, la gente comienza a abrirse con naturalidad y a hablarte sobre las dificultades que han padecido ellos mismos o sus seres queridos. Muchos de nosotros ya trabajamos juntos, pero nuestra relación se hizo más estrecha durante este proyecto. Agradecemos a todos los que están en esta lista su sabiduría y su contribución, y aún más su sinceridad y su confianza.

Nell Scovell editó este libro con heroica persistencia. Pensó cuidadosamente cada frase y cada párrafo con una dedicación infatigable. Nell tiene una enorme cantidad de capacidades y este libro las refleja todas. Por su condición de periodista, es una maestra del arte de modelar y afinar relatos. Por su condición de redactora de discursos, sabe perfectamente cómo capturar una voz. Por su condición de escritora de comedias, nos proporcionó un humor muy necesario, tanto dentro como fuera de la página. Admiramos su atención a los detalles, su capacidad para dar con el corazón de cada momento, y los verdaderos sacrificios que hizo por este proyecto, solo por lealtad y amor. Su competencia se deja ver en cada página, y no podríamos haber escrito este libro sin ella.

La periodista Stacey Kalish realizó más de cuarenta entrevistas, en las que se encargó de hacer preguntas difíciles con mucha empatía. El fino análisis de Marianne Cooper, socióloga en Stanford, centró nuestro planteamiento y sus profundos conocimientos sobre las desigualdades sociales y económicas nos ofrecieron unas reflexiones inestimables.

Nuestra editora en Knopf, Robin Desser, entendió perfectamente la necesidad de combinar emoción e investigación y supo cómo integrar ambos conceptos. El entusiasmo que mostró desde el principio nos ayudó a llegar a la línea de meta. El editor jefe de Knopf, Sonny Mehta, y su presidente, Tony Chirico, fueron nuestra Opción A y estamos muy agradecidos por su apoyo. También damos las gracias a Markus Dohle, CEO de Random House, por apoyar nuestro trabajo en Penguin Random House. Nuestros agentes Jennifer Walsh y Richard Pine nos prestaron sus excepcionales consejos y amistad a lo largo de todo el proceso.

David Dreyer y Eric London son unos virtuosos de la comunicación y nuestros asesores de confianza, su tenaz voz de la razón fue un faro constante. Liz Bourgeois y Anne Kornblut no podían haberse mostrado más generosas con su tiempo ni más brillantes en sus observaciones sobre las personas, los tonos y los sentimientos. Lachlan Mackenzie nos aportó su compasión y su don único de hallar imágenes para ilustrar conceptos difíciles. Gene Sperling nos ayudó una y otra vez con su habilidad para ver detrás de los rincones y resolvió problemas que ni siquiera sabíamos que teníamos. Merrill Markoe encendió una luz en la oscuridad y le dio fuerza.

Como presidenta de la Sheryl Sandberg & Dave Goldberg Family Foundation, Rachel Thomas ha dirigido los empeños de LeanIn.org para apoyar a mujeres de todo el mundo en la consecución de sus ambiciones. Ahora está trabajando para ampliar el enfoque y lanzar OptionB.org. No hay nadie que sepa hacer mejor lo que ella hace. Un enorme agradecimiento a todo el equipo por la pasión y la creatividad que vuelcan en su trabajo todos los días. Un aplauso especial para Jenna Bott por su talento como diseñadora, Ashley Finch por sus capacidades de liderazgo y ejecutiva, Katie Miserany y Sarah Maisel por ayudar a la gente a compartir sus historias, Raena Saddler y Michael Linares por crear el sitio web de Opción B, Megan Rooney y Brigit Helgen por saber siempre qué decir, Bobbi Thomason por hacer local cada edición, y Clarice Cho y especialmente Abby Speight por apoyar a la comunidad Opción B. Nuestro sincero agradecimiento a Norman Jean Roy por haber dedicado su inmenso talento a capturar el espíritu de la resiliencia en fotografías y a Dyllan McGee y su equipo de McGee Media por dar a nuestros héroes voz en formato audiovisual.

Tuvimos la suerte de contar con los consejos y sugerencias de sabios amigos. Carole Geithner nos explicó cómo ayudar a los niños en su dolor. Maxine Williams nos prestó sus profundos conocimientos sobre los sesgos cognitivos y la diversidad. Marc Bodnick nos instó a encontrar los ejemplos adecuados para iluminar las tres P. Amy Schefler nos enseñó cómo aprenden los hospitales a prevenir errores. Andrea Saul compartió con nosotros su destreza en los campos de la comunicación y la política. El rabino Jay Moses, el reverendo Scotty McLennan, Cory Muscara, Reza Aslan y Krista Tippett compartieron con nosotros sus extraordinarias perspectivas religiosas. Anna Quindlen nos instó a abordar la sensación de soledad que deriva del sufrimiento. Reb Rebele nos alertó acerca de nuevos desarrollos en las investigaciones sobre la resiliencia. Arianna Huffington nos recordó que las personas leen no únicamente para aprender cosas, sino también para ganar esperanza. Craig y Kirsten Nevill-Manning aparecieron como lo hacen siempre y nos dieron perspectiva sobre cuestiones clave acerca del tono. Scott Tierney subrayó el poder de invertir en la comunidad antes de que golpee la adversidad. Nola Barackman y Tessa Lyons-Laing señalaron los elefantes que había en el libro. Lauren Bohn entrevistó a Wafaa con un traductor maravilloso, Mohammed. Dan Levy y Grace Song nos enseñaron cosas sobre la resiliencia de las pequeñas empresas. Kara Swisher y Mellody Hobson nos ayudaron a escribir correctamente algunas frases clave. Ricky Seidman arrimó el hombro para mejorar la cohesión y la claridad. Michael Lynton nos animó a pensar sobre cómo está relacionado este libro con lo que hemos escrito anteriormente. Colin Summers respondió con paciencia a nuestras preguntas diarias sobre estilo y contenido. Y manifestamos nuestro agradecimiento más sincero a Allison Grant, que no solo compartió sus conocimientos sobre salud mental, sino que también nos dio su amor y su apoyo a lo largo de todo el proceso de escritura.

El equipo de Knopf se implicó desde el principio con un entusiasmo que aumentó hasta llegar al frenesí (Paul Bogaards, va por ti). Este libro se ha visto enormemente beneficiado por el trabajo diligente y apasionado de Peter Andersen, Lydia Buechler, Janet Cooke, Anna Dobben, Chris Gillespie, Erinn Hartman, Katherine Hourigan, Andy Hughes, James Kimball, Stephanie Kloss, Jennifer Kurdyla, Nicholas Latimer, Beth Meister, Lisa Montebello, Jennifer Olsen, Austin O'Malley, Cassandra Pappas, Lara Phan, Danielle Plafsky, Anne-Lise Spitzer, Anke Steinecke, Danielle Toth y Amelia Zalcman. Ellen Feldman fue más allá del deber en su acompañamiento de nuestro manuscrito durante todo el proceso hasta que estaba impreso. Apreciamos enormemente el trabajo de la extraordinaria Amy Ryan, cuya meticulosidad es superada solo por su paciencia para soportar interminables correos electrónicos acerca de la coma Oxford.

El diseño de la cubierta del libro fue un acto de amor por parte de todos los implicados. Queremos dar las gracias a Keith Hayes por su creatividad y al equipo de gran talento de Knopf que diseñó la mejor cubierta posible: Kelly Blair, Carol Carson, Janet Hansen, Chip Kidd, Peter Mendelsund y Oliver Munday. También agradecemos las inestimables contribuciones de John Ball, Holly Houk, Lauren Lamb y Shawn Ritzenthaler MiresBall.

Tuvimos la suerte de contar con el continuo apoyo de los equipos de WME y InkWell, especialmente con Eric Zohn, Eliza Rothstein, Nathaniel Jacks y Alexis Hurley. Un enorme gracias para Tracy Fisher por la sabiduría y la dedicación que pone en la labor de hacer que este libro circule internacionalmente.

Muchos de nuestros amigos y colegas leyeron algún borrador y nos hicieron comentarios con honestidad. Les agradecemos su tiempo y sus sugerencias: Joy Bauer, Amanda Bennett, Jessica Bennett, David Bradley, Jon Cohen, Joanna Coles, Margaret Ewen, Ana Fieler, Stephanie Flanders, Adam Freed, Susan Gonzales, Don Graham, Nicole Granet, Joel Kaplan, Rousseau Kazi, Mike Lewis, Sara Luchian, Schuyler Milender, Dan Rosensweig, Jim Santucci, Karen Kehela Sherwood, Anna Thompson, Clia Tierney y Caroline Weber.

Un reconocimiento especial para Larry Summers por hacer de este el primer libro que no ha leído nunca en su teléfono.

Nos hemos apoyado mucho en investigaciones de destacados científicos sociales cuyo trabajo ha influido en nuestro pensamiento y ocupa un lugar central en este libro, especialmente en lo que se refiere a las tres P (Marty Seligman), el apoyo social (Peggy Thoits), la compasión por uno mismo (Kristin Neff y Mark Leary), la escritura expresiva (Jamie Pennebaker y Cindy Chung), la pérdida del empleo (Rick Price y Amiram Vinokur), el crecimiento y el significado postraumático (Richard Tedeschi, Lawrence Calhoun y Amy Wrzesniewski), la felicidad y los sentimientos (Jennifer Aaker, Mihaly Csikszentmihalyi, Dan Gilbert, Jonathan Haidt, Laura King, Brian Little, Richard Lucas, Sonja Lyubomirsky, C. R. Snyder y Timothy Wilson), la resiliencia en los niños (Marshall Duke, Carol Dweck, Gregory Elliott, Nicole Stephens y David Yeager), la resiliencia colectiva (Daniel Aldrich, Dan Gruber, Stevan Hobfoll, Michèle Lamont y Michelle Meyer), los fracasos y el aprendizaje en el trabajo (Sue Ashford, Amy Edmondson y Sabine Sonnentag), la pérdida y el dolor (George Bonanno, Deborah Carr, Darrin Lehman y Camil Le Wortman) y el amor y las relaciones (Arthur y Elaine Aron, Jane Dutton, y John y Julie Gottman).

Nuestra más profunda admiración para todos aquellos que han contado sus historias tanto en este libro como en OptionB.org. La mayoría son miembros de algún club al que no querían pertenecer, y estamos enormemente agradecidos por que hayan compartido con nosotros su sabiduría. Nos sentimos inspirados por su resiliencia y su búsqueda del sentido y de la alegría. En los días en que el vacío se cierne sobre nosotros, todos podemos sacar fuerzas de su ejemplo.

Notas

1. C. S. Lewis, *A Grief Observed*, Nueva York, Harper & Row, 1961. [Hay trad. cast.: *Una pena en observación*, Barcelona, Anagrama, 2006.]

2. Véase, por ejemplo, Timothy J. Biblarz y Greg Gottainer, «Family Structure and Children's Success: A Comparison of Widowed and Divorced Single-Mother Families», *Journal of Marriage and Family*, 62 (2000), pp. 533-548; Kenneth S. Kendler, Michael C. Neale, Ronald C. Kessler, *et al.*, «Childhood Parental Loss and Adult Psychopathology in Women: A Twin Study Perspective», *Archives of General Psychiatry*, 49 (1992), pp. 109-116; Jane D. McLeod, «Childhood Parental Loss and Adult Depression», *Journal of Health and Social Behavior*, 32 (1991), pp. 205-220.

3. George A. Bonanno, Camille B. Wortman, Darrin R. Lehman, *et al.*, «Resilience to Loss and Chronic Grief: A Prospective Study from Pre-loss to 18 Months Postloss», *Journal of Personality and Social Psychology*, 83 (2002), pp. 1150-1164. Para conocer más, véase George A. Bonanno, *The Other Side of Sadness: What the New Science of Bereavement Tells Us About Life After Loss*, Nueva York, Basic Books, 2010.

4. Véase Geoff DeVerteuil y Oleg Golubchikov, «Can Resilience Be Redeemed?», *City: Analysis of Urban Trends, Culture, Theory, Policy, Action*, 20 (2016), pp. 143-151; Markus Keck y Patrick Sakdapolrak, «What Is Social Resilience? Lessons Learned and Ways Forward», *Erdkunde*, 67 (2013), pp. 5-19.

1. Respirar de nuevo

1. Samuel Beckett, *The Unnamable*, Nueva York, Grove Press, 1958. [Hay trad. cast.: *El innombrable*, Madrid, Alianza, 2010.]

2. Véase Steven F. Maier y Martin E. P. Seligman, «Learned Helplessness at Fifty: Insights from Neuroscience», *Psychological Review*, 123 (2016), pp. 349-367; Martin E. P. Seligman, *Learned Optimism: How to Change Your Mind and Your Life*, Nueva York, Pocket Books, 1991.

3. Véase Tracy R. G. Gladstone y Nadine J. Kaslow, «Depression and Attributions in Children and Adolescents: A Meta-Analytic Review», *Journal of Abnormal Child Psychology*, 23 (1995), pp. 597-606.

4. Angela Lee Duckworth, Patrick D. Quinn y Martin E. P. Seligman, «Positive Predictors of Teacher Effectiveness», *The Journal of Positive Psychology*, 4 (2009), pp. 540-547.

5. Martin E. P. Seligman, Susan Nolen-Hoeksema, Nort Thornton y Karen Moe Thornton, «Explanatory Style as a Mechanism of Disappointing Athletic Performance», *Psychological Science*, 1 (1990), pp. 143-146.

6. Martin E. P. Seligman y Peter Schulman, «Explanatory Style as a Predictor of Productivity and Quitting Among Life Insurance Sales Agents», *Journal of Personality and Social Psychology*, 50 (1986), pp. 832-838.

7. Matt J. Gray, Jennifer E. Pumphrey y Thomas W. Lombardo, «The Relationship Between Dispositional Pessimistic Attributional Style Versus Trauma-Specific Attributions and PTSD Symptoms», *Journal of Anxiety Disorders*, 17 (2003), pp. 289-303; Ronnie Janoff-Buman, «Characterological Versus Behavioral Self-Blame: Inquiries into Depression and Rape», *Journal of Personality and Social Psychology*, 37 (1979), pp. 1798-1809.

8. Las mujeres suelen disculparse más que los hombres. «Why Women Apologize More than Men: Gender Differences in Thresholds for Perceiving Offensive Behavior», *Psychological Science*, 21 (2010), pp. 1649-55; Jarrett T. Lewis, Gilbert R. Parra y Robert Cohen, «Apologies in Close Relationships: A Review of Theory and Research», *Journal of Family Theory and Review*, 7 (2015), pp. 47-61.

9. Robert W. Van Giezen, «Paid Leave in Private Industry over the Past 20 Years», U.S. Bureau of Labor Statistics, *Beyond the Numbers*, 2 (2013), <www.bls.gov/opub/btn/volume-2/paid-leave-in-private-industry-over-the-past-20-years.htm>. Es inaceptable que, en Estados Unidos,

un padre o una madre tengan doce semanas libres cuando nace un niño y solo tres días si muere, y que casi el 30 por ciento de las madres no puedan acceder a una baja remunerada: véase <http://scholars.unh.edu/cgi/viewcontent.cgi?article=1170&context=carsey>. Para una definición de baja remunerada, véase Kristin Smith y Andrew Schaefer, «Who Cares for the Sick Kids? Parents' Access to Paid Time to Care for a Sick Child», Carsey Institute Issue Brief, 51 (2012), consultado del 16 de diciembre de 2016: <http://scholars.unh.edu/cgi/viewcontent.cgi?article=1170&context=carsey>.

10. Jane E. Dutton, Kristina M. Workman y Ashley E. Hardin, «Compassion at Work», *Annual Review of Organizational Psychology and Organizational Behavior*, 1 (2014), pp. 277-304.

11. Darlene Gavron Stevens, «The Cost of Grief», *Chicago Tribune*, 20 de agosto de 2003: <http://articles.chicagotribune.com/2003-08-20/business/0308200089_1_pet-loss-grief-emotions>.

12. James H. Dulebohn, Janice C. Molloy, Shaun M. Pichler y Brian Murray, «Employee Benefits: Literature Review and Emerging Issues», *Human Resource Management Review*, 19 (2009), pp. 86-103. Véase también Alex Edmans, «The Link Between Job Satisfaction and Firm Value, with Implications for Corporate Social Responsibility», *Academy of Management Perspectives*, 26 (2012), pp. 1-19; James K. Harter, Frank L. Schmidt y Theodore L. Hayes, «Business-Unit-Level Relationship Between Employee Satisfaction, Employee Engagement, and Business Outcomes: A Meta-Analysis», *Journal of Applied Psychology*, 87 (2002), pp. 268-279.

13. Daniel T. Gilbert, Elizabeth C. Pinel, Timothy D. Wilson y Stephen J. Blumberg, «Immune Neglect: A Source of Durability Bias in Affective Forecasting», *Journal of Personality and Social Psychology*, 75 (1998), pp. 617-638.

14. Timothy D. Wilson y Daniel T. Gilbert, «Affective Forecasting: Knowing What to Want», *Current Directions in Psychological Science*, 14 (2005), pp. 131-134; Daniel T. Gilbert, *Stumbling on Happiness*, Nueva York, Knopf, 2006. [Hay trad. cast.: *Tropezar con la felicidad*, Barcelona, Destino, 2006.]

15. Gilbert, *et al.*, «Immune Neglect».

16. Elizabeth W. Dunn, Timothy D. Wilson y Daniel T. Gilbert, «Location, Location, Location: The Misprediction of Satisfaction in Housing

Lotteries», *Personality and Social Psychology Bulletin*, 29 (2003), pp. 1421-1432.

17. Véase el Beck Institute for Cognitive Behavior Therapy: <www.beckinstitute.org>.

18. C. S. Lewis, *Una pena en observación*, Barcelona, Anagrama, 2006.

19. Pema Chödrön, *When Things Fall Apart: Heart Advice for Difficult Times*, Boston, Shambhala, 1997.

20. Alex M. Wood, Jeffrey J. Froh y Adam W. A. Geraghty, «Gratitude and Well- Being: A Review and Theoretical Integration», *Clinical Psychology Review*, 30 (2010), pp. 890-905; Laura J. Kray, Katie A. Liljenquist, Adam D. Galinsky, *et al.*, «From What Might Have Been to What Must Have Been: Counterfactual Thinking Creates Meaning», *Journal of Personality and Social Psychology*, 98 (2010), pp. 106-118; Karl Halvor Teigen, «Luck, Envy, and Gratitude: It Could Have Been Different», *Scandinavian Journal of Psychology*, 38 (1997), pp. 313-323; Minkyung Koo, Sara B. Algoe, Timothy D. Wilson y Daniel T. Gilbert, «It's a Wonderful Life: Mentally Subtracting Positive Events Improves People's Affective States, Contrary to Their Affective Forecasts», *Journal of Personality and Social Psychology*, 95 (2008), pp. 1217-1224.

21. Robert A. Emmons y Michael E. McCullough, «Counting Blessings Versus Burdens: An Experimental Investigation of Gratitude and Subjective Well-Being in Daily Life», *Journal of Personality and Social Psychology*, 84 (2003), pp. 377-389.

22. Emily C. Bianchi, «The Bright Side of Bad Times: The Affective Advantages of Entering the Workforce in a Recession», *Administrative Science Quarterly*, 58 (2013), pp. 587-623.

23. Luc Cohen y Lisa Shumaker, «Argentina Poverty Reaches 32.2 Pct in First Data Release in Years», *Reuters*, 28 de septiembre de 2016: <www.reuters.com/article/argentina-economy-poverty-idUSL2N1C41JC>; Lisa Von Ahn, Anahi Rama y Anna Yukhananov, «Mexican Government Says Poverty Rate Rose to 46.2 Percent in 2014», *Reuters*, 23 de julio de 2015: <www.reuters.com/article/us-mexico-poverty-idUSKCN0PX2B3201 50723>; «Population Below Poverty Line», *The World Fact Book*, consultado el 1 de junio de 2017 en: <https://www.cia.gov/library/publications/the-world-factbook/fields/2046.html>.

24. «Americans' Financial Security: Perception and Reality», *The Pew Charitable Trusts*, consultado el 14 de diciembre de 2016: <www.pewtrusts.

org/en/research-and-analysis/issue-briefs/2015/02/americans-financial-security-perceptions-and-reality>.

25. Mariko Lin Chang, *Shortchanged: Why Women Have Less Wealth and What Can Be Done About It*, Nueva York, Oxford University Press, 2010.

26. Alicia H. Munnell y Nadia S. Karamcheva, «Why Are Widows So Poor?», Center for Retirement Research en Boston College Brief IB#7-9, consultado el 14 de diciembre de 2016: <http://crr.bc.edu/briefs/why-are-widows-so-poor/>.

2. Echar al elefante de la habitación

1. Tim Urban, «10 Types of Odd Friendships You're Probably Part Of», *Wait but Why*, diciembre de 2014: <http://waitbutwhy.com/2014/12/10-types-odd-friendships-youre-probably-part.html>. Para más pruebas sobre la buena aceptación de las personas cuando hacen más preguntas, véase Karen Huang, Mike Yeomans, Alison Wood Brooks, *et al.*, «It Doesn't Hurt to Ask: Question-Asking Encourages Self-Disclosure and Increases Liking», *Journal of Personality and Social Psychology* (en prensa).

2. Mitch Carmody, citado en Linton Weeks, «Now We Are Alone: Living On Without Our Sons», *All Things Considered*, NPR, 3 de septiembre de 2010: <www.npr.org/templates/story/story.php?storyId=128977776>.

3. Sidney Rosen y Abraham Tesser, «On Reluctance to Communicate Undesirable Information: The MUM Effect», *Sociometry*, 33 (1970), pp. 253-263.

4. Joshua D. Margolis y Andrew Molinsky, «Navigating the Bind of Necessary Evils: Psychological Engagement and the Production of Interpersonally Sensitive Behavior», *Academy of Management Journal*, 51 (2008), pp. 847-872; Jayson L. Dibble, «Breaking Bad News in the Provider-Recipient Context: Understanding the Hesitation to Share Bad News from the Sender's Perspective», en Benjamin Bates y Rukhsana Ahmed, eds., *Medical Communication in Clinical Contexts*, Dubuque, IA: Kendall Hunt Publishing, 2012. Véase también Walter F. Baile, Robert Buckman, Renato Lenzi, *et al.*, «SPIKES— A Six-Step Protocol for Delivering Bad News: Application to the Patient with Cancer», *The Oncologist*, 5 (2000), pp. 302-311.

5. Timothy D. Wilson, David A. Reinhard, Erin C. Westgate, *et al.*, «Just Think: The Challenges of the Diseganged Mind», *Science*, 345 (2014), pp. 75-77.

6. Lynn C. Miller, John H. Berg y Richard L. Archer, «Openers: Individuals Who Elicit Intimate Self-Disclosure», *Journal of Personality and Social Psychology*, 44 (1983), pp. 1234-1244.

7. Daniel Lim y David DeSteno, «Suffering and Compassion, and Prosocial Behavior», *Emotion*, 16 (2016), pp. 175-182. Se debe señalar que cuando una persona ha superado un acontecimiento desgarrador y otros no logran hacerlo, será menos compasiva con ellos: Rachel L. Ruttan, Mary-Hunter McDonell y Loran F. Nordgren, «Having "Been There" Doesn't Mean I Care: When Prior Experience Reduces Compassion for Emotional Distress», *Journal of Personality and Social Psychology*, 108 (2015), pp. 610-622.

8. Anna Quindlen, «Public and Private: Life After Death», *The New York Times*, 4 de mayo de 1994: <www.nytimes.com/1994/05/04/opinion/public-private-life-after-death.html>.

9. Darrin R. Lehman, John H. Ellard y Camille B. Wortman, «Social Support for the Bereaved: Recipients' and Providers' Perspectives on What Is Helpful», *Journal of Consulting and Clinical Psychology*, 54 (1986), pp. 438-446.

10. Jeanne L. Tsai, «Ideal Affect: Cultural Causes and Behavioral Consequences», *Perspectives on Psychological Science*, 2 (2007), pp. 242-259.

11. David Caruso, citado por Julie Beck, «How to Get Better at Expressing Emotions», *The Atlantic*, 18 de noviembre de 2015: <www.theatlantic.com/health/archive/2015/11/how-to-get-better-at-expressing-emotions/416493/>.

12. Quindlen, «Public and Private».

13. Sheryl Sandberg, post en Facebook, 3 de junio de 2015: <www.facebook.com/sheryl/posts/10155617891025177:0>.

14. Para saber más, véase James W. Pennebaker y Joshua M. Smyth, *Opening Up by Writing It Down: How Expressive Writing Improves Health and Eases Emotional Pain*, Nueva York, Guilford, 2016. Para más detalles, véase el capítulo 4.

15. Anthony C. Ocampo, «The Gay Second Generation: Sexual Identity and the Family Relations of Filipino and Latino Gay Men», *Journal of Ethnic and Migration Studies*, 40 (2014), pp. 155-173; Anthony C. Ocam-

po, «Making Masculinity: Negotiations of Gender Presentation Among Latino Gay Men», *Latino Studies*, 10 (2012), pp. 448-472.

16. Emily McDowell, citado por Kristin Hohendal, «A Cancer Survivor Designs the Cards She Wishes She'd Received from Friends and Family», *The Eye*, 6 de mayo de 2015: <www.slate.com/blogs/the_eye/2015/05/06/empathy_cards_by_emily_ mcdowell_are_greeting_cards_designed_for_cancer_patients.html>.

17. <http://emilymcdowell.com/>. Véase también Kelsey Crowe y Emily McDowell, *There Is No Good Card for This: What to Say and Do When Life Is Scary, Awful, and Unfair to People You Love*, Nueva York, HarperOne, 2017.

18. Tim Lawrence, «8 Simple Words to Say When Someone You Love Is Grieving», *Upworthy*, 17 de diciembre de 2015: <www.upworthy.com/8-simple-words-to-say-when-when-someone-you-love-is-grieving>.

3. LA REGLA DE PLATINO DE LA AMISTAD

1. David C. Glass y Jerome Singer, «Behavioral Consequences of Adaptation to Controllable and Uncontrollable Noise», *Journal of Experimental Social Psychology*, 7 (1971), pp. 244-257; David C. Glass y Jerome E. Singer, «Experimental Studies of Uncontrollable and Unpredictable Noise», *Representative Research in Social Psychology*, 4 (1973), pp. 165-83.

2. Brian R. Little, *Me, Myself, and Us: The Science of Personality and the Art of Well-Being*, Nueva York, Public Affairs, 2014.

3. C. Daniel Batson, Jim Fultz y Patricia A. Schoenrade, «Distress and Empathy: Two Qualitatively Distinct Vicarious Emotions with Different Motivational Consequences», *Journal of Personality*, 55 (1987), pp. 19-39.

4. Allen Rucker, *The Best Seat in the House: How I Woke Up One Tuesday and Was Paralyzed for Life*, Nueva York, HarperCollins, 2007.

5. Loran F. Nordgren, Mary-Hunter McDonnell y George Loewenstein, «What Constitutes Torture? Psychological Impediments to an Objective Evaluation of Enhanced Interrogation Tactics», *Psychological Science*, 22 (2011), pp. 689-694.

6. Se han dado diferentes orígenes a este concepto. Una de las mejores descripciones proviene de los escritos de Karl Popper: «La regla de oro es una buena convención que incluso se puede mejorar aplicándola a los

demás, siempre que sea posible, como si se la aplicasen ellos mismos». Karl Popper, *The Open Society and Its Enemies*, vol. 2, Nueva York, Routledge, 1945/1966. [Hay trad. cast.: *La sociedad abierta y sus enemigos*, Barcelona, Paidós, 2010.]

7. Bruce Feiler, «How to Be a Friend in Deed», *The New York Times*, 6 de febrero de 2015: <www.nytimes.com/2015/02/08/style/how-to-be-a-friend-in-deed.html>.

8. Megan Devine, *Refuge in Grief: Emotionally Intelligent Grief Support*, consultado el 14 de diciembre de 2016: <www.refugeingrief. com/>.

9. Jessica P. Lougheed, Peter Koval y Tom Hollenstein, «Sharing the Burden: The Interpersonal Regulation of Emotional Arousal in Mother-Daughter Dyads», *Emotion*, 16 (2016), pp. 83-93.

10. Susan Silk y Barry Goldman, «How Not to Say the Wrong Thing», *Los Angeles Times*, 7 de abril de 2013: <http://articles.latimes.com/2013/apr/07/opinion/la-oe-0407-silk-ring-theory-20130407>.

11. Elisabeth Kübler-Ross, *On Death and Dying*, Nueva York, Routledge, 1969. [Hay trad. cast.: *Sobre la muerte y los moribundos*, Barcelona, Random House, 2000.]

12. Holly G. Prigerson y Paul K. Maciejewski, «Grief and Acceptance as Opposite Sides of the Same Coin: Setting a Research Agenda to Study Peaceful Acceptance of Loss», *The British Journal of Psychiatry*, 193 (2008), pp. 435-437. Véase también Margaret Stroebe y Henk Schut, «The Dual Process Model of Coping with Bereavement: Rationale and Description», *Death Studies*, 23 (1999), pp. 197-224. Como nos explicó la trabajadora social Carole Geithner, los modelos de fases «también minimizan la individualidad y la diversidad de las formas de pasar la pena. Hay diferentes estilos de aflicción y de estrategias para gestionarla. Los modelos crean problemas cuando se convierten en prescriptivos. Algunos más actuales enfatizan la individualidad. Existe una demanda comprensible de modelos porque queremos sentirnos seguros, saber que hay un punto final, un plan, algún tipo de previsibilidad, pero genera un inconveniente: no se corresponden con la realidad de la pena. Proporcionan una tranquilidad ilusoria. La pérdida de cada persona es diferente».

13. Laura L. Carstensen, Derek M. Isaacowitz y Susan T. Charles, «Taking Time Seriously: A Theory of Socioemotional Selectivity», *American Psychologist*, 54 (1999), pp. 165-181.

14. Cheryl L. Carmichael, Harry T. Reis y Paul R. Duberstein, «In Your 20s It's Quantity, in Your 30s It's Quality: The Prognostic Value of Social Activity Across 30 Years of Adulthood», *Psychology and Aging*, 30 (2015), pp. 95-105.

15. Es un poema alegórico con varias versiones. Véase, por ejemplo, <http://www.footprints-inthe-sand.com/index.php?page=Main.php>.

4. Autocompasión y confianza en uno mismo

1. Matthew Friedman, «Just Facts: As Many Americans Have Criminal Records as College Diplomas», Brennan Center for Justice, 17 de noviembre de 2015: <www.brennancenter.org/blog/just-facts-many-americans-have-criminal-records-college-diplomas>; Thomas P. Bonczar y Allen J. Beck, «Lifetime Likelihood of Going to State or Federal Prison», Bureau of Justice Statistics, special report NCJ 160092, 6 de marzo de 1997: <www.nij.gov/topics/corrections/reentry/Pages/employment.aspx>.

2. Solo el 40 por ciento de los empleadores contratarían «sin duda» o «probablemente» a solicitantes con un historial criminal. Y, en un experimento en el que se utilizaron currículums iguales, los solicitantes con un historial criminal tenían la mitad de posibilidades de recibir respuesta. Véase John Schmitt y Kris Warner, «Ex-Offenders and the Labor Market», *Journal of Labor and Society*, 14 (2011), pp. 87-109; Steven Raphael, *The New Scarlett Letter? Negotiating the U. S. Labor Market with a Criminal Record*, Kalamazoo, Upjohn Institute Press, 2014.

3. <www.legis.state.tx.us/tlodocs/81R/billtext/html/HR00175I.htm> y <www.kbtx.com/home/headlines/7695432.html?site=full>. Junto con las entrevistas con Catherine Hoke, los detalles y las citas los hemos extraído de Kris Frieswick, «Ex-Cons Relaunching Lives as Entrepreneurs», *Inc.*, 29 de mayo de 2012: <www.inc.com/magazine/201206/kris-frieswick/catherine-rohr-defy-ventures-story-of-redemption.html>; Leonardo Blair, «Christian Venture Capitalist Defies Sex Scandal with God's Calling», *The Christian Post*, 31 de octubre de 2015: <www.christianpost.com/news/christian-venture-capitalist-defies-sex-scandal-with-gods-calling-148873/>; Ryan Young, «CCU's Moglia Teaching "Life After Football"» *Myrtle Beach Online*, 22 de agosto de 2015: <www.myrtlebeachonline.com/sports/college/sun-belt/coastal-carolina-university/article31924596.

html>; Jessica Weisberg, «Shooting Straight», *The New Yorker*, 10 de febrero de 2014: <www.newyorker.com/magazine/2014/02/10/shooting-straight>.

4. Kristin D. Neff, «The Development and Validation of a Scale to Measure Self- Compassion», *Self and Identity*, 2 (2003), pp. 223-250. Véase también Kristin Neff, *Self-Compassion: The Proven Power of Being Kind to Yourself*, Nueva York, William Morrow, 2011.

5. David A. Sbarra, Hillary L. Smith y Matthias R. Mehl, «When Leaving Your Ex, Love Yourself: Observational Ratings of Self-Compassion Predict the Course of Emotional Recovery Following Marital Separation», *Psychological Science*, 23 (2012), pp. 261-269.

6. Regina Hiraoka, Eric C. Meyer, Nathan A. Kimbrel, *et al.*, «Self-Compassion as a Prospective Predictor of PTSD Symptom Severity Among Trauma-Exposed U. S. Iraq and Afghanistan War Veterans», *Journal of Traumatic Stress*, 28 (2015), pp. 127-133.

7. Kristin D. Neff, «Self-Compassion, Self-Esteem, and Well-Being», *Social and Personality Psychology Compass*, 5 (2011), pp. 1-12; Angus Macbeth y Andrew Gumley, «Exploring Compassion: A Meta-Analysis of the Association Between Self-Compassion and Psychopathology», *Clinical Psychology Review*, 32 (2012), pp. 545-552; Nicholas T. Van Dam, Sean C. Sheppard, John P. Forsyth y Mitch Earleywine, «Self-Compassion Is a Better Predictor than Mindfulness of Symptom Severity and Quality of Life in Mixed Anxiety and Depression», *Journal of Anxiety Disorder*, 25 (2011), pp. 123-130; Michelle E. Neely, Diane L. Schallert, Sarojanni S. Mohammed, *et al.*, «Self-Kindness When Facing Stress: The Role of Self-Compassion, Goal Regulation, and Support in College Students' Well-Being», *Motivation and Emotion*, 33 (2009), pp. 88-97.

8. Lisa M. Yarnell, Rose E. Stafford, Kristin D. Neff, *et al.*, «Meta-Analysis of Gender Differences in Self-Compassion», *Self and Identity*, 14 (2015), pp. 499-520; Levi R. Baker y James K. McNulty, «Self-Compassion and Relationship Maintenance: The Moderating Roles of Conscientiousness and Gender», *Journal of Personality and Social Psychology*, 100 (2011), pp. 853-873. Es importante resaltar que la autocompasión no ayuda a las relaciones (y puede dañarlas) si las personas no tienen motivación para enmendar sus errores.

9. Mark Leary, «Don't Beat Yourself Up», *Aeon*, 20 de junio de 2016: <https://aeon.co/essays/learning-to-be-kind-to-yourself-has-remarkable-

benefits>. Véase también Meredith L. Terry y Mark Leary, «Self-Compassion, Self-Regulation, and Health», *Self and Identity*, 10 (2011), pp. 352-362.

10. Paula M. Niedenthal, June Price Tagney e Igor Gavanski, «If Only I Weren't Versus If Only I Hadn't: Distinguishing Shame and Guilt in Counterfactual Thinking», *Journal of Personality and Social Psychology*, 67 (1994), pp. 585-595.

11. Ronnie Janoff-Bulman, «Characterological Versus Behavioral Self-Blame: Inquiries into Depression and Rape», *Journal of Personality and Social Psychology*, 37 (1979), pp. 1798-1809.

12. Erma Bombeck, *Motherhood: The Second Oldest Profession*, Nueva York, McGraw-Hill, 1983.

13. June Price Tangney y Ronda L. Dearing, *Shame and Guilt*, Nueva York, Guilford, 2002.

14. Ronda L. Dearing, Jeffrey Stuewig y June Price Tangney, «On the Importance of Distinguishing Shame from Guilt: Relations to Problematic Alcohol and Drug Use», *Addictive Behaviors*, 30 (2005), pp. 1392-1404.

15. Daniela Hosser, Michael Windzio y Werner Greve, «Guilt and Shame as Predictors of Recidivism: A Longitudinal Study with Young Prisoners», *Criminal Justice and Behavior*, 35 (2008), pp. 138-152. Véase también June P. Tangney, Jeffrey Stuewig y Andrés G. Martínez, «Two Faces of Shame: The Roles of Shame and Guilt in Predicting Recidivism», *Psychological Science*, 25 (2014), pp. 799-805.

16. June Price Tangney, Patricia E. Wagner, Deborah Hill-Barlow, *et al.*, «Relation of Shame and Guilt to Constructive Versus Destructive Responses to Anger Across the Lifespan», *Journal of Personality and Social Psychology*, 70 (1996), pp. 797-809.

17. Bryan Stevenson, *Just Mercy: A Story of Justice and Redemption*, Nueva York, Spiegel & Grau, 2014.

18. Mark R. Leary, Eleanor B. Tate, Claire E. Adams, *et al.*, «Self-Compassion and Reactions to Unpleasant Self-Relevant Events: The Implications of Treating Oneself Kindly», *Journal of Personality and Social Psychology*, 92 (2007), pp. 887-904.

19. Para más información, véase James W. Pennebaker y Joshua M. Smyth, *Opening Up by Writing It Down: How Expressive Writing Improves Health and Eases Emotional Pain*, Nueva York, Guilford, 2016; Joanne Frattaroli, «Experimental Disclosure and Its Moderators: A Meta-Analysis», *Psychological Bulletin*, 132 (2006), pp. 823-865; Joshua M. Smyth,

«Written Emotional Expression: Effect Sizes, Outcome Types, and Moderating Variables», *Journal of Consulting and Clinical Psychology*, 66 (1998), pp. 174-184. Sobre por qué empeora antes de mejorar, véase Antonio Pascual-Leone, Nikita Yeryomenko, Orrin-Porter Morrison, *et al.*, «Does Feeling Bad Lead to Feeling Good? Arousal Patterns During Expressive Writing», *Review of General Psychology*, 20 (2016), pp. 336-347. Todas estas investigaciones también sugieren que escribir un diario es mejor cuando lo hacemos de forma privada, solo para nosotros, y describimos hechos y sentimientos; que los hombres suelen beneficiarse un poco más que las mujeres porque tienden más a no expresar sus sentimientos; y que las personas con más problemas de salud y antecedentes de trauma o estrés tienen más beneficios. Y lo más importante a tener en cuenta es que hay una gran diferencia entre organizar nuestros pensamientos y sentimientos sobre una experiencia adversa y reflexionar sobre ellos, es decir, intentar encontrarles sentido, que simplemente regodearse en ellos. «Muchas personas se ven pensando, soñando o hablando demasiado sobre un acontecimiento del pasado. También se dan cuenta de que los demás no quieren escucharles —nos dijo el psicólogo Darrin Lehman—. Son precisamente estas personas las que deberían intentar expresar estos sentimientos con la escritura. No es una panacea, es un acto libre, y los efectos son modestos. Si no parece que ayuda, deberían dejar de escribir y probar con otro tratamiento.»

20. Matthew D. Lieberman, Naomi I. Eisenberger, Molly J. Crockett, *et al.*, «Putting Feelings into Words», *Psychological Science*, 18 (2007), pp. 421-428; Lisa Feldman Barrett, «Are You in Despair? That's Good», *The New York Times*, 3 de junio de 2016: <www.nytimes.com/2016/06/05/opinion/sunday/are-you-in-despair-thats-good.html>.

21. Katharina Kircanski, Matthew D. Lieberman y Michelle G. Craske, «Feelings into Words: Contributions of Language to Exposure Therapy», *Psychological Science*, 23 (2012), pp. 1086-1091.

22. Junto con *Opening Up By Writing It Down* de Pennebaker y Smyth, véase la literatura acerca de los informes sobre estrés causado por un incidente importante: Timothy D. Wilson, *Redirect: The Surprising New Science of Psychological Change*, Nueva York, Little, Brown, 2011; Jonathan I. Bisson, Peter L. Jenkins, Julie Alexander y Carol Bannister, «Randomised Controlled Trial of Psychological Debriefing for Victims of Acute Burn Trauma», *The British Journal of Psychiatry*, 171 (1997), pp. 78-81; Benedict

Carey, «Sept. 11 Revealed Psychology's Limits, Review Finds», *The New York Times*, 28 de julio de 2011: <www.nytimes .com/2011/07/29/health/research/29psych.html>.

23. Karolijne van der Houwen, Henk Schut, Jan van den Bout, *et al.*, «The Efficacy of a Brief Internet-Based Self-Help Intervention for the Bereaved», *Behaviour Research and Therapy*, 48 (2010), pp. 359-367.

24. James W. Pennebaker y Janel D. Seagal, «Forming a Story: The Health Benefits of Narrative», *Journal of Clinical Psychology*, 55 (1999), pp. 1243-1254.

25. Alexander D. Stajkovic, «Development of a Core Confidence-Higher Order Construct», *Journal of Applied Psychology*, 91 (2006), pp. 1208-1224; Timothy A. Judge y Joyce E. Bono, «Relationship of Core Self-Evaluation Traits —Self-Esteem, Generalized Self-Efficacy, Locus of Control, and Emotional Stability— with Job Satisfaction and Job Performance: A Meta-Analysis», *Journal of Applied Psychology*, 86 (2001), pp. 80-92.

26. Mark R. Leary, Katharine M. Patton, Amy E. Orlando y Wendy Wagoner Funk, «The Impostor Phenomenon: Self-Perceptions, Reflected Appraisals, and Interpersonal Strategies», *Journal of Personality*, 68 (2000), pp. 725-756.

27. Sheryl Sandberg, «Why Do We Have Too Few Women Leaders», TED Women, diciembre de 2010: <www.ted.com/talks/sheryl_sandberg_why_we_have_too_few_women_leaders>.

28. Edna B. Foa y Elizabeth A. Meadows, «Psychological Treatments for Posttraumatic Stress Disorder: A Critical Review», *Annual Review of Psychology,* 48 (1997), pp. 449-480. Véase también Patricia A. Resick y Monica K. Schnike, «Cognitive Processing Therapy for Sexual Assault Victims», *Journal of Consulting and Clinical Psychology*, 60 (1992), pp. 748-756.

29. Søren Kierkegaard, *Papers and Journals: A Selection*, Nueva Yok, Penguin, 1996; Daniel W. Conway y K. E. Gover, *Søren Kierkegaard*, vol. 1, Nueva York, Taylor & Francis, 2002.

30. Karl E. Weick, «Small Wins: Redefining the Scale of Social Problems», *American Psychologist*, 39 (1984), pp. 40-49; Teresa Amabile y Steven Kramer, *The Progress Principle: Using Small Wins to Ignite Joy, Engagement and Creativity at Work*, Boston, Harvard Business Review, 2011.

31. Martin E. P. Seligman, Tracy A. Steen, Nansook Park y Christopher Peterson, «Positive Psychology Progress: Empirical Validation of Interventions», *American Psychologist*, 60 (2005), pp. 410-421.

32. Joyce E. Bono, Theresa M. Glomb, Winny Shen, *et al.*, «Building Positive Resources: Effects of Positive Events and Positive Reflection on Work Stress and Health», *Academy of Management Journal*, 56 (2013), pp. 1601-1627.

33. Adam M. Grant y Jane E. Dutton, «Beneficiary or Benefactor: Are People More Prosocial When They Reflect on Receiving or Giving?», *Psychological Science*, 23 (2012), pp. 1033-1039. Cuando los recaudadores de fondos de las universidades escribieron un diario durante unos días detallando en qué eran útiles a sus colegas, su rendimiento por hora aumentó un 29 por ciento en las siguientes dos semanas.

34. Larry R. Martinez, Craig D. White, Jenessa R. Shapiro y Michelle R. Hebl, «Selection BIAS: Stereotypes and Discrimination Related to Having a History of Cancer», *Journal of Applied Psychology*, 101 (2016), pp. 122-128.

35. OCDE, «Unemployment rate (indicator)», consultado el 1 de junio de 2017 en: <https://data.oecd.org/unemp/unemployment-rate.htm>; Taos Turner, «Argentina Unemployment Rate Fell to 7.6% in Fourth Quarter», *The Wall Street Journal*, 16 de marzo de 2017: <www.wsj.com/articles/argentina-unemployment-rate-fell-to-7-6-in-fourth-quarter-1489701636>.

36. Richard H. Price, Jin Nam Choi y Amiram D. Vinokur, «Links in the Chain of Adversity Following Job Loss: How Financial Strain and Loss of Personal Control Lead to Depression, Impaired Functioning, and Poor Health», *Journal of Occupational Health Psychology*, 7 (2002), pp. 302-312.

37. Eileen Y. Chou, Bidhan L. Parmar y Adam D. Galinsky, «Economic Insecurity Increases Physical Pain», *Psychological Science*, 27 (2016), pp. 443-454.

38. Amiram D. Vinokur, Richard H. Price y Robert D. Caplan, «Hard Times and Hurtful Partners: How Financial Strain Affects Depression and Relationship Satisfaction of Unemployed Persons and Their Spouses», *Journal of Personality and Social Psychology*, 71 (1996), pp. 166-179.

39. Amiram D. Vinokur, Michelle van Ryn, Edward M. Gramlich y Richard H. Price, «Long-Term Follow-Up and Benefit-Cost Analysis of the Jobs Program: A Preventive Intervention for the Unemployed», *Journal of Applied Psychology*, 76 (1991), pp. 213-219; «The Jobs Project for the Unemployed: Update», Michigan Prevention Research Center, consultado el 15 de diciembre de 2016: <www.isr.umich.edu/src/seh/mprc/jobsupdt.html>.

40. Songqi Liu, Jason L. Huang y Mo Wang, «Effectiveness of Job Search Interventions: A Meta-Analytic Review», *Psychological Bulletin*, 140 (2014), pp. 1009-1041.

41. Sarah Jane Glynn, «Breadwinning Mothers, Then and Now», Center for American Progress, 20 de junio de 2014: <www.american progress.org/issues/labor/report/2014/06/20/92355/breadwinning-mothers-then-and-now/>.

42. Child Care Aware of America, «Parents and the High Cost of Child Care: 2015 Report»: <http://usa.childcareaware.org/wp-content/uploads/2016/05/Parents-and-the-High-Cost-of-Child-Care-2015-FINAL.pdf>.

43. Institute for Women's Policy Research, «Status of Women in the States», 8 de abril de 2015: <http://statusofwomendata.org/press-releases/in-every-u-s-state-women-including-millennials-are-more-likely-than-men-to-live-in-poverty-despite-gains-in-higher-education/>. Institute for Family Studies and Social Trends Institute, «World Family Map 2015: Mapping Family Change and Child Well-Being Outcomes», consultado el 10 de junio de 2017: <http://worldfamilymap.ifstudies.org/2015/articles/world-family-indicators/family-structure>; Kai Ruggeri y Chloe E. Bird, «Single parents and employment in Europe: Short Statistical Report No. 3» (Santa Monica, CA, RAND Corporation, 2014), consultado el 11 de abril de 2017: <https://www.rand.org/pubs/research_reports/RR362.html>.

44. United States Department of Agriculture, «Key Statistics & Graphics», consultado el 16 de diciembre de 2016: <www.ers.usda.gov/topics/food-nutrition-assistance/food-security-in-the-us/key-statistics-graphics.aspx>.

45. Después del reparto de comida a las familias, la escuela experimentó una reducción del absentismo escolar, año tras año, del 32 por ciento, y las quejas de salud mensuales se redujeron un 72 por ciento. La presentación de Sonia Arriola, presidenta de Sacred Heart Nativity Schools, se consultó el 19 de diciembre de 2016.

46. Organización Internacional del Trabajo, *Maternity and Paternity at Work: Law and Practice Across the World*, Ginebra, OIT, 2014; consultado el 11 de marzo de 2017: <www.ilo.org/wcmsp5/groups/public/---dgreports/---dcomm/---publ/documents/publication/wcms_242615.pdf>.

47. Adam M. Grant, Jane E. Dutton y Brent D. Rosso, «Giving Commitment: Employee Support Programs and the Prosocial Sensemaking Process», *Academy of Management Journal*, 51 (2008), pp. 898-918.

5. Un salto hacia delante

1. Albert Camus, *Lyrical and Critical Essays*, Nueva York, Vintage, 1970.

2. Joseph E. Kasper, «Co-Destiny: A Conceptual Goal for Parental Bereavement and the Call for a "Positive Turn" in the Scientific Study of the Parental Bereavement Process», tesis de máster inédita, Universidad de Pennsylvania, 2013.

3. Viktor Frankl, *Man's Search for Meaning*, Nueva York, Pocket Books, 1959. [Hay trad. cast.: *El hombre en busca de sentido*, Barcelona, Herder, 2002.]

4. Richard G. Tedeschi y Lawrence Calhoun, *Helping Bereaved Parents: a Clinical's Guide*, Nueva York, Routledge, 2003.

5. Para más información, véase Richard G. Tedeschi y Lawrence Calhoun, «Posttraumatic Growth: Conceptual Foundations and Empirical Evidence», *Psychological Inquiry*, 15 (2004), pp. 1-18; Vicki S. Helgeson, Kerry A. Reynolds y Patricia L. Tomich, «A Meta-Analytic Review of Benefit Finding and Growth», *Journal of Consulting and Clinical Psychology*, 74 (2006), pp. 797-816; Gabriele Prati y Luca Pietrantoni, «Optimism, Social Support, and Coping Strategies as Factors Contributing to Posttraumatic Growth: A Meta-Analysis», *Journal of Loss and Trauma*,14 (2009), pp. 364-388.

6. Patricia Frazier, Ty Tashiro, Margit Berman, *et al.*, «Correlates of Levels and Patterns of Positive Life Changes Following Sexual Assault», *Journal of Consulting and Clinical Psychology*, 72 (2004), pp. 19-30; Amanda R. Cobb, Richard G. Tedeschi, Lawrence G. Calhoun y Arnie Cann, «Correlates of Posttraumatic Growth in Survivors of Intimate Partner Violence», *Journal of Traumatic Stress*, 19 (2006), pp. 895-903.

7. Steve Powell, Rita Rosner, Will Butollo, *et al.*, «Posttraumatic Growth After War: A Study with Former Refugees and Displaced People in Sarajevo», *Journal of Clinical Psychology*, 59 (2003), pp. 71-83; Zahava Solomon y Rachel Dekel, «Posttraumatic Stress Disorder and Posttraumatic Growth Among Israeli Ex-POWs», *Journal of Traumatic Stress*, 20 (2007), pp. 303-312.

8. Tanja Zoellner, Sirko Rabe, Anke Karl y Andreas Maercker, «Posttraumatic Growth in Accident Survivors: Openness and Optimism as Predictors of Its Constructive or Illusory Sides», *Journal of Clinical Psy-*

chology, 64 (2008), pp. 245-263; Cheryl H. Cryder, Ryan P. Kilmer, Richard G. Tedeschi y Lawrence G. Calhoun, «An Exploratory Study of Posttraumatic Growth in Children Following a Natural Disaster», *American Journal of Orthopsychiatry*, 76 (2006), pp. 65-69.

9. Sanghee Chun y Youngkhill Lee, «The Experience of Posttraumatic Growth for People with Spinal Cord Injury», *Qualitative Health Research*, 18 (2008), pp. 877-890; Alexandra Sawyer, Susan Ayers y Andy P. Field, «Posttraumatic Growth and Adjustment Among Individuals with Cancer or HIV/AIDS: A Meta-Analysis», *Clinical Psychology Review*, 30 (2010), pp. 436-447.

10. Richard G. Tedeschi y Lawrence G. Calhoun, «The Posttraumatic Growth Inventory: Measuring the Positive Legacy of Trauma», *Journal of Traumatic Stress*, 9 (1996), pp. 455-471.

11. National Center for PTSD, U. S. Department of Veterans Affairs, «How Common Is PTSD?», calculado a partir de las estadísticas que se presentan en el informe, consultado el 14 de diciembre de 2016: <www.ptsd.va.gov/public/PTSD-overview/basics/how-common-is-ptsd.asp>.

12. Friedrich Nietzsche, *Twilight of the Idols*, traducción de R. J. Hollingdale, Nueva York, Penguin, 1889/1977. [Hay trad. cast.: *El crepúsculo de los ídolos*, Madrid, Alianza, 1996.]

13. Lawrence G. Calhoun y Richard G. Tedeschi, *Handbook of Posttraumatic Growth: Research and Practice*, Nueva York, Routledge, 2014.

14. Camille B. Wortman, «Posttraumatic Growth: Progress and Problems», *Psychological Inquiry*, 15 (2004), pp. 81-94.

15. Martin E. P. Seligman, Tracy A. Steen, Nansook Park y Christopher Peterson, «Positive Psychology Progress: Empirical Validation of Interventions», *American Psychologist*, 60 (2005), pp. 410-421. Véase también Fabian Gander, René T. Proyer, Willibald Ruch y Tobias Wyss, «Strength-Based Positive Interventions: Further Evidence for Their Potential in Enhancing Well-Being and Alleviating Depression», *Journal of Happiness Studies*, 14 (2013), pp. 1241-1259.

16. Patricia Frazier, Amy Conlon y Theresa Glaser, «Positive and Negative Life Changes Following Sexual Assault», *Journal of Consulting and Clinical Psychology*, 69 (2001), pp. 1048-1055; J. Curtis McMillen, Susan Zuravin y Gregory Rideout, «Perceived Benefit from Childhood Sexual Abuse», *Journal of Consulting and Clinical Psychology*, 63 (1995), pp. 1037-1043.

17. Darrin R. Lehman, Camille B. Wortman y Allan F. Williams, «Long-Term Effects of Losing a Spouse or Child in a Motor Vehicle Crash», *Journal of Personality and Social Psychology*, 52 (1987), pp. 218-231.

18. Glen H. Elder Jr. y Elizabeth Colerick Clipp, «Wartime Losses and Social Bonding: Influence Across 40 Years in Men's Lives», *Psychiatry*, 51 (1988), pp. 177-198; Glen H. Elder Jr. y Elizabeth Colerick Clipp, «Combat Experience and Emotional Health: Impairment and Resilience in Later Life», *Journal of Personality*, 57 (1989), pp. 311-341.

19. Matthew J. Cordova, Lauren L. C. Cunningham, Charles R. Carlson y Michael A. Andrykowski, «Posttraumatic Growth Following Breast Cancer: A Controlled Comparison Study», *Health Psychology*, 20 (2001), pp. 176-185; Sharon Manne, Jamie Ostroff, Gary Winkel, *et al.*, «Posttraumatic Growth After Breast Cancer: Patient, Partner, and Couple Perspectives», *Psychosomatic Medicine*, 66 (2004), pp. 442-454; Tzipi Weiss, «Posttraumatic Growth in Women with Breast Cancer and Their Husbands: An Intersubjective Validation Study», *Journal of Psychosocial Orthopsychiatry*, 20 (2002), pp. 65-80; Keith M. Bellizzi y Thomas O. Blank, «Predicting Posttraumatic Growth in Breast Cancer Survivors», *Health Psychology*, 25 (2006), pp. 47-56.

20. Frankl, *El hombre en busca de sentido*.

21. Joseph Linley y P. Alex Linley, «Religion, Spirituality, and Posttraumatic Growth: A Systematic Review», *Mental Health, Religion and Culture*, 8 (2005), pp. 1-11.

22. Vernon Turner, «Letter to My Younger Self», *The Players' Tribune*, 3 de mayo de 2016: <www.theplayerstribune.com/vernon-turner-nfl-letter-to-my-younger-self/>.

23. Paul T. P. Wong, *The Human Quest for Meaning: Theories, Research, and Applications*, Nueva York, Routledge, 2013; Jochen I. Menges, Danielle V. Tussing, Andreas Wihler y Adam Grant, «When Job Performance Is All Relative: How Family Motivation Energizes Effort and Compensates for Intrinsic Motivation», *Academy of Management Journal* (en prensa), <http://amj.aom.org/content/early/2016/02/25/amj.2014.0898.short>.

24. Brent D. Rosso, Kathryn H. Dekas y Amy Wrzesniewski, «On the Meaning of Work: A Theoretical Integration and Review», *Research in Organizational Behavior*, 30 (2010), pp. 91-127; Adam M. Grant, «The Significance of Task Significance: Job Performance Effects, Relational Me-

chanisms, and Boundary Conditions», *Journal of Applied Psychology*, 93 (2008), pp. 108-124; Adam M. Grant, «Relational Job Design and the Motivation to Make a Prosocial Difference», *Academy of Management Review*, 32 (2007), pp. 393-417; Ada M. Grant, «Leading with Meaning: Beneficiary Contact, Prosocial Impact, and the Performance Effects of Transformational Leadership», *Academy of Management Journal*, 55 (2012), pp. 458-476; Yitzhak Fried y Gerald R. Ferriss, «The Validity of the Job Characteristics Model: A Review and MetaAnalysis», *Personnel Psychology*, 40 (1987), pp. 287-322; PayScale, «The Most and Least Meaningful Jobs», consultado el 14 de diciembre de 2016: <www.payscale.com/da-ta-packages/most-and-least-meaningful-jobs/>.

25. Adam M. Grant y Sabine Sonnentag, «Doing Good Buffers Against Feeling Bad: Prosocial Impact Compensates for Negative Task and Self- Evaluations», *Organizational Behavior and Human Decision Processes*, 111 (2010), pp. 13-22; Adam M. Grant y Elizabeth M. Campbell, «Doing Good, Doing Harm, Being Well and Burning Out: The Interactions of Perceived Prosocial and Antisocial Impact in Service Work», *Journal of Occupational and Organizational Psychology*, 80 (2007), pp. 665-691. Véase también Thomas W. Britt, James M. Dickinson, DeWayne Moore, *et al.*, «Correlates and Consequences of Morale Versus Depression Under Stressful Conditions», *Journal of Occupational Health Psychology*, 12 (2007), pp. 34-47; Stephen E. Humphrey, Jennifer D. Nahrgang y Frederick P. Morgeson, «Integrating Motivational, Social, and Contextual Work Design Features: A Meta-Analytic Summary and Theoretical Extension of the Work Design Literature», *Journal of Applied Psychology*, 92 (2007), pp. 1332-1356.

26. Sabine Sonnentag y Adam M. Grant, «Doing Good at Work Feels Good at Home, but Not Right Away: When and Why Perceived Prosocial Impact Predicts Positive Affect», *Personnel Psychology*, 65 (2012), pp. 495-530.

27. Abby Goodnough, «More Applicants Answer the Call for Teaching Jobs», *The New York Times*, 11 de febrero de 2002: <www.nytimes.com/learning/students/pop/20020212snaptuesday.html>.

28. Amy Wrzesniewski, «It's Not Just a Job: Shifting Meanings of Work in the Wake of 9/11», *Journal of Management Inquiry*, 11 (2002), pp. 230-234.

29. J. Curtis McMillen, Elizabeth M. Smith y Rachel H. Fisher, «Per-

ceived Benefit and Mental Health After Three Types of Disaster», *Journal of Consulting and Clinical Psychology*, 65 (1997), pp. 733-739.

30. Philip J. Cozzolino, Angela Dawn Staples, Lawrence S. Meyers y Jamie Samboceti, «Greed, Death, and Values: From Terror Management to Transcendence Management Theory», *Personality and Social Psychology Bulletin*, 30 (2004), pp. 278-292; Adam M. Grant y Kimberly Wade-Benzoni, «The Hot and Cool of Death Awareness at Work: Mortality Cues, Aging, and Self-Protective and Prosocial Motivations», *Academy of Management Review*, 34 (2009), pp. 600-622.

31. Robin K. Yabroff, «Financial Hardship Associated with Cancer in the United States: Findings from a Population-Based Sample of Adult Cancer Survivors», *Journal of Clinical Oncology*, 34 (2016), pp. 259-267; Echo L. Warner, Anne C. Kirchhoff, Gina E. Nam y Mark Fluchel, «Financial Burden of Pediatric Cancer Patients and Their Families», *Journal of Oncology Practice*, 11 (2015), pp. 12-18.

32. National Alliance for Cancer Caregiving, «Cancer Caregiving in the U.S.: An Intense, Episodic, and Challenging Care Experience», junio de 2016, consultado el 18 de diciembre de 2016: <www.caregiving.org/wp-content/uploads/2016/06/CancerCaregivingReport_FINAL_June-17-2016.pdf>; Alison Snyder, «How Cancer in the Family Reverberates Through the Workplace», *The Washington Post*, 11 de diciembre de 2016: <www.washingtonpost.com/national/health-science/how-cancer-in-the-family-reverberates-through-the-workplace/2016/12/09/08311ea4-bb24-11e6-94ac-3d324840106c_story.html>.

33. David U. Himmelstein, Deborah Thorne, Elizabeth Warren y Steffie Woolhandler, «Medical Bankruptcy in the United States, 2007: Results of a National Study», *The American Journal of Medicine*, 122 (2009), pp. 741-746.

34. Scott Ramsey, David Blough, Anne Kirchhoff, *et al.*, «Washington State Cancer Patients Found to Be at Greater Risk for Bankruptcy than People Without a Cancer Diagnosis», *Health Affairs*, 32 (2013), pp. 1143-1152. Véase también Robin Yabroff, Emily C. Dowling, Gery P. Guy, *et al.*, «Financial Hardship Associated with Cancer in the United States: Findings from a Population-Based Sample of Adult Cancer Survivors», *Journal of Clinical Oncology*, 34 (2015), pp. 259-267.

35. Board of Governors of the Federal Reserve System, «Report on the Economic Well-Being of U. S. Households in 2015», mayo de 2016,

consultado el 14 de diciembre de 2016: <www.federalreserve.gov/2015-report-economic-well-being-us-households-201605.pdf>.

36. Sally Maitlis, «Who Am I Now? Sense making and Identity in Posttraumatic Growth», en Laura Morgan Roberts y Jane E. Dutton, eds., *Exploring Positive Identities and Organizations: Building a Theoretical and Research Foundation*, Nueva York, Psychology Press, 2009.

37. Hazel Marcus y Paula Nurius, «Possible Selves», *American Psychologist*, 41 (1986), pp. 954-969; Elizabeth A. Penland, William G. Masten, Paul Zelhart, *et al.*, «Possible Selves, Depression and Coping Skills in University Students», *Personality and Individual Differences*, 29 (2000), pp. 963-969; Daphna Oyserman y Hazel Rose Markus, «Possible Selves and Delinquency», *Journal of Personality and Social Psychology*, 59 (1990), pp. 112-125; Chris Feudtner, «Hope and the Prospects of Healing at the End of Life», *The Journal of Alternative and Complementary Medicine*, 11 (2005), pp. S23-S30.

38. Helen Keller, *We Bereaved*, Nueva York, Leslie Fulenwider Inc., 1929, consultado el 29 de diciembre de 2016: <https://archive.org/stream/webereaved00hele#page/22/mode/2up>.

39. Trenton A. Williams y Dean A. Shepherd, «Victim Entrepreneurs Doing Well by Doing Good: Venture Creation and Well-Being in the Aftermath of a Resource Shock», *Journal of Business Venturing*, 31 (2016), pp. 365-387.

40. Atribuida a Lucio Anneo Séneca; Semisonic, «Closing Time», *Feeling Strangely Fine* (MCA, 1998).

41. Stephen Schwartz, *Wicked*, grabación original de Broadway (Broadway, Decca, 2003).

6. Recuperar la alegría

1. Margaret Shandor Miles y Alice Sterner Demi, «A Comparison of Guilt in Bereaved Parents Whose Children Died by Suicide, Accident, or Chronic Disease», *OMEGA: Journal of Death and Dying*, 24 (1992), pp. 203-215.

2. Joel Brockner, Jeff Greenberg, Audrey Brockner, *et al.*, «Layoffs, Equity Theory, and Work Performance: Further Evidence of the Impact of Survivor Guilt», *Academy of Management Journal*, 29 (1986), pp. 373-

384; Barbara Kiviat, «After Layoffs, There's Survivor Guilt», *Time*, 1 de febrero de 2009: <http://content.time.com/time/business/article/0,8599,1874592,00.html>.

3. Roy F. Baumeister, Kathleen D. Vohs, Jennifer L. Aaker y Emily N. Garbinsky, «Some Key Differences Between a Happy Life and a Meaningful Life», *The Journal of Positive Psychology*, 8 (2013), pp. 505-516.

4. Adam M. Grant, Elizabeth M. Campbell, Grace Chen, *et al.*, «Impact and the Art of Motivation Maintenance: The Effects of Contact with Beneficiaries on Persistence Behavior», *Organizational Behavior and Human Decision Processes*, 103 (2007), pp. 53-67; Adam M. Grant, «Does Intrinsic Motivation Fuel the Prosocial Fire? Motivational Synergy in Predicting Persistence, Performance, and Productivity», *Journal of Applied Psychology*, 93 (2008), pp. 48-58; Nicola Bellé, «Experimental Evidence on the Relationship Between Public Service Motivation and Job Performance», *Public Administration Review*, 73 (2013), pp. 143-153.

5. Bono, citado en Brian Boyd, «Bono: The Voice of Innocence Experience», *The Irish Times*, 18 de septiembre de 2015: <www.irishtimes.com/culture/music/bono-the-voice-of-innocence-and-experience-1.2355501>; en la cita se ha cambiado, con permiso, «un acto de desafío» por «el máximo gesto de desafío».

6. . Ed Diener, Ed Sandvik y William Pavot, «Happiness Is the Frequency, Not the Intensity, of Positive Versus Negative Affect», en Fritz Strack, Michael Argyle y Norbert Schwartz, eds., *Subjective Well-Being: An Interdisciplinary Perspective*, Nueva York, Pergamon, 1991.

7. . Frank J. Infurna y Suniya S. Luthar, «The Multidimensional Nature of Resilience to Spousal Loss», *Journal of Personality and Social Psychology*: <http://psycnet.apa.org/psycinfo/2016-33916-001>.

8. Annie Dillard, *The Writing Life*, Nueva York: Harper & Row, 1989. [Hay trad. cast.: *Vivir, escribir*, Madrid, Fuentetaja, 2002.]

9. Tim Urban, «How to Pick Your Life Partner—Part 2», *Wait but Why*, febrero de 2014: <https://waitbutwhy.com/2014/02/pick-life-partner-part-2.html>.

10. Paul Rozin y Edward B. Royzman, «Negativity Bias, Negativity Dominance, and Contagion», *Personality and Social Psychology Review*, 5 (2001), pp. 296- 320; Roy F. Baumeister, Ellen Bratslavsky, Catrin Finkenauer y Kathleen D. Vohs, «Bad Is Stronger than Good», *Review of General Psychology*, 5 (2001), pp. 323-370.

11. Anita DeLongis, James C. Coyne, Gayle Dakof, *et al.*, «Relationship of Daily Hassles, Uplifts, and Major Life Events to Health Status», *Health Psychology*, 1 (1982), pp. 119-136; Vivian Kraaij, Ella Arensman y Philip Spinhoven, «Negative Life Events and Depression in Elderly Persons: A Meta- Analysis», *The Journals of Gerontology Serie B*, 57 (2002), pp. 87-94.

12. Michele M. Tugade, Barbara L. Fredrickson y Lisa Feldman Barrett, «Psychological Resilience and Positive Emotional Granularity: Examining the Benefits of Positive Emotions on Coping and Health», *Journal of Personality*, 72 (2004), pp. 1161-1190.

13. Chad M. Burton y Laura A. King, «The Health Benefits of Writing About Intensely Positive Experiences», *Journal of Research in Personality*, 38 (2004), pp. 150-163; Joyce E. Bono, Theresa M. Glomb, Winny Shen, *et. al.*, «Building Positive Resources: Effects of Positive Events and Positive Reflection on Work Stress and Health», *Academy of Management Journal*, 56 (2013), pp. 1601-1627.

14. Anthony D. Ong, C.S. Bergeman, Toni L. Bisconti y Kimberly A. Wallace, «Psychological Resilience, Positive Emotions, and Successful Adaptation to Stress in Later Life», *Journal of Personality and Social Psychology*, 91 (2006), pp. 730-749.

15. Cassie Mogilner, Sepandar D. Kamvar y Jennifer Aaker, «The Shifting Meaning of Happiness», *Social Psychological and Personality Science*, 2 (2011), pp. 395-402.

16. Reverenda Verónica Goines, citada en Anne Lamott, *Plan B: Further Thoughts on Faith*, Nueva York, Riverhead, 2006; Robert Lee Hill, *The Color of Proclamations and Prayers for New Beginnings*, Pasadena, Hope Publishing House, 2007.

17. Shelly L. Gable, Harry T. Reis, Emily Impett y Evan R. Asher, «What Do You Do When Things Go Right? The Intrapersonal and Interpersonal Benefits of Sharing Positive Events», *Journal of Personality and Social Psychology*, 87 (2004), pp. 228-245.

18. Shannon Sedgwick Davis, «Joy Is a Discipline», *To My Boys*, 18 de mayo de 2014: <www.2myboys.com/joy-discipline>.

19. Nicholas Hobbs, «The Psychologist as Administrator», *Journal of Clinical Psychology*, 25 (1959), pp. 237-240; John Habel, «Precipitating Myself into Just Manageable Difficulties: Constructing an Intellectual Biography of Nicholas Hobbs», en Kathleen B. de Marrais, ed., *Inside Stories: Qualitative Research Reflections*, Mahwah (NJ), Erlbaum, 1998.

20. Mihaly Csikszentmihalyi, *Finding Flow: The Psychology of Engagement with Everyday Life*, Nueva York, Basic Books, 1998 [Hay trad. cast.: *Aprender a fluir*, Barcelona, Kairós, 1998]; Ryan W. Quinn, «Flow in Knowledge Work: High Performance Experience in the Design of National Security Technology», *Administrative Science Quarterly*, 50 (2005), pp. 610-641.

21. Citado en Jason Zinoman, «Patton Oswalt: «I'll Never Be at 100 Percent Again»», *The New York Times*, 26 de octubre de 2016: <https://www.nytimes.com/2016/10/30/arts/patton-oswalt-ill-never-be-at-100-percent-again.html?_r=0>. En la cita se ha sustituido, con permiso, «héroe cincelado» por «héroe musculoso».

22. Personal de la Clínica Mayo, «Exercise: 7 Benefits of Regular Physical Activity», Clínica Mayo, 13 de octubre de 2016: <www.mayoclinic.org/healthy-lifestyle/fitness/in-depth/exercise/art-20048389>.

23. Georgia Stahopoulou, Mark B. Powers, Angela C. Berry, *et al.*, «Exercise Interventions for Mental Health: A Quantitative and Qualitative Review», *Clinical Psychology*, 13 (2006), p. 193.

24. James A. Blumenthal, Michael A. Babyak, Kathleen A. Moore, *et al.*, «Effects of Exercise Training on Older Patients with Major Depression», *Archives of Internal Medicine*, 159 (1999), pp. 2349-2356.

25. ACNUR, Agencia de Refugiados de las Naciones Unidas, «Figures at a Glance», consultado el 18 de diciembre de 2016: <www.unhcr.org/en-us/figures-at-a-glance.html>; Scott Arbeiter, «America's Duty to Take in Refugees», *The New York Times*, 23 de septiembre de 2016: <www.nytimes.com/2016/09/24/opinion/americas-duty-to-take-in-refugees.html>.

7. Educar a niños con capacidad de resiliencia

1. <www.iguanaacademy.com/timothy-chambers/>.

2. Adam Grant, «The Surprising Habits of Original Thinkers», TED, abril de 2016: <https://www.ted.com/talks/adam_grant_the_surprising_habits_of_original_thinkers>.

3. Jorge Paz, «Bienestar y pobreza en niñas, niños y adolescentes en Argentina», UNICEF, consultado el 5 de junio de 2017: <www.unicef.org/argentina/spanish/monitoreo_Pobreza_Completo.pdf>; UNICEF Inno-

centi Research Centre, «Measuring Child Poverty: New League Tables of Child Poverty in the World's Rich Countries», *Innocenti Report Card*, 10, Florencia, UNICEF Innocenti Research Centre, consultado el 11 de abril de 2017: <https://www.unicef-irc.org/publications/pdf/rc10_eng.pdf>; UNICEF, «The Rights of Children and Adolescents in Mexico: A Present Day Agenda», consultado el 2 de junio de 2017: <www.unicef.org/sitan/files/SitAn_Mexico_Eng_Jan_2011.pdf>.

4. National Poverty Center, «Poverty in the United States», consultado el 14 de diciembre de 2016: <www.npc.umich.edu/poverty/>.

5. Bernadette D. Proctor, Jessica L. Semega y Melissa A. Kollar, «Income and Poverty in the United States: 2015», Oficina del Censo de los Estados Unidos, septiembre de 2016: <https://www.census.gov/content/dam/Census/library/publications/2016/demo/p60-256.pdf>.

6. Katie Reilly, «Sesame Street Reaches Out to 2.7 Million American Children with an Incarcerated Parent», Pew Research Center, 21 de junio de 2013: <www.pewresearch.org/fact-tank/2013/06/21/sesame-street-reaches-out-to-2-7-million-american-children-with-an-incarcerated-parent>.

7. Katie A. McLaughlin y Margaret A. Sheridan, «Beyond Cumulative Risk: A Dimensional Approach to Childhood Adversity», *Current Directions in Psychological Science,* 25 (2016), pp. 239-245.

8. Gregory Camilli, Sadako Vargas, Sharon Ryan y William Steven Barnett, «Meta-Analysis of the Effects of Early Education Interventions on Cognitive and Social Development », *Teachers College Record*, 122 (2010), pp. 579-620.

9. <www.nursefamilypartnership.org/>.

10. Nicholas Kristof y Sheryl WuDunn, «The Way to Beat Poverty», *The New York Times*, 12 de septiembre de 2014: <www.nytimes.com/2014/09/14/opinion/sunday/nicholas-kristof-the-way-to-beat-poverty.html>.

11. Lynn A. Karoly, M. Rebecca Kilburn y Jill S. Cannon, «Early Childhood Interventions: Proven Results, Future Promise», RAND Labor and Population 2005: <http://www.rand.org/content/dam/rand/pubs/monographs/2005/RAND_MG341.pdf>.

12. Ann S. Masten, «Ordinary Magic: Resilience Processes in Development», *American Psychologist*, 56 (2001), pp. 227-238; Carolyn M. Youssef y Fred Luthans, «Positive Organizational Behavior in the Workplace: The Impact of Hope, Optimism, and Resilience», *Journal of Mana-*

gement, 33 (2007), pp. 774-800; Salvatore R. Maddi, *Hardiness: Turning Stressful Circumstances into Resilient Growth*, Nueva York, Springer Science & Business Media, 2012.

13. Brian R. Little, Katariina Salmela-Aro y Susan D. Phillips, eds., *Personal Project Pursuit: Goals, Action, and Human Flourishing*, Mahwah (NJ), Erlbaum, 2006.

14. Emmy E. Werner, «High-Risk Children in Young Adulthood: A Longitudinal Study from Birth to 32 Years», *American Journal of Orthopsychiatry*, 59 (1989), pp. 72-81.

15. Mary Karapetian Alvord y Judy Johnson Grados, «Enhancing Resilience in Children: A Proactive Approach», *Professional Psychology: Research in Practice*, 36 (2005), pp. 238-245.

16. Kathy Andersen comenzó este programa y lo convirtió en un Círculo Lean In. Para obtener más información, puede consultarse: <https://leanincircles.org/chapter/change-your-shoes>.

17. Carol S. Dweck, *Mindset: The New Psychology of Success*, Nueva York, Random House, 2006. [Hay trad. cast.: *La actitud del éxito*, Málaga, Editorial Sirio, 2016.]

18. Claudia M. Mueller y Carol S. Dweck, «Praise for Intelligence Can Undermine Children's Motivation and Performance», *Journal of Personality and Social Psychology*, 75 (1998), pp. 33-52.

19. David Paunesku, Gregory M. Walton, Carissa Romero, *et al.*, «Mindset Interventions Are a Scalable Treatment for Academic Underachievement», *Psychological Science*, 26 (2015), pp. 784-793.

20. David S. Yeager, Gregory M. Walton, Shannon T. Brady, *et al.*, «Teaching a Lay Theory Before College Narrows Achievement Gaps at Scale», *Proceedings of the National Academy of Sciences*, 113 (2016), pp. 12111-12113.

21. Kyla Haimovitz y Carol S. Dweck, «What Predicts Children's Fixed and Growth Mind-Sets? Not Their Parents' Views of Intelligence but Their Parents' Views of Failure», *Psychological Science*, 27 (2016), pp. 859-869.

22. Julie Lythcott-Haims, *How to Raise an Adult: Break Free of the Overparenting Trap and Prepare Your Kid for Success*, Nueva York, Holt, 2015.

23. Carol Dweck, «Carol Dweck Revisits the Growth Mindset», *Education Week*, 22 de septiembre de 2015: <www.edweek.org/ew/articles/2015/09/23/carol-dweck-revisits-the-growth-mindset.html>.

24. Morris Rosenberg y B. Claire McCullough, «Mattering: Inferred Significance and Mental Health Among Adolescents», *Research in Community and Mental Health*, 2 (1981), pp. 163-182; Login S. George y Crystal L. Park, «Meaning in Life as Comprehension, Purpose, and Mattering: Toward Integration and New Research Questions», *Review of General Psychology*, 20 (2016), pp. 205-220.

25. Gregory C. Elliott, Melissa F. Colangelo y Richard J. Gelles, «Mattering and Suicide Ideation: Establishing and Elaborating a Relationship», *Social Psychology Quarterly*, 68 (2005), pp. 223-238.

26. Laura Kann, Emily O'Malley Olsen, Tim McManus, *et al.*, «Sexual Identity, Sex of Sexual Contacts, and Health-Risk Behaviors Among Students in Grades 9-12», Centers for Disease Control and Prevention, *Morbidity and Mortality Weekly Report*, 10 de junio de 2011: <www.cdc.gov/mmwr/pdf/ss/ss60e0606.pdf>.

27. Jessica Alexander, «Teaching Kids Empathy: In Danish Schools, It's… Well, It's a Piece of Cake», *Salon*, 9 de agosto de 2016: <www.salon.com/2016/08/09/teaching-kids-empathy-in-danish-schools-its-well-its-a-piece-of-cake>; Jessica Joelle Alexander y Iben Dissing Sandahl, *The Danish Way of Parenting: What the Happiest People in the World Know About Raising Confident, Capable Kids*, Nueva York, TarcherPerigee, 2016.

28. Martin L. Hoffman, *Empathy and Moral Development: Implications for Caring and Justice*, Nueva York, Cambridge University Press, 2001. [Hay trad. cast.: *Desarrollo moral y empatía: implicaciones para la atención y la justicia*, Barcelona, Idea Books, 2002.]

29. <http://corstone.org/girls-first-bihar-india>.

30. Kate Leventhal, «Ritu's Story: A New Advocate for Peace and Women's Rights», CorStone, 19 de noviembre de 2015: <http://corstone.org/ritus-story-peace-rights/>.

31. Lee Jussim y Kent D. Harber, «Teacher Expectations and Self-Fulfilling Prophecies: Knowns and Unknowns, Resolved and Unresolved Controversies», *Personality and Social Psychology Review*, 9 (2005); Robert Rosenthal y Lenore Jacobson, «Teachers' Expectancies: Determinants of Pupils' IQ Gains», *Psychological Reports*, 19 (1966), pp. 115-118; Monica J. Harris y Robert Rosenthal, «Mediation of Interpersonal Expectancy Effects: 31 Meta-Analyses», *Psychological Bulletin*, 97 (1985), pp. 363-386.

32. David S. Yeager y Carol S. Dweck, «Mindsets That Promote Resilience: When Students Believe That Personal Characteristics Can Be Developed», *Educational Psychologist*, 47 (2012), pp. 302-314.

33. Adam M. Grant y Francesca Gino, «A Little Thanks Goes a Long Way: Explaining Why Gratitude Expressions Motivate Prosocial Behavior», *Journal of Personality and Social Psychology*, 98 (2010), pp. 946-955.

34. Social Security Administration, «Benefits Paid by Type of Beneficiary», consultado el 14 de diciembre de 2016: <www.ssa.gov/oact/progdata/icp.html>.

35. «Life with Grief Research», *Comfort Zone News*, consultado el 14 de diciembre de 2016: <www.comfortzonecamp.org/news/childhood-bereavement-study-results>.

36. Joan Stiles, «Neural Plasticity and Cognitive Development», *Developmental Neuropsychology*, 18 (2000), pp. 237-272. Véase también Dante Ciccheti, «Resilience Under Conditions of Extreme Stress: A Multilevel Perspective», *World Psychiatry*, 9 (2010), pp. 145-154.

37. Kenneth J. Doka y Joyce D. Davidson, eds., *Living with Grief: Who We Are, How We Grieve*, Nueva York, Routledge, 1998.

38. Christopher M. Barnes, Cristiano L. Guarana, Shazia Nauman y Dejun Tony King, «Too Tired to Inspire or Be Inspired: Sleep Deprivation and Charismatic Leadership», *Journal of Applied Psychology,* 101 (2016), pp. 1191-1199; Brett Litwiller, Lori Anderson Snyder, William D. Taylor y Logan M. Steele, «The Relationship Between Sleep and Work: A Meta-Analysis», *Journal of Applied Psychology*: <http://psycnet.apa.org/psycinfo/2016-57450-001>.

39. <https://girlsleadership.org/>.

40. Robyn Fivush, Jennifer Bohanek, Rachel Robertson y Marshall Duke, «Family Narratives and the Development of Children's Emotional Well-Being», en Michael W. Pratt y Barbara H. Fiese, eds., *Family Stories and the Life Course: Across Time and Generations*, Mahwah (NJ), Erlbaum, 2004; Bruce Feiler, «The Stories That Bind Us», *The New York Times*, 15 de marzo de 2013: <www.nytimes.com/2013/03/17/fashion/the-family-stories-that-bind-us-this-life.html>.

41. Jennifer G. Bohanek, Kelly A. Marin, Robyn Fivush y Marshall P. Duke, «Family Narrative Interaction and Children's Sense of Self», *Family Process*, 45 (2006), pp. 39-54.

42. Constantine Sedikides, Tim Wildschut, Jamie Arndt y Clay Rout-ledge, «Nostalgia: Past, Present, and Future», *Current Directions in Psychological Science*, 17 (2008), pp. 304-307.

43. Rachel A. Haine, Tim S. Ayers, Irwin N. Sandler y Sharlene A. Wolchik, «Evidence-Based Practices for Parentally Bereaved Children and Their Families», *Professional Psychology: Research and Practice*, 39 (2008), pp. 113-121. Véase también Margaret Stroebe y Henk Schut, «Family Matters in Bereavement: Toward an Integrative Intra-Interpersonal Coping Model», *Perspectives on Psychological Science*, 10 (2015), pp. 873-879. Pueden conocerse más detalles sobre este programa en: <https://reachins titute.asu.edu/programs/family-bereavement>.

44. Daniel Kahneman, *Thinking, Fast and Slow*, Nueva York, Farrar, Straus y Giroux, 2012. [Hay trad. cast.: *Pensar rápido, pensar despacio*, Barcelona, Debate, 2012.]

45. Kristin Diehl, Gal Zauberman y Alixandra Barasch, «How Taking Photos Increases Enjoyment of Experiences», *Journal of Personality and Social Psychology*, 111 (2016), pp. 119-140.

8. Fortalecernos juntos

1. Martin Luther King Jr., «Letter from a Birmingham Jail», 16 de abril de 1963, citado en: <https://www.theatlantic.com/politics/archive/2013/04/martin-luther-kings-letter-from-birmingham-jail/274668/>.

2. «The Role of Hope in Organizing: The Case of the 1972 Andes Flight Disaster» (documento de trabajo, 2016); Piers Paul Read, *Alive: The Story of the Andes Survivors*, Filadelfia, Lippincott, 1974 [Hay trad. cast.: *¡Viven! El triunfo del espíritu humano*, Barcelona, Punto de Lectura, 2010.]; Nando Parrado, *Milagro en los Andes: mis 72 días en la montaña y mi largo regreso a casa*, Barcelona, Planeta, 2006; Roberto Canessa y Pablo Vierci, *Tenía que sobrevivir: cómo un accidente aéreo en los Andes inspiró mi vocación para salvar vidas*, Barcelona, Editorial Alrevés, 2016; Michael Useem, *The Go Point: How to Get Off the Fence by Knowing What to Do and When to Do It*, Nueva York, Three Rivers Press, 2006; Pablo Vierci, *La sociedad de la nieve: por primera vez los 16 sobrevivientes de los Andes cuentan la historia completa*, Buenos Aires, Editorial Sudamericana, 2008.

3. James D. Ludema, Timothy B. Wilmot y Suresh Srivastava, «Organizational Hope: Reaffirming the Constructive Task of Social and Organizational Inquiry», *Human Relations,* 50 (1997), pp. 1015-1052.

4. C. R. Snyder, «Conceptualizing, Measuring, and Nurturing Hope», *Journal of Counseling and Development*, 73 (1995), pp. 355-360; C. R. Snyder, *Handbook of Hope,* San Diego, Academic Press, 2000.

5. David B. Feldman y Lee Daniel Kravetz, *Supersurvivors: The Surprising Link Between Suffering and Success*, Nueva York, Harper Wave, 2014.

6. «Chile Miners Get Support from "Alive" Crash Survivors», BBC News, 4 de septiembre de 2010: <www.bbc.com/news/world-latin-ame rica-11190456>; «"Alive" Survivors Reach Out to Trapped Chilean Miners», *Weekend Edition Sunday*, NPR, 5 de septiembre de 2010: <www. npr.org/templates/story/story.php?storyId=129662796>; «A Survivor's Message to Miners», YouTube, consultado el 15 de diciembre de 2016: <www.youtube.com/watch?v=kLHhTLbjtkY>.

7. <www.experience.camp>.

8. «Testimony of Former SHU Inmate Steven Czifra at the Joint Legislative Hearing on Solitary Confinement in California», 9 de octubre de 2013, consultado el 23 de diciembre de 2016: <www.whatthefolly. com/2013/10/22/transcript-testimony-of-former-shu-inmate-steven-czi fra-at-the-joint-legislative-hearing-on-solitary-confinement-in-california-oct-9-2013/>; «Steven Czifra Speaks on Solitary Confinement in North Berkeley», YouTube, 6 de noviembre de 2013, consultado el 23 de diciembre de 2016: <www.youtube.com/watch?v=aodLBlt1i00>.

9. Larissa MacFarquhar, «Building a Prison-to-School Pipeline», *The New Yorker*, 12 de diciembre de 2016: <www.newyorker.com/magazine/ 2016/12/12/the-ex-con-scholars-of-berkeley>; Jessie Lau, «Incarceration to Convocation», *The Daily Californian*, 10 de mayo de 2015: <www. dailycal.org/2015/05/10/incarceration-to-convocation/>.

10. <www.possefoundation.org>.

11. Michèle Lamont, Graziella Moraes Silva, Jessica S. Welburn, *et al.*, *Getting Respect: Responding to Stigma and Discrimination in the United States, Brazil, and Israel*, Princeton, Princeton University Press, 2016.

12. Michael Johns, Toni Schmader y Andy Martens, «Knowing Is Half the Battle: Teaching Stereotype Threat as a Means of Improving Women's Math Performance», *Psychological Science*, 16 (2005), pp. 175-179.

13. Claude M. Steele y Joshua Aronson, «Stereotype Threat and the Intellectual Test Performance of African Americans», *Journal of Personality and Social Psychology*, 69 (1995), pp. 797-811. Puede leerse una reflexion crítica en: Hannah-Hanh D. Nguyen y Ann Marie Ryan, «Does Stereotype Threat Affect Test Performance of Minorities and Women? A Meta-Analysis of Experimental Evidence», *Journal of Applied Psychology*, 93 (2008), pp. 1314-1134.

14. Claude M. Steele, «A Threat in the Air: How Stereotypes Shape Intellectual Identity and Performance», *American Psychologist*, 52 (1997), pp. 613-629; Jenessa R. Shapiro y Steven L. Neuberg, «From Stereotype Threat to Stereotype Threats: Implications of a Multi-Threat Framework for Causes, Moderators, Mediators, Consequences, and Interventions», *Personality and Social Psychology Review*, 11 (2007), pp. 107-130.

15. Tina Rosenberg, «Beyond SATs, Finding Success in Numbers», *The New York Times*, 15 de febrero de 2012: <https://opinionator.blogs. nytimes.com/2012/02/15/beyond-sats-finding-success-in-numbers/? scp=1&sq=fixesstereotypethreat&st%20=cse>.

16. Dan S. Chiaburu y David A. Harrison, «Do Peers Make the Place? Conceptual Synthesis and Meta-Analysis of Coworker Effects on Perceptions, Attitudes, OCBs, and Performance», *Journal of Applied Psychology*, 93 (2008), pp. 1082-1103; Chockalingam Viswesvaran, Juan I. Sánchez y Jeffrey Fisher, «The Role of Social Support in the Process of Work Stress: A Meta-Analysis», *Journal of Vocational Behavior*, 54 (1999), pp. 314-334.

17. Geoff DeVerteuil y Oleg Golubchikov, «Can Resilience Be Redeemed?», *City: Analysis of Urban Trends, Culture, Theory, Policy, Action*, 20 (2016), pp. 143-151; Markus Keck y Patrick Sakdapolrak, «What Is Social Resilience? Lessons Learned and Ways Forward», *Erdkunde*, 67 (2013), pp. 5-19.

18. Antoine Leiris, *You Will Not Have My Hate*, Nueva York, Penguin Press, 2016. [Hay trad. cast.: *No tendréis mi odio*, Barcelona, Península, 2016.]

19. Jonathan Haidt, «Elevation and the Positive Psychology of Morality», en Corey L. M. Keyes y Jonathan Haidt, eds., *Flourishing: Positive Psychology and the Life Well-Lived*, Washington D. C., American Psychological Association, 2003; Rico Pohling y Rhett Diessner, «Moral Elevation and Moral Beauty: A Review of the Empirical Literature», *Review of General Psychology*, 20 (2016), pp. 412-425; Sara B. Algoe y Jonathan Haidt,

«Witnessing Excellence in Action: The "Other-Praising" Emotions of Elevation, Gratitude, and Admiration», *The Journal of Positive Psychology*, 4 (2009), pp. 105-127; Simone Schnall, Jean Roper y Daniel M. Fessler, «Elevation Leads to Altruistic Behavior», *Psychological Science*, 21 (2010), pp. 315-320.

20. Primer discurso inaugural de Abraham Lincoln, 4 de marzo de 1861, consultado el 15 de diciembre de 2016: <http://avalon.law.yale.edu/19th_century/lincoln1.asp>.

21. Dan Freeman, Karl Aquino y Brent McFerran, «Overcoming Beneficiary Race as an Impediment to Charitable Donations: Social Dominance Orientation, the Experience of Moral Elevation, and Donation Behavior», *Personality and Social Psychology Bulletin*, 35 (2009), pp. 72-84; Karl McFerran y Marjorie Laven, «Moral Identity and the Experience of Moral Elevation in Response to Acts of Uncommon Goodness», *Journal of Personality and Social Psychology*, 100 (2011), pp. 703-718; Jane Monica C. Worline, Peter J. Frost y Jacoba Lilius, «Explaining Compassion Organizing», *Administrative Science Quarterly*, 51 (2006), p. 96.

22. Martin Luther King Jr., citado en Clayborne Carson y Peter Holloran, eds., *A Knock at Midnight: Inspiration from the Great Sermons of Reverend Martin Luther King, Jr*, Nueva York, Grand Central, 2000.

23. Elahe Izadi, «The Powerful Words of Forgiveness Delivered to Dylann Roof by Victims' Relatives», *The Washington Post*, 19 de junio de 2015: <https://www.washingtonpost.com/news/post-nation/wp/2015/06/19/hate-wont-win-the-powerful-words-delivered-to-dylann-roof-by-victims-relatives/?utm_term=.b75398d5c4f3>; John Eligon y Richard Fausset, «Defiant Show of Unity in Charleston Church That Lost 9 to Racist Violence», *The New York Times*, 21 de junio de 2015: <https://www.nytimes.com/2015/06/22/us/ame-church-in-charleston-reopens-as-congregation-mourns-shooting-victims.html>; Alexis Simmons, «Families Impacted by Gun Violence Unite at Mother Emanuel Calling for Gun Reform», KCTV News, 24 de abril de 2016: <http://www.kctv5.com/story/31804155/families-impacted-by-gun-violence-unite-at-mother-emanuel-calling-for-gun-reform>; Michael S. Schmidt, «Background Check Flaw Let Dylann Roof Buy Gun, F.B.I. Says», *The New York Times*, 10 de julio de 2015: <https://www.nytimes.com/2015/07/11/us/background-check-flaw-let-dylann-roof-buy-gun-fbi-says.html>.

24. «President Obama Sings "Amazing Grace"», YouTube, consul-

tado el 13 de enero de 2017: <https://www.youtube.com/watch?v=IN 05jVNBs64>.

25. Richard Fausset y John Eligon, «Charleston Church Reopens in Moving Service as Congregation Mourns», *The Charlotte Observer*, 21 de junio de 2015: <http://www.charlotteobserver.com/news/local/article 25113397.html>.

26. <http://thedartcenter.org/>.

27. Dean A. Shepherd y Trenton A. Williams, «Local Venturing as Compassion Organizing in the Aftermath of a Natural Disaster: The Role of Localness and Community in Reducing Suffering», *Journal of Management Studies*, 51 (2014), pp. 952-994.

28. Véase Daniel P. Aldrich y Michelle A. Meyer, «Social Capital and Community Resilience», *American Behavioral Scientist*, 59 (2015), pp. 254-269; Stevan E. Hobfoll, Patricia Watson, Carl C. Bell, *et al.*, «Five Essential Elements of Immediate and Mid-Term Mass Trauma Intervention: Empirical Evidence», *Psychiatry*, 70 (2007), pp. 283-315. Las comunidades que cuentan con más recursos económicos también suelen ser más resilientes. Después de que el huracán Andrew golpeara Florida en agosto de 1992, las personas que habían perdido sus hogares y no encontraban financiación para reconstruirlos tenían más posibilidades de sufrir síndrome de estrés postraumático: Gail Ironson, Christina Wynings, Neil Schneiderman, *et al.*, «Posttraumatic Stress Symptoms, Intrusive Thoughts, Loss, and Immune Function After Hurricane Andrew», *Psychosomatic Medicine*, 59 (1997), pp. 128-141. Los psicólogos subrayan que «las medidas que adopte el estado de Mississippi para obligar a las compañías de seguros a pagar los daños de acuerdo con la ley estatal suponen una intervención crucial en términos de salud mental»: Hobfoll, *et al.*, «Five Essential Elements of Immediate and Mid-Term Mass Trauma Intervention».

29. J. P. De Jong, Wilma F. Scholte, Maarten Koeter y Augustinus A. M. Hart, «The Prevalence of Mental Health Problems in Rwandan and Burundese Refugee Camps», *Acta Psychiatrica Scandinavica*, 102 (2000), pp. 171-177.

30. Joop de Jong, ed., *Trauma, War, and Violence: Public Mental Health in Socio-Cultural Context*, Nueva York, Springer, 2002.

31. Brooke Larmer, «The Price of Marriage in China», *The New York Times*, 9 de marzo de 2013: <www.nytimes.com/2013/03/10/business/ in-a-changing-china-new-matchmaking-markets.html>; A. A., «"Leftover"

and Proud», *The Economist*, 1 de agosto de 2014: <http://www.economist.com/blogs/analects/2014/08/womens-voices>.

32. Clarissa Sebag-Montefiore, «Romance with Chinese Characteristics», *The New York Times*, 21 de agosto de 2012: <https://latitude.blogs.nytimes.com/2012/08/21/romance-with-chinese-characteristics/?_r=0>.

33. Jenni Risku, «Reward Actors Who Promote Diversity: Lean In China's Virginia Tan», *e27*, 19 de septiembre de 2016: <https://e27.co/reward-actors-who-promote-diversity-lean-in-chinas-virginia-tan-20160916/>.

9. FRACASAR Y APRENDER EN EL TRABAJO

1. Peter M. Madsen y Vinit Desai, «Failing to Learn? The Effects of Failure and Success on Organizational Learning in the Global Orbital Launch Vehicle Industry», *Academy of Management Journal,* 53 (2010), pp. 451-476.

2. Trenton A. Williams, Daniel A. Gruber, Kathleen M. Sutcliffe, *et al.*, «Organizational Response to Adversity: Fusing Crisis Management and Resilience Research Streams», *Academy of Management Annals* (en prensa).

3. Edie Lutnick, *An Unbroken Bond: The Untold Story of How the 658 Cantor Fitzgerald Families Faced the Tragedy of 9/11 and Beyond*, Nueva York, Emergence Press, 2011.

4. «We Asked People to Tell Us Their Biggest Regrets — But What They All Had in Common Was Heartbreaking», *A Plus,* 22 de enero de 2016: <http://aplus.com/a/clean-slate-blackboard-experiment>.

5. Thomas Gilovich y Victoria Husted Medvec, «The Experience of Regret: What, When, and Why», *Psychological Review*, 102 (1995), pp. 379-395.

6. Patrice François, Frédéric Prate, Gwenaëlle Vidal-Trecan, *et al.*, «Characteristics of Morbidity and Mortality Conferences Associated with the Implementation of Patient Safety Improvement Initiatives, An Observational Study», *BMC Health Services Research*, 16 (2015), <https://www.ncbi.nlm.nih.gov/pmc/article/PMC4734851>; Juliet Higginson, Rhiannon Walters y Naomi Fulop, «Mortality and Morbidity Meetings: An Untapped

Resource for Improving the Governance of Patient Safety?», *BMJ Quality and Safety*, 21 (2012), pp. 1-10.

7. Amy C. Edmondson, «Learning from Mistakes Is Easier Said Than Done: Group and Organizational Influences on the Detection and Correction of Human Error», *The Journal of Applied Behavioral Science*, 32 (1996), pp. 5-28.

8. Melanie Stefan, «A CV of Failures», *Nature*, 468 (2010), p. 467; C. V. de Johannes Haushofer, consultado el 15 de diciembre de 2016: <www.princeton.edu/~joha>.

9. Jack Deming, «Native Son Suffers Loss from Western Mountain Flooding», *The Deerfield Valley News*, 2013: <www.dvalnews.com/view/full_story_obits/23695561/article-Native-son-suffers-loss-from-western-mountain-flooding>.

10. Cathy van Dyck, Michael Frese, Markus Baer y Sabine Sonnentag, «Organizational Error Management Culture and Its Impact on Performance: A Two-Study Replication», *Journal of Applied Psychology*, 90 (2005), pp. 1228-1240.

11. Susan J. Ashford, Ruth Blatt y Don VandeWalle, «Reflections on the Looking Glass: A Review of Research on Feedback-Seeking Behavior in Organizations», *Journal of Management*, 29 (2003), pp. 773-799. Mucha gente duda en pedir que se le hagan comentarios, pues les preocupa que con ello se destaquen sus debilidades. Estos temores son infundados: pedir críticas generalmente desemboca en evaluaciones más positivas por parte de supervisores, subordinados y compañeros.

12. <https://mba-inside.wharton.upenn.edu/class-of-1984-awardees/> y <https://mba-inside.wharton.upenn.edu/excellence-in-teaching-class-of-1984-awards/>.

13. Atul Gawande, «The Coach in the Operating Room», *The New Yorker,* 3 de octubre de 2011: <http://www.newyorker.com/magazine/2011/10/03/personal-best>.

14. Gregg Popovich, citado en J. A. Adande, «Spurs' Fortitude Fueled Title Run», ESPN, 19 de noviembre de 2014: <http://www.espn.com/nba/story/_/id/11901128/spurs-2014-title-run-started-game-7-2013-finals>.

15. Theo Epstein, citado en Bill Pennington, «Cubs' Theo Epstein Is Making Lightning Strike Twice», *The New York Times,* 29 de septiembre de 2016: <https://www.nytimes.com/2016/10/02/sports/baseball/theo-epstein-chicago-cubs-boston-red-sox-world-series.html>.

16. Douglas Stone y Sheila Heen, *Thanks for the Feedback: The Sciencie and Art of Receiving Feedback Well*, Nueva York, Viking, 2014.

17. David S. Yeager, Valerie Purdie-Vaughns, Julio Garcia, *et al.*, «Breaking the Cycle of Mis-trust: Wise Interventions to Provide Critical Feedback Across the Racial Divide», *Journal of Experimental Psychology: General*, 143 (2014), pp. 804-824.

10. Amar y reír de nuevo

1. Richard E. Lucas, Andrew E. Clark, Yannis Georgellis y Ed Diener, «Reexamining Adaptation and the Set Point Model of Happiness: Reactions to Changes in Marital Status», *Journal of Personality and Social Psychology*, 84 (2003), pp. 527-539. Mientras tanto, la felicidad de las parejas que terminaron divorciándose estaba en decadencia ya antes de que se casaran y se disparó después del divorcio.

2. Richard E. Lucas y Portia S. Dyrenforth, «The Myth of Marital Bliss?», *Psychological Inquiry,* 16 (2005), pp. 111-115; Maike Luhmann, Wilhelm Hofmann, Michael Eid y Richard E. Lucas, «Subjective Well-Being and Adaptation to Life Events: A Meta-Analysis», *Journal of Personality and Social Psychology*, 102 (2012), pp. 592-615.

3. Bella DePaulo, *Singled Out: How Singles Are Stereotyped, Stigmatized, and Ignored, and Still Live Happily Ever After*, Nueva York, St. Martin's Press, 2006.

4. Aaron Ben-Zeév, «Love After Death: The Widows' Romantic Predicaments», The Center for Behavioral Health, 12 de abril 2012: <http://www.njpsychologist.com/blog/love-after-death-the-widows-romantic-predicaments/>.

5. Deborah Carr, «The Desire to Date and Remarry Among Older Widows and Widowers», *Journal of Marriage and Family*, 66 (2004), pp. 1051-1068; Danielle S. Schneider, Paul A. Sledge, Stephen R. Schuchter y Sidney Zisook, «Dating and Remarriage over the First Two Years of Widowhood», *Annals of Clinical Psychiatry*, 8 (1996), pp. 51-57; Karin Wolff y Camille B. Wortman, «Psychological Consequences of Spousal Loss Among Older Adults», en Deborah S. Carr, Randolph M. Nesse y Camille B. Wortman, eds., *Spousal Bereavement in Late Life,* Nueva York, Springer, 2005.

6. Kevin Kinsella y Victoria Averil Velkoff, *An Aging World: 2001*, U. S. Census Bureau, Series P95/01-1, Washington, D. C., Government Printing Office, 2001.

7. «If You're and Indian Widow, Your Children Could Kick You Out and Take Everything», *Time,* 7 de octubre de 2013: <http://world.time.com/2013/10/07/if-youre-an-indian-widow-your-children-could-kick-you-out-and-take-everything/>.

8. Osai Ojigho, «Scrape Her Head and Lay Her Bare: Widowhood Practices and Culture», *Gender Across Borders*, 28 de octubre de 2011: <http://www.genderacrossborders.com/2011/10/28/scrape-her-head-and-lay-her-bare-widowhood-practices-and-culture/>.

9. Haider Rizvi, «RIGHTS: Mistreatment of Widows a Poorly Kept Secret», IPS, 23 de junio de 2008: <www.ipsnews.net/2008/06/rights-mistreatment-of-widows-a-poorly-kept-secret/>.

10. Mary Kimani, «Women Struggle to Secure Land Rights», *Africa Renewal*, abril de 2008: <http://www.un.org/africarenewal/magazine/april-2008/women-struggle-secure-land-rights>; UN Women, «Empowering Widows: An Overview of Policies and Programs in India, Nepal and Sri Lanka», consultado el 15 de diciembre de 2016: <www2.unwomen.org/~/media/field%20office%20eseasia/docs/publications/2015/09/final_empowering%20widows_report%202014.pdf?v=1&d=20150908T104700>.

11. <http://www.abelkeogh.com/blog>.

12. Véase Arthur Aron, Helen Fisher, Debra J. Mashek, *et al.*, «Reward, Motivation, and Emotion Systems Associated with Early-Stage Intense Romantic Love», *Journal of Neurophysiology*, 94 (2005), pp. 327-337; Helen Fisher, Arthur Aron y Lucy L. Brown, «Romantic Love: An fMRI Study of a Neural Mechanism for Mate Choice», *The Journal of Comparative Neurology*, 493 (2005), pp. 58-62.

13. Arthur Aron, Meg Paris y Elaine N. Aron, «Falling in Love: Prospective Studies of Self-Concept Change», *Journal of Personality and Social Psychology*, 69 (1995), pp. 1102-1112; Elaine N. Aron y Arthur Aron, «Love and the Expansion of the Self: The State of the Model», *Personal Relationships*, 3 (1996), pp. 45-58.

14. James Rotton y Mark Shats, «Effects of State Humor, Expectancies, and Choice on Postsurgical Mood and Self-Medication: A Field Experiment», *Journal of Applied Social Psychology*, 26 (1996), pp. 1775-1794.

Este fue el caso cuando se habían informado sobre los beneficios del humor para la salud y elegían sus películas.

15. Smadar Bizi, Giora Keinan y Benjamin Beit-Hallahmi, «Humor and Coping with Stress: A Test Under Real-Life Conditions», *Personality and Individual Differences*, 9 (1988), pp. 951-956.

16. Dacher Keltner y George A. Bonanno, «A Study of Laughter and Dissociation: Distinct Correlates of Laughter and Smiling During Bereavement», *Journal of Personality and Social Psychology,* 73 (1997), pp. 687-702.

17. John Mordechai Gottman y Robert Wayne Levenson, «The Timing of Divorce: Predicting When a Couple Will Divorce over a 14-Year Period», *Journal of Marriage and Family*, 62 (2000), pp. 737-745.

18. Michelle Gayle Newman y Arthur A. Stone, «Does Humor Moderate the Effects of Experimentally-Induced Stress?», *Annals of Behavioral Medicine*, 18 (1996), pp. 101-109.

19. Mel Brooks, citado en Forrest Wickman, «Watch the New Documentary About Mel Brooks», *Slate*, 28 de mayo de 2013: <http://www.slate.com/blogs/browbeat/2013/05/28/_mel_brooks_make_a_noise_the_pbs_american_masters_documentary_is_now_available.html>.

20. Blake E. Ashforth y Glen E. Kreiner, «"How Can You Do It" Dirty Work and the Challenge of Constructing a Positive Identity», *Academy of Management Review*, 24 (1999), pp. 413-434.

21. «Tragicomedia with Comic Janice Messitte on Being a Newly Wedded Widow», Art for Your Sake, 20 de marzo de 2014: <http://artfor youtsake.com/tragicomedia-with-comic-janice-messitte-on-being-a-newly-wedded-widow/>.

22. Robert Woodruff Anderson, *I Never Sang for My Father*, Nueva York, Random House, 1968.

23. Anita L. Vangelisti y Daniel Perlman, eds., *The Cambridge Handbook of Personal Relationships*, Nueva York, Cambridge University Press, 2006.

24. John M. Gottman, James Coan, Sybil Carrere y Catherine Swanson, «Predicting Marital Happiness and Stability from Newlywed Interactions», *Journal of Marriage and Family*, 60 (1998), pp. 5-22; John Gottman, *The Seven Principles for Making Marriage Work*, Nueva York, Three Rivers Press, 2000.

25. Jane E. Dutton y Emily Heaphy, «The Power of High-Quality Connections», en Kim S. Cameron, Jane E. Dutton y Robert E. Quinn,

eds., *Positive Organizational Scholarship: Foundations of a New Discipline*, San Francisco, Berrett-Koehler, 2003.

26. Arthur Aron, Christina C. Norman, Elaine N. Aron, *et al.*, «Couples' Shared Participation in Novel and Arousing Activities and Experienced Relationship Quality», *Journal of Personality and Social Psychology*, 78 (2000), pp. 273-284.

27. John M. Gottman, Janice Driver y Amber Tabares, «Repair During Marital Conflict in Newlyweds: How Couples Move from Attack-Defend to Collaboration», *Journal of Family Psychotherapy*, 26 (2015), pp. 85-108.

28. Eli J. Finkel, Erica B. Slotter, Laura B. Luchies, *et al.*, «A Brief Intervention to Promote Conflict Reappraisal Preserves Marital Quality over Time», *Psychological Science*, 24 (2013), pp. 1595-1601.

29. Allen Rucker, *The Best Seat in the House: How I Woke Up One Tuesday and Was Paralyzed for Life*, Nueva York, Harper-Collins, 2007.

Índice alfabético